国家自然科学基金资助(项目号：71372030，71872081)
南京大学人文社科双一流建设"百层次"科研项目资助

中国公募基金管理公司整体投资回报能力评价研究 (2019)

(Total Investment Performance Rating, TIP Rating—2019)

林树 著

·南京·

图书在版编目(CIP)数据

中国公募基金管理公司整体投资回报能力评价研究.2019/林树著.—南京:东南大学出版社,2020.6
ISBN 978-7-5641-8925-9

Ⅰ.①中… Ⅱ.①林… Ⅲ.①投资基金—金融公司—投资回报—研究—中国—2019 Ⅳ.①F832.3

中国版本图书馆 CIP 数据核字(2020)第 094087 号

中国公募基金管理公司整体投资回报能力评价研究(2019)
Zhongguo Gongmu Jijin Guanli Gongsi Zhengti Touzi Huibao Nengli Pingjia Yanjiu(2019)

出版发行	东南大学出版社
社　　址	南京市四牌楼 2 号　　邮编　210096
出 版 人	江建中
网　　址	http://www.seupress.com
电子邮箱	press@seupress.com
经　　销	全国各地新华书店
印　　刷	虎彩印艺股份有限公司
开　　本	700mm×1000mm　1/16
印　　张	18.75
字　　数	450 千
版　　次	2020 年 6 月第 1 版
印　　次	2020 年 6 月第 1 次印刷
书　　号	ISBN 978-7-5641-8925-9
定　　价	78.00 元

本社图书若有印装质量问题,请直接与营销部联系。电话(传真):025-83791830

声　明

　　本书是国家自然科学基金(项目号:71372030,71872081)及南京大学人文社科双一流建设"百层次"科研项目资助的阶段性成果。此书内容仅供资讯用途,不作为投资建议,也不作为买进或卖出任何证券投资基金的推荐,同时也不保证本书内容的精确性及完整性,也不担保使用本书内容所获得的结果。本书中所有公募基金与基金公司样本均限定在我国大陆地区,不包括港、澳、台地区。作者与此书的相关方对于本书内容所产生的直接或间接的损失或损害,不负任何责任。

摘　　要

相对于发达资本市场国家的公司型基金,我国大陆地区成立的公募基金管理公司所发行的证券投资基金产品到目前为止全部是契约型基金,即每只基金都由基金管理公司发行并管理。这样,国内的证券基金与基金公司之间有着与发达市场不一样的特点。同一基金公司管理着数只基金产品,并且同一公司旗下所有基金产品均共用公司的同一个投研平台,公司投资研究实力的强弱对具体某一只基金的影响非常大。

在这种架构下,仅对单只基金业绩进行考量的评价,而没有考虑到单只基金背后所依托的基金管理公司的实力,在中国目前特有的制度环境下必有其局限性。如某基金公司整体实力可能不行,但可以利用整个公司资源将一只基金业绩做上去,而旗下其他基金业绩会很差,或故意将旗下数只基金投资行为进行显著的差异化,这样可以寄希望总能"蒙"对好的股票,人为的"造出"一两只"明星"基金,以使公司在市场中出名,虽然由此会造成旗下基金业绩间差距,但市场被"明星"基金所吸引,更多的资金流入基金公司,管理费收入得以扩大。

基于此思想,我们开发并于2008年在国内首次推出"中国基金管理公司整体投资回报能力评价(TIP Rating)"。基金管理公司整体投资回报能力评价着重考虑基金管理公司的整体投资管理能力,而不是单只基金的业绩。它试图克服单只基金评级的缺陷,综合考虑基金公司旗下不同类型基金的表现,以及同一公司旗下基金业绩之间的均衡表现,可以反映基金管理公司整体投研实力的强弱与均衡与否。样本范围包括内地基金公司旗下的普通股票型、偏股混合型、平衡混合型、偏债混合型、债券型、指数型、货币型等类型基金。

《中国公募基金管理公司整体投资能力评价研究(2019)》数据截至2019年。我们分为三年期、五年期、十年期三种时间段来对样本基金公司进行评价分析,从我们的分析报告中,可以看出为什么有些基金公司的整体投资回报能力在短期内可以排在前列，有些基金公司则排在后面。从不同的时段上，也可以看出某些基金公司的整体投资能力在长、短期上的剧烈变化，让我们可以对某些基金公司的投研的稳定性有直观的感受。受篇幅所限，我们在这版本的评价研究中去掉了一年期和两年期的评价内容，感兴趣的读者可以向作者询问。

目前的评价方法虽然有其创新性，但难免有不足之处，我们非常欢迎同行的批评与建议，在后续定期的修订版本中根据实际情况进行方法的改进。

感谢国家自然科学基金和南京大学的资助，感谢东南大学出版社编辑老师的工作。

目 录

1 概述 ·· 1
   1.1 理论基础 ·· 1
   1.2 数据来源与指标设计 ·· 2

2 三年期公募基金管理公司整体投资回报能力评价 ································· 7
   2.1 数据来源与样本说明 ·· 7
   2.2 三年期整体投资回报能力评价结果 ·· 7
   2.3 三年期整体投资回报能力评价详细说明 ··· 12

3 五年期公募基金管理公司整体投资回报能力评价 ······························ 184
   3.1 数据来源与样本说明 ··· 184
   3.2 五年期整体投资回报能力评价结果 ··· 184
   3.3 五年期整体投资回报能力评价详细说明 ·· 188

4 十年期公募基金管理公司整体投资回报能力评价 ······························ 266
   4.1 数据来源与样本说明 ··· 266
   4.2 十年期整体投资回报能力评价结果 ··· 266
   4.3 十年期整体投资回报能力评价详细说明 ·· 269

5 2019年度中国公募基金管理公司整体投资能力评价总结 ···················· 292

1 概 述

截至 2019 年底,我国公募基金管理公司约 127 家,他们管理的各类型公募基金 6 270 多只,数量已经超过国内上市的 A 股主板股票数量。面对如此多的公募基金,普通的非专业投资者一般都会无从下手,需要专业的研究人员为其对公募基金进行评价与挑选。其中最重要的研究工作之一便是根据投资范围、投资风格、收益与风险特征等对各类型基金进行评级,给出一定时期内哪些基金相对表现好,哪些基金相对表现差的直观认识。市场上现有的绝大多数评级一般是对单个基金进行评级,这种做法比较纯粹,但更有它的缺点,理由将在本章的理论基础部分谈及。我们创新性地提出"中国基金管理公司整体投资回报能力评价",基于基金管理公司的整体层面来评价其投资能力的相对高低。基于这样的视角,可以看到基金管理公司整体的投研能力以及对旗下基金的综合管理能力,真正体现出一家基金公司的实力。

在本书中,根据不同的统计区间,我们在第 2 至第 4 章中分别展现截至 2019 年底,三年期、五年期与十年期的"中国基金管理公司整体投资能力评价"结果,大家可以从不同长度时间段的统计结果,宏观上看出我国公募基金业的迅速发展势头,微观上也可以看出不同基金公司的综合投研实力的平稳或起伏。本章将阐述"中国基金管理公司整体投资回报能力评价"的理论基础、数据来源与评价指标设计思路。

1.1 理论基础

基金管理公司整体投资回报能力评价(TIP Rating)着重考虑基金管理公司的整体投资管理能力,而不是单只基金的业绩。相对于发达资本市场国家的公司型基金,我国成立的基金管理公司所发行的证券投资基金产品全部是契约型基金,即每只基金都由基金管理公司发行并管理。国内的证券基金与基金公司有着与发达市场不一样的特点。同一基金公司管理着数只基金产品,并且同一公司旗下所有基金产品均共用公司的同一个投研平台,公司投资研究实力的强弱对具体某一只基金的影响非常大。在这种情况下,绝大多数基金经理的决策权限与表现空间将极为有限。

然而,目前国内市场上的基金评级多为对单只基金的业绩进行考量,这样的评级思路没有考虑到单只基金背后所依托的基金管理公司的实力,在中国目前特有的制度环境下必有其局限性。如某基金公司整体实力可能不行,但可以利用整个公司资源将一只基金业绩做上去,而旗下其他基金业绩会很差,或故意将旗下数只基金投资行为进行显著的差异化,这样可以寄希望总能"蒙"对好的股票,人为的"造出"一两只"明星"基金,以使公司在市场中出名,虽然由此会造成旗下基金业绩间差距,但市场被"明星"基金所吸引,更多的资金流入基金公司,管理费收入得以扩大。(具体理论与研究结论可参见本书作者的学术论文《他们真的是明星吗?——来自中国证券基金市场的经验证据》一文,发表于《金融研究》2009年第5期)这样,对单只基金的排名就可能受制于某些基金公司的"造星"行为或"激进"行为,并不能反映基金公司的整体实力与水平。

中国公募基金管理公司整体投资回报能力评价(TIP Rating)试图克服目前单只基金评级的缺陷,综合考虑基金公司旗下不同类型基金的表现,以及同一公司旗下基金业绩之间的均衡表现,可以反映基金管理公司整体投研实力的强弱与均衡与否。该评级包括基金公司旗下的普通股票型、偏股混合型、平衡混合型、偏债混合型、债券型、指数型、封闭型等类型基金,不包括QDII等特殊类型基金产品。

1.2 数据来源与指标设计

1.2.1 数据来源与基金分类说明

所有基础数据来源于Wind金融资讯终端。涉及指标包括:基金公司简称、基金名称、期初基金复权净值、期末基金复权净值、期初基金规模、期末基金规模、基金分类。

关于基金分类,我们直接参考Wind的基金分类标准。

基金分类说明:

Wind基金分类体系是结合了契约类型和投资范围来进行的分类。契约类型主要分为了开放式和封闭式;又在此基础上按照投资范围进行分类。

Wind基金投资范围分类主要以基金招募说明书中所载明的基金类别、投资策略以及业绩比较基准为基础。我们认为,以上条款包含了基金管理人对所发行基金的定性,代表了基金对投资者的承诺,构成了对基金投资行为的基本约束。以此为基准进行基金分类,保证了该分类的稳定性,不会因市场环境变化而导致分类频繁调整。Wind 基金分类的数量化界限依据为证监会所规定的基金分类标准。自 2014 年 8 月 8 日起施行的《公开募集证券投资基金运作管理办法》，第四章第三十条规定：基金合同和基金招募说明书应当按照下列规定载明基金的类别：（一）百分之八十以上的基金资产投资于股票的，为股票基金；（二）百分之八十以上的基金资产投资于债券的，为债券基金；（三）仅投资于货币市场工具的，为货币市场基金；（四）百分之八十以上的基金资产投资于其他基金份额的，为基金中基金；（五）投资于股票、债券、货币市场工具或其他基金份额，并且股票投资、债券投资、基金投资的比例不符合第一项、第二项、第四项规定的，为混合基金；（六）中国证监会规定的其他基金类别。在此基础上，我们将在国内市场上所发行的基金分为 6 个一级类别，24 个二级类别(本分类在基金成立时进行，当发生基金调整投资范围、转型时对分类重新进行界定)。

按照 Wind 的分类规则，基金分类体系是结合了契约类型和投资范围来进行的分类。先根据契约类型分类；然后再结合投资类型进行分类。基金投资类型分类居于事前分类，即根据基金的招募说明书以及基金合同确定的基金分类。

基金投资范围分类细则：

1. 股票型

以股票投资为主，股票等权益类资产占基金资产比例下限大于等于 80% 或者在其基金合同和基金招募说明书中载明基金的类别为股票型，且不符合《公开募集证券投资基金运作管理办法》第三十条中第四项、第五项规定的基金。

（1）普通股票型

对属于股票型的基金，在基金公司定义的基金名称或简称中包含"股票"等字样的，则二级分类为普通股票型基金。

（2）指数型

a. 被动指数型

以追踪某一股票指数为投资目标的股票型基金，采取完全复制方法进行指数管理和运作的为被动指数型。

b. 增强指数型

以追踪某一股票指数为投资目标的股票型基金，实施优化策略或增强策略的为增强指数型。

2. 债券型

以债券投资为主，债券资产＋现金占基金资产比例下限大于等于 80% 或者在其基金合同和基金招募说明书中载明基金的类别为债券型，且不符合《公开募集证券投资基金运作管理办法》第三十条中第四项、第五项规定的基金。

（1）纯债券型

符合债券型条件,但不能投资权益类资产的基金为纯债券型基金;根据其债券久期配置的不同,可分为中长期纯债券型、短期纯债券型。

(2) 中长期纯债券型

属于纯债券型,且在招募说明书中明确其债券的期限配置为长期的基金,期限配置超过1年的为中长期纯债券型。

(3) 短期纯债券型

属于纯债券型,且在招募说明书中明确其债券的期限配置为短期的基金,期限配置小于等于1年的为短期纯债券型。

(4) 混合债券型

符合债券型条件,同时可部分投资权益类资产的基金;根据其配置的权益类资产方式不同,可分为混合债券一级、混合债券二级。

a. 混合债券一级

符合混合债券型,其中可参与一级市场新股申购,持有因可转债转股所形成的股票以及股票派发或可分离交易可转债分离交易的权证等资产的为混合债券一级。

b. 混合债券二级

符合混合债券型,其中可参与投资公开上市发行的股票以及权证的基金,为混合债券二级。

(5) 指数债券型

被动指数型债券基金:被动追踪投资于债券型指数的基金。

增强指数型债券基金:以追踪某一债券指数为投资目标的债券基金,实施优化策略或增强策略的为增强指数型债券基金。

3. 混合型

股票资产与债券资产的配置比例可视市场情况灵活配置,且不符合《公开募集证券投资基金运作管理办法》第三十条中第一项、第二项、第四项、第六项规定的基金。同时根据基金的投资策略、实际资产确定基金的三级分类。

(1) 偏股混合型基金

按照基金的投资策略说明文字,如该基金明确说明其投资是偏向股票,则定为偏股混合型。

(2) 偏债混合型基金

按照基金的投资策略说明文字,如该基金明确说明其投资是偏向债券,则定为偏债混合型基金。

(3) 平衡混合型基金

按照基金的投资策略说明文字,如该基金投资股票和债券的上限接近70%左右,下限接近30%左右,则为平衡混合型基金。

(4) 灵活配置型基金

灵活配置型基金是指基金名称或者基金管理公司自定义为混合基金的,且基金合同载明或者合同本义是股票和债券大类资产之间较大比例灵活配置的基金。分为灵活配置型基金(股票上限95%)与灵活配置型基金(股票上限80%)两类。

4. 货币市场型

仅投资于货币市场工具的基金。

5. 另类投资基金

不属于传统的股票基金、混合基金、债券基金、货币基金的基金。

(1) 股票多空

通过做空和做多投资于股票及股票衍生物获得收益的基金。通常有至少50%的资金投资于股票。

(2) 事件驱动

通过持有公司股票并参与或将参与公司的各种交易,包括但是并不局限于并购、重组、财务危机、收购报价、股票回购、债务调换、证券发行或者其他资本结构调整。

(3) 宏观对冲

关注经济指标的变动方向,投资于大宗商品等。国内公募基金主要是指投资于黄金。

(4) 商品型

投资于大宗商品等。

(5) 相对价值

相对价值策略利用相关投资品种之间的定价误差获利,常见的相对价值策略包括股票市场中性、可转换套利和固定收益套利。

(6) REITS

房地产信托基金,或者主要投资于REITS的基金。

(7) 其他

无法归于上述分类的另类投资基金。

6. QDII

主要投资于非本国的股票、债券、基金、货币、商品或其他衍生品的基金。QDII的分类细则同上面国内的分类。包括QDII股票型、QDII混合型、QDII债券型、QDII另类投资。

1.2.2 基金公司整体投资回报能力指标设计思路

1. 首先根据 Wind 基金分类标准(投资类型二级分类)计算期间内样本基金公司旗下各类型样本基金在同类型基金中的相对排名,计算得出这只基金的标准分。

这一排名方法克服了业绩比较标准不同的麻烦。如果在牛市大家表现都好,那么就看你在同类型基金中的排列情况,如果在同类型基金中排名靠后,即使收益不错,也会被认为不行。如果在熊市中大家表现都差,同样要看你在同类型基金中的相对表现,即使收益很差,但相对排名靠前,仍然认为是胜过其他同类型基金。

2. 给参与排名计算的基金赋于权重。

我们采用统计期间内此基金的规模除以所属基金公司样本基金同时期规模之和作为其权重。

3. 按基金公司旗下样本基金的权重,将公司旗下样本基金的标准分加权得到该基金公司的整体投资回报能力分值。

4. 将基金公司整体投资回报能力分值由高到低排序,得出该期间基金管理公司整体投资回报能力评价名次。

2 三年期公募基金管理公司整体投资回报能力评价

2.1 数据来源与样本说明

三年期的数据区间为 2016 年 12 月 31 日至 2019 年 12 月 31 日。所有公募基金数据来源于 Wind 金融资讯终端。从 Wind 上我们获得的数据变量有:基金名称、基金管理公司、投资类型(二级分类)、投资风格、复权单位净值增长率(20161231—20191231)、单位净值(20161231)、单位净值(20191231)、基金份额(20161231)、基金份额(20191231)。

我们删除国际(QDII)类基金、同期样本数少于 10 的类别,再删除同期旗下样本基金数少于 3 只的基金管理公司,最后的样本基金数为 4 390 只,样本基金管理公司总共 109 家。

投资类型包括:偏股混合型基金(508 只)、混合债券型一级基金(147 只)、混合债券型二级基金(363 只)、灵活配置型基金(1 248 只)、被动指数型基金(382 只)、偏债混合型基金(115 只)、货币市场型基金(597 只)、中长期纯债型基金(660 只)、普通股票型基金(203 只)、增强指数型基金(57 只)、平衡混合型基金(31 只)、短期纯债型基金(19 只)、股票多空(18 只)、被动指数型债券基金(28 只)、商品型基金(14 只)。

我们按第 1 部分介绍的计算方法,计算出样本中每家基金公司的整体投资回报能力分数,依高分到低分进行排序。

2.2 三年期整体投资回报能力评价结果

在三年期的整体投资回报能力排名中,我们可以看到排在最前面的并不是老牌基金公司,从样本基金数量来看,它们的管理均属于中等规模或是小规模。如第 1 名的东证资管,样本基金数量为 35,排在第 2 名的长安样本基金数为 12,排在第 3 名的银华资管样本基金数为 72。见表 2-1。

表 2-1　五年期整体投资回报能力评价

整体投资回报能力排名	基金公司（简称）	整体投资回报能力得分	样本基金数量
1	东证资管	2.199	35
2	长安	0.913	12
3	银华	0.908	72
4	易方达	0.735	124
5	财通证券资管	0.734	4
6	兴全	0.708	18
7	中融	0.707	33
8	泓德	0.696	21
9	嘉合	0.683	4
10	西部利得	0.662	27
11	民生加银	0.646	48
12	圆信永丰	0.624	9
13	中欧	0.552	63
14	金元顺安	0.536	11
15	国金	0.493	6
16	交银施罗德	0.490	86
17	泰康资产	0.485	19
18	国海富兰克林	0.477	28
19	新沃	0.464	5
20	新疆前海联合	0.452	13
21	中加	0.449	18
22	永赢	0.443	4
23	海富通	0.442	42
24	景顺长城	0.442	70
25	方正富邦	0.428	10
26	上银	0.381	5
27	招商	0.365	138

续表 2-1

整体投资回报能力排名	基金公司(简称)	整体投资回报能力得分	样本基金数量
28	泰达宏利	0.365	48
29	广发	0.355	138
30	华泰柏瑞	0.343	50
31	建信	0.341	100
32	鹏华	0.335	136
33	东兴证券	0.322	6
34	华安	0.312	96
35	平安	0.298	35
36	南方	0.294	143
37	万家	0.294	56
38	安信	0.287	44
39	新华	0.283	42
40	汇添富	0.277	99
41	前海开源	0.276	64
42	中海	0.256	32
43	华夏	0.226	105
44	工银瑞信	0.226	117
45	诺德	0.224	10
46	国寿安保	0.215	27
47	英大	0.203	12
48	富国	0.202	90
49	中银	0.194	91
50	摩根士丹利华鑫	0.193	26
51	富安达	0.187	10
52	信达澳银	0.177	19
53	浙商资管	0.175	7
54	北信瑞丰	0.175	13

续表 2-1

整体投资回报能力排名	基金公司（简称）	整体投资回报能力得分	样本基金数量
55	国投瑞银	0.156	54
56	浦银安盛	0.149	49
57	大成	0.139	90
58	浙商	0.135	15
59	融通	0.114	62
60	中信保诚	0.102	62
61	光大保德信	0.091	42
62	德邦	0.068	15
63	中金	0.062	13
64	金鹰	0.062	34
65	汇安	0.048	7
66	嘉实	0.038	115
67	国开泰富	0.033	4
68	兴业	0.017	43
69	鑫元	0.008	22
70	博时	0.006	174
71	红塔红土	−0.020	9
72	国泰	−0.022	71
73	银河	−0.029	61
74	兴银	−0.040	13
75	华润元大	−0.085	11
76	太平	−0.088	3
77	汇丰晋信	−0.100	26
78	天弘	−0.100	58
79	农银汇理	−0.124	42
80	诺安	−0.129	57
81	长城	−0.140	40

续表 2-1

整体投资回报能力排名	基金公司（简称）	整体投资回报能力得分	样本基金数量
82	华富	−0.149	33
83	华宝	−0.153	48
84	中银国际证券	−0.158	6
85	创金合信	−0.189	30
86	宝盈	−0.215	25
87	东吴	−0.221	31
88	国联安	−0.257	36
89	天治	−0.277	14
90	华融	−0.281	5
91	东方	−0.306	42
92	申万菱信	−0.309	29
93	中信建投	−0.322	13
94	中科沃土	−0.330	3
95	长盛	−0.342	59
96	上投摩根	−0.346	57
97	长信	−0.406	55
98	财通	−0.461	13
99	金信	−0.540	7
100	九泰	−0.579	15
101	先锋	−0.590	3
102	长江资管	−0.657	4
103	东海	−0.711	5
104	益民	−0.785	6
105	中邮	−0.815	35
106	泰信	−0.820	25
107	江信	−0.877	9
108	华商	−1.456	44
109	山西证券	−2.025	5

2.3 三年期整体投资回报能力评价详细说明

从表2-2中的数据,我们可以看出按照整体投资回报能力的计算方法,为什么有的基金公司可以排在前列。比如排在第1名的东证资管,旗下多只规模较大的样本基金东方红睿元三年定期、东方红沪港深、东方红睿华沪港深、东方红中国优势等在同期1 248只灵活配置型基金分别排到第1、第4、第5、第12,以及几只样本基金东方红睿逸、东方红稳健精选A、东方红稳健精选C等在同期115只偏债混合型基金中分别排到第3、第4、第7,这是诺德基金公司在三年期整体投资回报能力评价中排名第1的重要原因。

表2-2 三年期排名中所有样本基金详细情况

整体投资回报能力排名	基金公司（简称）	基金名称	投资类型（二级分类）	样本基金数量	同类基金中排名	期间内规模（亿）
1	东证资管	东方红6个月定开	中长期纯债型基金	660	132	15.921
1	东证资管	东方红稳添利	中长期纯债型基金	660	184	15.349
1	东证资管	东方红益鑫纯债A	中长期纯债型基金	660	197	7.734
1	东证资管	东方红益鑫纯债C	中长期纯债型基金	660	315	4.906
1	东证资管	东方红睿逸	偏债混合型基金	115	3	10.658
1	东证资管	东方红稳健精选A	偏债混合型基金	115	4	6.231
1	东证资管	东方红稳健精选C	偏债混合型基金	115	7	0.190
1	东证资管	东方红价值精选A	偏债混合型基金	115	8	8.323
1	东证资管	东方红价值精选C	偏债混合型基金	115	11	1.374
1	东证资管	东方红战略精选A	偏债混合型基金	115	22	9.003
1	东证资管	东方红战略精选C	偏债混合型基金	115	31	1.147
1	东证资管	东方红信用债A	混合债券型一级基金	147	13	5.467
1	东证资管	东方红信用债C	混合债券型一级基金	147	17	2.064
1	东证资管	东方红汇利A	混合债券型二级基金	363	33	11.432
1	东证资管	东方红汇阳A	混合债券型二级基金	363	34	21.695
1	东证资管	东方红汇利C	混合债券型二级基金	363	43	3.413

续表2-2

整体投资回报能力排名	基金公司（简称）	基金名称	投资类型（二级分类）	样本基金数量	同类基金中排名	期间内规模（亿）
1	东证资管	东方红汇阳C	混合债券型二级基金	363	44	3.972
1	东证资管	东方红收益增强A	混合债券型二级基金	363	69	13.258
1	东证资管	东方红收益增强C	混合债券型二级基金	363	85	3.487
1	东证资管	东方红睿元三年定期	灵活配置型基金	1 248	1	10.542
1	东证资管	东方红沪港深	灵活配置型基金	1 248	4	47.007
1	东证资管	东方红睿华沪港深	灵活配置型基金	1 248	5	65.079
1	东证资管	东方红中国优势	灵活配置型基金	1 248	12	60.750
1	东证资管	东方红睿满沪港深	灵活配置型基金	1 248	16	10.856
1	东证资管	东方红睿轩三年定开	灵活配置型基金	1 248	23	24.822
1	东证资管	东方红产业升级	灵活配置型基金	1 248	26	47.891
1	东证资管	东方红睿丰	灵活配置型基金	1 248	30	64.204
1	东证资管	东方红优享红利沪港深	灵活配置型基金	1 248	45	18.732
1	东证资管	东方红优势精选	灵活配置型基金	1 248	53	11.588
1	东证资管	东方红睿阳三年定开	灵活配置型基金	1 248	117	10.753
1	东证资管	东方红领先精选	灵活配置型基金	1 248	294	4.565
1	东证资管	东方红新动力	灵活配置型基金	1 248	488	28.137
1	东证资管	东方红京东大数据	灵活配置型基金	1 248	493	14.019
1	东证资管	东方红策略精选A	灵活配置型基金	1 248	558	7.931
1	东证资管	东方红策略精选C	灵活配置型基金	1 248	623	0.448
2	长安	长安泓泽A	中长期纯债型基金	660	270	2.792
2	长安	长安泓泽C	中长期纯债型基金	660	492	0.011
2	长安	长安鑫益增强A	偏债混合型基金	115	6	6.459
2	长安	长安鑫益增强C	偏债混合型基金	115	10	30.596
2	长安	长安宏观策略	偏股混合型基金	508	489	0.771
2	长安	长安鑫利优选A	灵活配置型基金	1 248	28	0.410
2	长安	长安鑫利优选C	灵活配置型基金	1 248	34	0.196

续表 2-2

整体投资回报能力排名	基金公司（简称）	基金名称	投资类型（二级分类）	样本基金数量	同类基金中排名	期间内规模（亿）
2	长安	长安产业精选 A	灵活配置型基金	1 248	200	0.152
2	长安	长安产业精选 C	灵活配置型基金	1 248	237	1.272
2	长安	长安 300 非周期	被动指数型基金	382	156	0.651
2	长安	长安货币 B	货币市场型基金	597	277	11.658
2	长安	长安货币 A	货币市场型基金	597	469	0.425
3	银华	银华信用季季红 A	中长期纯债型基金	660	24	33.395
3	银华	银华信用季季红 H	中长期纯债型基金	660	25	33.395
3	银华	银华纯债信用主题	中长期纯债型基金	660	194	36.565
3	银华	银华添泽	中长期纯债型基金	660	280	23.278
3	银华	银华信用四季红 A	中长期纯债型基金	660	338	7.841
3	银华	银华添益	中长期纯债型基金	660	376	21.550
3	银华	银华永兴 A	中长期纯债型基金	660	409	29.157
3	银华	银华永兴 C	中长期纯债型基金	660	499	0.215
3	银华	银华保本增值	偏债混合型基金	115	102	22.593
3	银华	银华富裕主题	偏股混合型基金	508	10	54.831
3	银华	银华中小盘精选	偏股混合型基金	508	53	36.172
3	银华	银华内需精选	偏股混合型基金	508	201	13.461
3	银华	银华领先策略	偏股混合型基金	508	268	10.999
3	银华	银华优质增长	偏股混合型基金	508	334	26.964
3	银华	银华核心价值优选	偏股混合型基金	508	369	47.515
3	银华	银华道琼斯 88 精选 A	增强指数型基金	57	17	23.577
3	银华	银华优势企业	平衡混合型基金	31	26	9.839
3	银华	银华沪港深增长	普通股票型基金	203	10	1.601
3	银华	银华中国梦 30	普通股票型基金	203	47	10.433
3	银华	银华远景	混合债券型二级基金	363	123	5.530
3	银华	银华信用双利 A	混合债券型二级基金	363	203	3.296

2　三年期公募基金管理公司整体投资回报能力评价

续表2-2

整体投资回报能力排名	基金公司（简称）	基金名称	投资类型（二级分类）	样本基金数量	同类基金中排名	期间内规模（亿）
3	银华	银华信用双利C	混合债券型二级基金	363	231	0.571
3	银华	银华增强收益	混合债券型二级基金	363	246	6.294
3	银华	银华盛世精选	灵活配置型基金	1 248	18	22.542
3	银华	银华恒利A	灵活配置型基金	1 248	87	5.850
3	银华	银华恒利C	灵活配置型基金	1 248	92	0.134
3	银华	银华战略新兴	灵活配置型基金	1 248	118	3.557
3	银华	银华和谐主题	灵活配置型基金	1 248	149	2.983
3	银华	银华泰利A	灵活配置型基金	1 248	175	5.876
3	银华	银华多元视野	灵活配置型基金	1 248	182	1.347
3	银华	银华聚利A	灵活配置型基金	1 248	202	5.768
3	银华	银华聚利C	灵活配置型基金	1 248	227	0.005
3	银华	银华泰利C	灵活配置型基金	1 248	334	0.392
3	银华	银华互联网主题	灵活配置型基金	1 248	338	1.334
3	银华	银华汇利A	灵活配置型基金	1 248	616	9.442
3	银华	银华高端制造业	灵活配置型基金	1 248	617	3.367
3	银华	银华回报	灵活配置型基金	1 248	636	4.434
3	银华	银华汇利C	灵活配置型基金	1 248	648	0.173
3	银华	银华通利A	灵活配置型基金	1 248	789	8.057
3	银华	银华体育文化	灵活配置型基金	1 248	805	1.263
3	银华	银华通利C	灵活配置型基金	1 248	859	0.130
3	银华	银华鑫盛灵活	灵活配置型基金	1 248	883	6.605
3	银华	银华成长先锋	灵活配置型基金	1 248	919	1.773
3	银华	银华稳利A	灵活配置型基金	1 248	1 155	2.831
3	银华	银华稳利C	灵活配置型基金	1 248	1 175	0.756
3	银华	银华大数据	灵活配置型基金	1 248	1 218	0.846
3	银华	银华鑫锐灵活配置	灵活配置型基金	1 248	1 222	10.543

续表2-2

整体投资回报能力排名	基金公司（简称）	基金名称	投资类型（二级分类）	样本基金数量	同类基金中排名	期间内规模（亿）
3	银华	银华上证5年期国债A	被动指数型债券基金	28	14	1.291
3	银华	银华上证5年期国债C	被动指数型债券基金	28	15	0.012
3	银华	银华上证10年期国债A	被动指数型债券基金	28	16	1.288
3	银华	银华上证10年期国债C	被动指数型债券基金	28	17	0.011
3	银华	银华沪深300分级	被动指数型基金	382	88	1.317
3	银华	银华深证100	被动指数型基金	382	127	4.839
3	银华	银华上证50等权重ETF	被动指数型基金	382	162	0.946
3	银华	银华上证50等权ETF联接	被动指数型基金	382	177	0.977
3	银华	银华中证等权重90	被动指数型基金	382	185	1.977
3	银华	银华中证内地资源主题	被动指数型基金	382	306	0.369
3	银华	银华交易货币B	货币市场型基金	597	1	7 721.272
3	银华	银华多利宝B	货币市场型基金	597	46	130.769
3	银华	银华活钱宝F	货币市场型基金	597	48	355.463
3	银华	银华惠增利	货币市场型基金	597	71	100.646
3	银华	银华双月定期理财A	货币市场型基金	597	76	8.404
3	银华	银华多利宝A	货币市场型基金	597	205	2.004
3	银华	银华货币B	货币市场型基金	597	359	51.591
3	银华	银华交易货币A	货币市场型基金	597	426	33 606.324
3	银华	银华惠添益	货币市场型基金	597	514	6.938
3	银华	银华货币A	货币市场型基金	597	516	203.658
3	银华	银华活钱宝E	货币市场型基金	597	591	0.000
3	银华	银华活钱宝A	货币市场型基金	597	592	0.000
3	银华	银华活钱宝B	货币市场型基金	597	593	0.000
3	银华	银华活钱宝C	货币市场型基金	597	594	0.000
3	银华	银华活钱宝D	货币市场型基金	597	596	0.000

续表2-2

整体投资回报能力排名	基金公司（简称）	基金名称	投资类型（二级分类）	样本基金数量	同类基金中排名	期间内规模（亿）
4	易方达	易方达裕景添利6个月	中长期纯债型基金	660	2	20.771
4	易方达	易方达高等级信用债C	中长期纯债型基金	660	31	10.488
4	易方达	易方达高等级信用债A	中长期纯债型基金	660	60	41.816
4	易方达	易方达恒久添利1年A	中长期纯债型基金	660	65	20.165
4	易方达	易方达永旭添利	中长期纯债型基金	660	68	15.501
4	易方达	易方达富惠	中长期纯债型基金	660	75	43.289
4	易方达	易方达纯债A	中长期纯债型基金	660	89	22.949
4	易方达	易方达纯债1年A	中长期纯债型基金	660	106	17.702
4	易方达	易方达恒久添利1年C	中长期纯债型基金	660	147	1.621
4	易方达	易方达纯债1年C	中长期纯债型基金	660	176	0.481
4	易方达	易方达纯债C	中长期纯债型基金	660	187	7.149
4	易方达	易方达信用债A	中长期纯债型基金	660	207	22.021
4	易方达	易方达投资级信用债A	中长期纯债型基金	660	235	15.418
4	易方达	易方达投资级信用债C	中长期纯债型基金	660	273	3.678
4	易方达	易方达信用债C	中长期纯债型基金	660	296	5.128
4	易方达	易方达安心回馈	偏债混合型基金	115	1	7.268
4	易方达	易方达裕惠回报	偏债混合型基金	115	27	32.524
4	易方达	易方达中小盘	偏股混合型基金	508	5	91.831
4	易方达	易方达信息产业	偏股混合型基金	508	24	7.363
4	易方达	易方达行业领先	偏股混合型基金	508	25	8.024
4	易方达	易方达医疗保健	偏股混合型基金	508	27	21.995
4	易方达	易方达改革红利	偏股混合型基金	508	33	16.703
4	易方达	易方达科翔	偏股混合型基金	508	92	31.822
4	易方达	易方达价值精选	偏股混合型基金	508	224	27.568
4	易方达	易方达积极成长	偏股混合型基金	508	306	23.481
4	易方达	易方达科讯	偏股混合型基金	508	354	55.326

续表 2-2

整体投资回报能力排名	基金公司（简称）	基金名称	投资类型（二级分类）	样本基金数量	同类基金中排名	期间内规模（亿）
4	易方达	易方达策略 2 号	偏股混合型基金	508	364	11.927
4	易方达	易方达策略成长	偏股混合型基金	508	368	13.845
4	易方达	易方达国防军工	偏股混合型基金	508	462	40.531
4	易方达	易方达资源行业	偏股混合型基金	508	478	9.406
4	易方达	易方达黄金 ETF	商品型基金	14	6	20.144
4	易方达	易方达黄金 ETF 联接 A	商品型基金	14	12	10.200
4	易方达	易方达黄金 ETF 联接 C	商品型基金	14	13	2.952
4	易方达	易方达上证 50 指数 A	增强指数型基金	57	1	125.911
4	易方达	易方达沪深 300 量化增强	增强指数型基金	57	19	8.747
4	易方达	易方达平稳增长	平衡混合型基金	31	6	22.060
4	易方达	易方达消费行业	普通股票型基金	203	2	110.952
4	易方达	易方达双债增强 A	混合债券型一级基金	147	1	14.567
4	易方达	易方达增强回报 A	混合债券型一级基金	147	2	39.404
4	易方达	易方达双债增强 C	混合债券型一级基金	147	4	0.529
4	易方达	易方达增强回报 B	混合债券型一级基金	147	5	14.274
4	易方达	易方达岁丰添利	混合债券型一级基金	147	16	35.649
4	易方达	易方达裕祥回报	混合债券型二级基金	363	2	13.220
4	易方达	易方达裕丰回报	混合债券型二级基金	363	7	43.567
4	易方达	易方达安心回报 A	混合债券型二级基金	363	8	53.948
4	易方达	易方达安心回报 B	混合债券型二级基金	363	12	31.249
4	易方达	易方达丰和	混合债券型二级基金	363	14	50.219
4	易方达	易方达裕鑫 A	混合债券型二级基金	363	24	1.808
4	易方达	易方达稳健收益 B	混合债券型二级基金	363	26	93.177
4	易方达	易方达裕鑫 C	混合债券型二级基金	363	30	0.387
4	易方达	易方达稳健收益 A	混合债券型二级基金	363	35	26.855

2 三年期公募基金管理公司整体投资回报能力评价

续表2-2

整体投资回报能力排名	基金公司（简称）	基金名称	投资类型（二级分类）	样本基金数量	同类基金中排名	期间内规模（亿）
4	易方达	易方达丰华A	混合债券型二级基金	363	64	23.580
4	易方达	易方达新收益A	灵活配置型基金	1 248	17	8.298
4	易方达	易方达新收益C	灵活配置型基金	1 248	21	0.628
4	易方达	易方达瑞程C	灵活配置型基金	1 248	36	0.036
4	易方达	易方达瑞程A	灵活配置型基金	1 248	41	4.536
4	易方达	易方达新经济	灵活配置型基金	1 248	75	12.528
4	易方达	易方达新丝路	灵活配置型基金	1 248	131	114.094
4	易方达	易方达新兴成长	灵活配置型基金	1 248	138	17.538
4	易方达	易方达瑞通A	灵活配置型基金	1 248	191	6.138
4	易方达	易方达瑞通C	灵活配置型基金	1 248	197	0.004
4	易方达	易方达瑞选I	灵活配置型基金	1 248	207	6.662
4	易方达	易方达新益I	灵活配置型基金	1 248	210	6.908
4	易方达	易方达瑞选E	灵活配置型基金	1 248	214	1.468
4	易方达	易方达新益E	灵活配置型基金	1 248	224	0.522
4	易方达	易方达瑞景	灵活配置型基金	1 248	253	2.689
4	易方达	易方达价值成长	灵活配置型基金	1 248	270	56.743
4	易方达	易方达新利	灵活配置型基金	1 248	331	5.171
4	易方达	易方达科汇	灵活配置型基金	1 248	350	28.326
4	易方达	易方达新享A	灵活配置型基金	1 248	378	3.490
4	易方达	易方达新享C	灵活配置型基金	1 248	396	1.272
4	易方达	易方达新鑫I	灵活配置型基金	1 248	428	5.734
4	易方达	易方达新鑫E	灵活配置型基金	1 248	466	0.174
4	易方达	易方达瑞财I	灵活配置型基金	1 248	548	11.881
4	易方达	易方达瑞财E	灵活配置型基金	1 248	573	0.008
4	易方达	易方达裕如	灵活配置型基金	1 248	697	20.441
4	易方达	易方达瑞享I	灵活配置型基金	1 248	853	1.217

续表 2-2

整体投资回报能力排名	基金公司（简称）	基金名称	投资类型（二级分类）	样本基金数量	同类基金中排名	期间内规模（亿）
4	易方达	易方达瑞享 E	灵活配置型基金	1 248	864	0.781
4	易方达	易方达创新驱动	灵活配置型基金	1 248	1 043	26.016
4	易方达	易方达新常态	灵活配置型基金	1 248	1 212	39.445
4	易方达	易方达中债新综合 A	被动指数型债券基金	28	2	2.335
4	易方达	易方达中债新综合 C	被动指数型债券基金	28	4	0.321
4	易方达	易方达 7−10 年国开行	被动指数型债券基金	28	9	15.443
4	易方达	易方达 3～5 年期国债	被动指数型债券基金	28	12	1.688
4	易方达	易方达沪深 300 医药卫生 ETF	被动指数型基金	382	37	6.659
4	易方达	易方达上证 50 分级	被动指数型基金	382	44	2.350
4	易方达	易方达沪深 300 非银 ETF	被动指数型基金	382	54	16.890
4	易方达	易方达沪深 300 非银 ETF 联接 A	被动指数型基金	382	57	13.201
4	易方达	易方达银行	被动指数型基金	382	64	1.560
4	易方达	易方达深证 100ETF	被动指数型基金	382	82	53.754
4	易方达	易方达沪深 300ETF	被动指数型基金	382	91	61.391
4	易方达	易方达深证 100ETF 联接 A	被动指数型基金	382	94	17.171
4	易方达	易方达沪深 300ETF 联接 A	被动指数型基金	382	100	53.964
4	易方达	易方达国企改革分级	被动指数型基金	382	152	2.670
4	易方达	易方达生物科技	被动指数型基金	382	159	1.772
4	易方达	易方达上证中盘 ETF	被动指数型基金	382	174	2.497
4	易方达	易方达上证中盘 ETF 联接 A	被动指数型基金	382	180	2.128
4	易方达	易方达证券公司	被动指数型基金	382	240	3.401
4	易方达	易方达创业板 ETF 联接 A	被动指数型基金	382	297	28.080
4	易方达	易方达创业板 ETF	被动指数型基金	382	302	107.050

续表 2-2

整体投资回报能力排名	基金公司（简称）	基金名称	投资类型（二级分类）	样本基金数量	同类基金中排名	期间内规模（亿）
4	易方达	易方达中证500ETF	被动指数型基金	382	340	4.553
4	易方达	易方达军工	被动指数型基金	382	350	1.480
4	易方达	易方达并购重组	被动指数型基金	382	372	12.993
4	易方达	易方达现金增利B	货币市场型基金	597	3	322.444
4	易方达	易方达月月利B	货币市场型基金	597	25	112.317
4	易方达	易方达现金增利A	货币市场型基金	597	32	2.491
4	易方达	易方达财富快线B	货币市场型基金	597	34	30.045
4	易方达	易方达龙宝B	货币市场型基金	597	55	0.903
4	易方达	易方达天天R	货币市场型基金	597	57	23.987
4	易方达	易方达天天B	货币市场型基金	597	61	212.857
4	易方达	易方达天天增利B	货币市场型基金	597	79	0.911
4	易方达	易方达易理财	货币市场型基金	597	98	885.762
4	易方达	易方达增金宝	货币市场型基金	597	126	87.683
4	易方达	易方达财富快线Y	货币市场型基金	597	171	89.944
4	易方达	易方达财富快线A	货币市场型基金	597	172	50.548
4	易方达	易方达月月利A	货币市场型基金	597	173	3.243
4	易方达	易方达龙宝A	货币市场型基金	597	224	8.492
4	易方达	易方达天天A	货币市场型基金	597	243	179.599
4	易方达	易方达天天增利A	货币市场型基金	597	276	13.090
4	易方达	易方达货币B	货币市场型基金	597	451	440.343
4	易方达	易方达保证金B	货币市场型基金	597	484	3.013
4	易方达	易方达货币A	货币市场型基金	597	555	27.309
4	易方达	易方达货币E	货币市场型基金	597	557	25.486
4	易方达	易方达保证金A	货币市场型基金	597	561	3.785
5	财通证券资管	财通资管积极收益A	混合债券型二级基金	363	96	1.894
5	财通证券资管	财通资管积极收益C	混合债券型二级基金	363	124	2.603

续表 2-2

整体投资回报能力排名	基金公司（简称）	基金名称	投资类型（二级分类）	样本基金数量	同类基金中排名	期间内规模（亿）
5	财通证券资管	财通资管鑫管家 B	货币市场型基金	597	56	112.228
5	财通证券资管	财通资管鑫管家 A	货币市场型基金	597	226	12.315
6	兴全	兴全稳益定期开放	中长期纯债型基金	660	33	92.988
6	兴全	兴全稳泰 A	中长期纯债型基金	660	185	21.861
6	兴全	兴全可转债	偏债混合型基金	115	16	34.524
6	兴全	兴全商业模式优选	偏股混合型基金	508	57	26.753
6	兴全	兴全合润分级	偏股混合型基金	508	71	46.522
6	兴全	兴全轻资产	偏股混合型基金	508	77	57.979
6	兴全	兴全社会责任	偏股混合型基金	508	178	60.876
6	兴全	兴全绿色投资	偏股混合型基金	508	252	6.052
6	兴全	兴全沪深 300 指数增强 A	增强指数型基金	57	6	23.508
6	兴全	兴全全球视野	普通股票型基金	203	140	23.568
6	兴全	兴全磐稳增利债券	混合债券型一级基金	147	53	48.792
6	兴全	兴全趋势投资	灵活配置型基金	1 248	141	133.773
6	兴全	兴全新视野	灵活配置型基金	1 248	195	70.226
6	兴全	兴全有机增长	灵活配置型基金	1 248	222	31.491
6	兴全	兴全天添益 B	货币市场型基金	597	39	196.851
6	兴全	兴全货币 A	货币市场型基金	597	81	37.770
6	兴全	兴全添利宝	货币市场型基金	597	146	589.479
6	兴全	兴全天添益 A	货币市场型基金	597	191	0.092
7	中融	中融恒泰纯债 C	中长期纯债型基金	660	230	0.002
7	中融	中融恒泰纯债 A	中长期纯债型基金	660	284	3.519
7	中融	中融竞争优势	普通股票型基金	203	170	1.585
7	中融	中融增鑫一年 A	混合债券型一级基金	147	105	1.142
7	中融	中融增鑫一年 C	混合债券型一级基金	147	116	0.370

2 三年期公募基金管理公司整体投资回报能力评价

续表2-2

整体投资回报能力排名	基金公司（简称）	基金名称	投资类型（二级分类）	样本基金数量	同类基金中排名	期间内规模（亿）
7	中融	中融融信双盈A	混合债券型二级基金	363	343	0.943
7	中融	中融融裕双利A	混合债券型二级基金	363	349	1.693
7	中融	中融融信双盈C	混合债券型二级基金	363	350	2.192
7	中融	中融融裕双利C	混合债券型二级基金	363	351	0.010
7	中融	中融稳健添利	混合债券型二级基金	363	352	0.531
7	中融	中融产业升级	灵活配置型基金	1 248	244	0.328
7	中融	中融新经济A	灵活配置型基金	1 248	392	1.481
7	中融	中融新经济C	灵活配置型基金	1 248	464	1.463
7	中融	中融国企改革	灵活配置型基金	1 248	475	1.248
7	中融	中融融安二号	灵活配置型基金	1 248	1 021	1.650
7	中融	中融鑫起点A	灵活配置型基金	1 248	1 049	0.400
7	中融	中融鑫起点C	灵活配置型基金	1 248	1 090	2.965
7	中融	中融新机遇	灵活配置型基金	1 248	1 160	1.923
7	中融	中融融安	灵活配置型基金	1 248	1 169	2.159
7	中融	中融1～3年中高等级A	被动指数型债券基金	28	13	5.270
7	中融	中融1～3年中高等级C	被动指数型债券基金	28	21	0.011
7	中融	中融1～3年信用债A	被动指数型债券基金	28	23	0.094
7	中融	中融1～3年信用债C	被动指数型债券基金	28	25	0.010
7	中融	中融中证银行	被动指数型基金	382	110	0.495
7	中融	中融一带一路	被动指数型基金	382	283	0.669
7	中融	中融中证煤炭	被动指数型基金	382	338	1.009
7	中融	中融国证钢铁	被动指数型基金	382	367	3.418
7	中融	中融现金增利C	货币市场型基金	597	15	203.189
7	中融	中融现金增利A	货币市场型基金	597	78	1.732
7	中融	中融货币C	货币市场型基金	597	147	166.465
7	中融	中融货币E	货币市场型基金	597	361	2.156

续表 2-2

整体投资回报能力排名	基金公司（简称）	基金名称	投资类型（二级分类）	样本基金数量	同类基金中排名	期间内规模（亿）
7	中融	中融货币 A	货币市场型基金	597	363	1.459
7	中融	中融日日盈 A	货币市场型基金	597	441	2.686
8	泓德	泓德裕和纯债 A	中长期纯债型基金	660	42	14.583
8	泓德	泓德裕荣纯债 A	中长期纯债型基金	660	54	17.870
8	泓德	泓德裕和纯债 C	中长期纯债型基金	660	98	0.022
8	泓德	泓德裕荣纯债 C	中长期纯债型基金	660	130	0.069
8	泓德	泓德泓益	偏股混合型基金	508	163	7.363
8	泓德	泓德优选成长	偏股混合型基金	508	233	37.329
8	泓德	泓德战略转型	普通股票型基金	203	119	7.968
8	泓德	泓德裕泰 A	混合债券型二级基金	363	21	26.414
8	泓德	泓德裕泰 C	混合债券型二级基金	363	31	0.633
8	泓德	泓德裕康 A	混合债券型二级基金	363	47	8.342
8	泓德	泓德裕康 C	混合债券型二级基金	363	72	0.090
8	泓德	泓德远见回报	灵活配置型基金	1 248	126	33.231
8	泓德	泓德泓汇	灵活配置型基金	1 248	137	3.771
8	泓德	泓德泓华	灵活配置型基金	1 248	185	6.608
8	泓德	泓德泓业	灵活配置型基金	1 248	228	9.947
8	泓德	泓德优势领航	灵活配置型基金	1 248	324	7.075
8	泓德	泓德泓富 A	灵活配置型基金	1 248	326	27.425
8	泓德	泓德泓富 C	灵活配置型基金	1 248	366	0.025
8	泓德	泓德泓信	灵活配置型基金	1 248	733	6.033
8	泓德	泓德泓利 B	货币市场型基金	597	285	13.337
8	泓德	泓德泓利 A	货币市场型基金	597	476	0.078
9	嘉合	嘉合磐石 C	偏债混合型基金	115	47	2.459
9	嘉合	嘉合磐石 A	偏债混合型基金	115	48	0.996
9	嘉合	嘉合货币 B	货币市场型基金	597	65	44.210

续表 2-2

整体投资回报能力排名	基金公司（简称）	基金名称	投资类型（二级分类）	样本基金数量	同类基金中排名	期间内规模（亿）
9	嘉合	嘉合货币 A	货币市场型基金	597	248	2.679
10	西部利得	西部利得合享 C	中长期纯债型基金	660	114	0.689
10	西部利得	西部利得合享 A	中长期纯债型基金	660	161	27.098
10	西部利得	西部利得合赢 A	中长期纯债型基金	660	557	0.003
10	西部利得	西部利得合赢 C	中长期纯债型基金	660	615	5.350
10	西部利得	西部利得策略优选	偏股混合型基金	508	351	1.663
10	西部利得	西部利得祥盈 A	混合债券型二级基金	363	11	1.131
10	西部利得	西部利得祥盈 C	混合债券型二级基金	363	39	0.394
10	西部利得	西部利得稳健双利 A	混合债券型二级基金	363	49	5.480
10	西部利得	西部利得稳健双利 C	混合债券型二级基金	363	80	0.071
10	西部利得	西部利得景瑞	灵活配置型基金	1 248	239	1.582
10	西部利得	西部利得成长精选	灵活配置型基金	1 248	295	2.563
10	西部利得	西部利得多策略优选	灵活配置型基金	1 248	377	3.131
10	西部利得	西部利得新动力 A	灵活配置型基金	1 248	500	1.521
10	西部利得	西部利得新动力 C	灵活配置型基金	1 248	530	1.405
10	西部利得	西部利得行业主题优选 A	灵活配置型基金	1 248	621	0.968
10	西部利得	西部利得行业主题优选 C	灵活配置型基金	1 248	633	3.327
10	西部利得	西部利得新动向	灵活配置型基金	1 248	872	2.580
10	西部利得	西部利得新盈	灵活配置型基金	1 248	953	2.165
10	西部利得	西部利得祥运 A	灵活配置型基金	1 248	979	2.200
10	西部利得	西部利得祥运 C	灵活配置型基金	1 248	1 099	1.052
10	西部利得	西部利得中证 500	被动指数型基金	382	201	2.701
10	西部利得	西部利得天添富货币 B	货币市场型基金	597	36	160.351
10	西部利得	西部利得天添富货币 A	货币市场型基金	597	189	1.088
10	西部利得	西部利得天添鑫货币 B	货币市场型基金	597	247	5.418

续表 2-2

整体投资回报能力排名	基金公司（简称）	基金名称	投资类型（二级分类）	样本基金数量	同类基金中排名	期间内规模（亿）
10	西部利得	西部利得天添金货币 B	货币市场型基金	597	290	3.654
10	西部利得	西部利得天添鑫货币 A	货币市场型基金	597	444	1.723
10	西部利得	西部利得天添金货币 A	货币市场型基金	597	482	0.025
11	民生加银	民生加银岁岁增利 A	中长期纯债型基金	660	22	22.193
11	民生加银	民生加银和鑫定开	中长期纯债型基金	660	45	34.631
11	民生加银	民生加银岁岁增利 C	中长期纯债型基金	660	55	4.895
11	民生加银	民生加银鑫享 A	中长期纯债型基金	660	85	67.948
11	民生加银	民生加银鑫享 C	中长期纯债型基金	660	128	41.185
11	民生加银	民生加银平稳增利 A	中长期纯债型基金	660	169	20.580
11	民生加银	民生加银鑫安纯债 A	中长期纯债型基金	660	206	7.099
11	民生加银	民生加银平稳添利 A	中长期纯债型基金	660	251	22.943
11	民生加银	民生加银平稳增利 C	中长期纯债型基金	660	287	2.310
11	民生加银	民生加银鑫安纯债 C	中长期纯债型基金	660	327	0.000
11	民生加银	民生加银平稳添利 C	中长期纯债型基金	660	377	0.324
11	民生加银	民生加银岁岁增利 D	中长期纯债型基金	660	647	0.047
11	民生加银	民生加银内需增长	偏股混合型基金	508	39	2.884
11	民生加银	民生加银景气行业	偏股混合型基金	508	46	8.618
11	民生加银	民生加银稳健成长	偏股混合型基金	508	139	0.660
11	民生加银	民生加银精选	偏股混合型基金	508	485	1.564
11	民生加银	民生加银优选	普通股票型基金	203	37	2.895
11	民生加银	民生加银转债优选 A	混合债券型二级基金	363	221	3.093
11	民生加银	民生加银转债优选 C	混合债券型二级基金	363	239	0.832
11	民生加银	民生加银增强收益 A	混合债券型二级基金	363	254	17.270
11	民生加银	民生加银增强收益 C	混合债券型二级基金	363	269	3.480
11	民生加银	民生加银信用双利 A	混合债券型二级基金	363	338	17.624
11	民生加银	民生加银信用双利 C	混合债券型二级基金	363	342	4.010

续表2-2

整体投资回报能力排名	基金公司（简称）	基金名称	投资类型（二级分类）	样本基金数量	同类基金中排名	期间内规模（亿）
11	民生加银	民生加银城镇化	灵活配置型基金	1 248	120	3.003
11	民生加银	民生加银养老服务	灵活配置型基金	1 248	129	0.403
11	民生加银	民生加银策略精选	灵活配置型基金	1 248	196	8.299
11	民生加银	民生加银积极成长	灵活配置型基金	1 248	243	0.579
11	民生加银	民生加银品牌蓝筹	灵活配置型基金	1 248	263	1.399
11	民生加银	民生加银新战略	灵活配置型基金	1 248	307	3.770
11	民生加银	民生加银红利回报	灵活配置型基金	1 248	349	1.116
11	民生加银	民生加银鑫喜	灵活配置型基金	1 248	422	4.790
11	民生加银	民生加银研究精选	灵活配置型基金	1 248	867	10.408
11	民生加银	民生加银鑫福A	灵活配置型基金	1 248	909	3.003
11	民生加银	民生加银前沿科技	灵活配置型基金	1 248	993	1.923
11	民生加银	民生加银新动力D	灵活配置型基金	1 248	1 141	0.000
11	民生加银	民生加银新动力A	灵活配置型基金	1 248	1 187	7.970
11	民生加银	民生加银量化中国	灵活配置型基金	1 248	1 200	0.848
11	民生加银	民生加银中证内地资源	被动指数型基金	382	281	0.778
11	民生加银	民生加银家盈月度B	货币市场型基金	597	2	46.837
11	民生加银	民生加银家盈月度A	货币市场型基金	597	19	19.396
11	民生加银	民生加银家盈月度E	货币市场型基金	597	20	46.215
11	民生加银	民生加银家盈7天B	货币市场型基金	597	43	37.577
11	民生加银	民生加银现金宝A	货币市场型基金	597	86	235.235
11	民生加银	民生加银现金增利B	货币市场型基金	597	183	54.077
11	民生加银	民生加银家盈7天A	货币市场型基金	597	188	5.056
11	民生加银	民生加银现金增利D	货币市场型基金	597	319	0.441
11	民生加银	民生加银现金增利A	货币市场型基金	597	394	13.099
11	民生加银	民生加银腾元宝A	货币市场型基金	597	466	0.290
12	圆信永丰	圆信永丰兴融A	中长期纯债型基金	660	143	21.238

续表 2-2

整体投资回报能力排名	基金公司（简称）	基金名称	投资类型（二级分类）	样本基金数量	同类基金中排名	期间内规模（亿）
12	圆信永丰	圆信永丰兴融 C	中长期纯债型基金	660	223	0.002
12	圆信永丰	圆信永丰兴利 C	中长期纯债型基金	660	241	0.312
12	圆信永丰	圆信永丰兴利 A	中长期纯债型基金	660	324	9.956
12	圆信永丰	圆信永丰优加生活	普通股票型基金	203	91	7.324
12	圆信永丰	圆信永丰强化收益 A	混合债券型二级基金	363	37	11.790
12	圆信永丰	圆信永丰强化收益 C	混合债券型二级基金	363	53	2.483
12	圆信永丰	圆信永丰双红利 A	灵活配置型基金	1 248	198	15.471
12	圆信永丰	圆信永丰双红利 C	灵活配置型基金	1 248	249	0.740
13	中欧	中欧强瑞多策略	中长期纯债型基金	660	32	11.193
13	中欧	中欧兴利	中长期纯债型基金	660	44	44.695
13	中欧	中欧纯债 E	中长期纯债型基金	660	479	2.504
13	中欧	中欧纯债 C	中长期纯债型基金	660	536	0.327
13	中欧	中欧天禧纯债	中长期纯债型基金	660	558	6.222
13	中欧	中欧信用增利 C	中长期纯债型基金	660	621	0.489
13	中欧	中欧信用增利 E	中长期纯债型基金	660	622	15.055
13	中欧	中欧睿达定期开放	偏债混合型基金	115	65	6.228
13	中欧	中欧睿尚定期开放	偏债混合型基金	115	69	4.415
13	中欧	中欧睿诚定开 A	偏债混合型基金	115	86	6.796
13	中欧	中欧睿诚定开 C	偏债混合型基金	115	92	0.355
13	中欧	中欧明睿新常态 A	偏股混合型基金	508	7	26.691
13	中欧	中欧医疗健康 C	偏股混合型基金	508	8	3.706
13	中欧	中欧医疗健康 A	偏股混合型基金	508	9	6.810
13	中欧	中欧行业成长 E	偏股混合型基金	508	28	0.145
13	中欧	中欧行业成长 A	偏股混合型基金	508	29	32.232
13	中欧	中欧养老产业	偏股混合型基金	508	49	2.637
13	中欧	中欧新趋势 E	偏股混合型基金	508	107	1.467

续表2-2

整体投资回报能力排名	基金公司（简称）	基金名称	投资类型（二级分类）	样本基金数量	同类基金中排名	期间内规模（亿）
13	中欧	中欧新趋势A	偏股混合型基金	508	109	34.124
13	中欧	中欧新动力E	偏股混合型基金	508	134	0.051
13	中欧	中欧新动力A	偏股混合型基金	508	135	15.342
13	中欧	中欧价值发现E	偏股混合型基金	508	212	0.221
13	中欧	中欧价值发现A	偏股混合型基金	508	217	39.368
13	中欧	中欧明睿新起点	偏股混合型基金	508	275	20.695
13	中欧	中欧盛世成长E	偏股混合型基金	508	277	0.114
13	中欧	中欧盛世成长A	偏股混合型基金	508	283	20.548
13	中欧	中欧永裕A	偏股混合型基金	508	305	24.833
13	中欧	中欧永裕C	偏股混合型基金	508	337	0.376
13	中欧	中欧时代先锋A	普通股票型基金	203	4	52.821
13	中欧	中欧消费主题A	普通股票型基金	203	7	2.545
13	中欧	中欧消费主题C	普通股票型基金	203	8	0.339
13	中欧	中欧增强回报E	混合债券型一级基金	147	30	0.568
13	中欧	中欧增强回报A	混合债券型一级基金	147	33	39.517
13	中欧	中欧双利A	混合债券型二级基金	363	119	11.303
13	中欧	中欧双利C	混合债券型二级基金	363	142	0.022
13	中欧	中欧精选E	灵活配置型基金	1 248	71	0.156
13	中欧	中欧精选A	灵活配置型基金	1 248	72	14.402
13	中欧	中欧新蓝筹E	灵活配置型基金	1 248	99	0.360
13	中欧	中欧新蓝筹A	灵活配置型基金	1 248	103	40.137
13	中欧	中欧丰泓沪港深A	灵活配置型基金	1 248	145	5.080
13	中欧	中欧丰泓沪港深C	灵活配置型基金	1 248	165	0.583
13	中欧	中欧成长优选回报E	灵活配置型基金	1 248	344	0.834
13	中欧	中欧潜力价值A	灵活配置型基金	1 248	360	17.383
13	中欧	中欧价值智选回报E	灵活配置型基金	1 248	391	0.155

续表2-2

整体投资回报能力排名	基金公司（简称）	基金名称	投资类型（二级分类）	样本基金数量	同类基金中排名	期间内规模（亿）
13	中欧	中欧价值智选回报A	灵活配置型基金	1 248	400	11.490
13	中欧	中欧成长优选回报A	灵活配置型基金	1 248	465	0.581
13	中欧	中欧瑾通A	灵活配置型基金	1 248	563	6.564
13	中欧	中欧数据挖掘多因子A	灵活配置型基金	1 248	568	2.328
13	中欧	中欧瑾通C	灵活配置型基金	1 248	614	0.258
13	中欧	中欧瑾泉A	灵活配置型基金	1 248	625	0.032
13	中欧	中欧瑾泉C	灵活配置型基金	1 248	645	7.993
13	中欧	中欧琪和A	灵活配置型基金	1 248	674	8.117
13	中欧	中欧瑾源A	灵活配置型基金	1 248	695	0.542
13	中欧	中欧瑾源C	灵活配置型基金	1 248	714	9.395
13	中欧	中欧琪和C	灵活配置型基金	1 248	902	1.316
13	中欧	中欧瑾和A	灵活配置型基金	1 248	1 034	2.681
13	中欧	中欧瑾和C	灵活配置型基金	1 248	1 039	0.053
13	中欧	中欧骏泰	货币市场型基金	597	83	68.731
13	中欧	中欧滚钱宝A	货币市场型基金	597	252	479.572
13	中欧	中欧货币B	货币市场型基金	597	386	27.325
13	中欧	中欧货币D	货币市场型基金	597	387	1.183
13	中欧	中欧货币A	货币市场型基金	597	528	0.593
13	中欧	中欧货币C	货币市场型基金	597	530	0.003
14	金元顺安	金元顺安丰祥	中长期纯债型基金	660	418	1.907
14	金元顺安	金元顺安消费主题	偏股混合型基金	508	164	0.147
14	金元顺安	金元顺安宝石动力	偏股混合型基金	508	309	1.153
14	金元顺安	金元顺安价值增长	偏股混合型基金	508	499	0.430
14	金元顺安	金元顺安沣楹	混合债券型二级基金	363	91	9.415
14	金元顺安	金元顺安丰利	混合债券型二级基金	363	163	26.009
14	金元顺安	金元顺安成长动力	灵活配置型基金	1 248	717	0.373

续表2-2

整体投资回报能力排名	基金公司（简称）	基金名称	投资类型（二级分类）	样本基金数量	同类基金中排名	期间内规模（亿）
14	金元顺安	金元顺安优质精选A	灵活配置型基金	1 248	981	0.166
14	金元顺安	金元顺安优质精选C	灵活配置型基金	1 248	996	2.616
14	金元顺安	金元顺安金元宝B	货币市场型基金	597	67	82.400
14	金元顺安	金元顺安金元宝A	货币市场型基金	597	250	0.558
15	国金	国金国鑫灵活配置	灵活配置型基金	1 248	893	3.768
15	国金	国金鑫新	灵活配置型基金	1 248	1 134	0.802
15	国金	国金众赢	货币市场型基金	597	44	128.453
15	国金	国金金腾通A	货币市场型基金	597	95	121.207
15	国金	国金金腾通C	货币市场型基金	597	562	34.264
15	国金	国金鑫盈货币	货币市场型基金	597	581	2.795
16	交银施罗德	交银裕隆纯债A	中长期纯债型基金	660	53	28.506
16	交银施罗德	交银裕隆纯债C	中长期纯债型基金	660	70	0.883
16	交银施罗德	交银双轮动AB	中长期纯债型基金	660	142	19.588
16	交银施罗德	交银纯债AB	中长期纯债型基金	660	240	6.421
16	交银施罗德	交银双轮动C	中长期纯债型基金	660	246	0.753
16	交银施罗德	交银裕通纯债C	中长期纯债型基金	660	277	2.458
16	交银施罗德	交银裕通纯债A	中长期纯债型基金	660	322	16.493
16	交银施罗德	交银裕盈纯债C	中长期纯债型基金	660	342	0.002
16	交银施罗德	交银裕利纯债A	中长期纯债型基金	660	350	19.007
16	交银施罗德	交银裕盈纯债A	中长期纯债型基金	660	362	4.451
16	交银施罗德	交银纯债C	中长期纯债型基金	660	370	0.319
16	交银施罗德	交银丰润收益A	中长期纯债型基金	660	447	10.217
16	交银施罗德	交银裕利纯债C	中长期纯债型基金	660	454	0.000
16	交银施罗德	交银丰享收益A	中长期纯债型基金	660	562	1.357
16	交银施罗德	交银丰盈收益A	中长期纯债型基金	660	608	2.781
16	交银施罗德	交银丰润收益C	中长期纯债型基金	660	631	0.047

续表 2-2

整体投资回报能力排名	基金公司（简称）	基金名称	投资类型（二级分类）	样本基金数量	同类基金中排名	期间内规模（亿）
16	交银施罗德	交银经济新动力	偏股混合型基金	508	6	21.802
16	交银施罗德	交银新成长	偏股混合型基金	508	18	21.949
16	交银施罗德	交银阿尔法	偏股混合型基金	508	30	27.360
16	交银施罗德	交银精选	偏股混合型基金	508	52	44.426
16	交银施罗德	交银成长 30	偏股混合型基金	508	87	11.957
16	交银施罗德	交银蓝筹	偏股混合型基金	508	98	24.471
16	交银施罗德	交银先进制造	偏股混合型基金	508	100	22.695
16	交银施罗德	交银趋势优先	偏股混合型基金	508	170	9.585
16	交银施罗德	交银成长 A	偏股混合型基金	508	405	33.188
16	交银施罗德	交银成长 H	偏股混合型基金	508	406	0.011
16	交银施罗德	交银先锋	偏股混合型基金	508	434	13.717
16	交银施罗德	交银定期支付双息平衡	平衡混合型基金	31	1	9.686
16	交银施罗德	交银消费新驱动	普通股票型基金	203	41	3.856
16	交银施罗德	交银增利债券 A	混合债券型一级基金	147	45	4.199
16	交银施罗德	交银增利债券 B	混合债券型一级基金	147	46	4.199
16	交银施罗德	交银增利债券 C	混合债券型一级基金	147	66	1.558
16	交银施罗德	交银信用添利	混合债券型一级基金	147	68	11.858
16	交银施罗德	交银稳固收益	混合债券型二级基金	363	222	5.523
16	交银施罗德	交银定期支付月月丰 A	混合债券型二级基金	363	233	0.916
16	交银施罗德	交银增强收益	混合债券型二级基金	363	251	0.623
16	交银施罗德	交银定期支付月月丰 C	混合债券型二级基金	363	253	0.068
16	交银施罗德	交银安心收益	混合债券型二级基金	363	272	7.666
16	交银施罗德	交银强化回报 AB	混合债券型二级基金	363	317	3.856
16	交银施罗德	交银双利 AB	混合债券型二级基金	363	325	5.003
16	交银施罗德	交银强化回报 C	混合债券型二级基金	363	332	0.067
16	交银施罗德	交银双利 C	混合债券型二级基金	363	335	0.209

续表2-2

整体投资回报能力排名	基金公司（简称）	基金名称	投资类型（二级分类）	样本基金数量	同类基金中排名	期间内规模（亿）
16	交银施罗德	交银新生活力	灵活配置型基金	1 248	2	26.491
16	交银施罗德	交银主题优选	灵活配置型基金	1 248	76	6.894
16	交银施罗德	交银优势行业	灵活配置型基金	1 248	78	21.113
16	交银施罗德	交银稳健配置A	灵活配置型基金	1 248	81	30.927
16	交银施罗德	交银沪港深价值精选	灵活配置型基金	1 248	170	3.759
16	交银施罗德	交银策略回报	灵活配置型基金	1 248	184	5.389
16	交银施罗德	交银数据产业	灵活配置型基金	1 248	276	11.576
16	交银施罗德	交银多策略回报C	灵活配置型基金	1 248	342	1.845
16	交银施罗德	交银多策略回报A	灵活配置型基金	1 248	356	3.925
16	交银施罗德	交银科技创新	灵活配置型基金	1 248	373	2.524
16	交银施罗德	交银瑞鑫定期开放	灵活配置型基金	1 248	467	3.379
16	交银施罗德	交银周期回报A	灵活配置型基金	1 248	474	2.630
16	交银施罗德	交银周期回报C	灵活配置型基金	1 248	481	2.656
16	交银施罗德	交银新回报C	灵活配置型基金	1 248	518	0.261
16	交银施罗德	交银新回报A	灵活配置型基金	1 248	543	7.452
16	交银施罗德	交银优择回报C	灵活配置型基金	1 248	580	0.015
16	交银施罗德	交银优择回报A	灵活配置型基金	1 248	627	6.548
16	交银施罗德	交银优选回报A	灵活配置型基金	1 248	637	6.575
16	交银施罗德	交银优选回报C	灵活配置型基金	1 248	671	0.002
16	交银施罗德	交银荣鑫	灵活配置型基金	1 248	951	6.569
16	交银施罗德	交银国企改革	灵活配置型基金	1 248	997	9.195
16	交银施罗德	交银深证300价值ETF	被动指数型基金	382	32	0.594
16	交银施罗德	交银深证300价值ETF联接	被动指数型基金	382	48	0.621
16	交银施罗德	交银180治理ETF	被动指数型基金	382	133	4.276
16	交银施罗德	交银180治理ETF联接	被动指数型基金	382	144	4.481

续表 2-2

整体投资回报能力排名	基金公司（简称）	基金名称	投资类型（二级分类）	样本基金数量	同类基金中排名	期间内规模（亿）
16	交银施罗德	交银互联网金融	被动指数型基金	382	313	1.184
16	交银施罗德	交银国证新能源	被动指数型基金	382	337	3.606
16	交银施罗德	交银中证环境治理	被动指数型基金	382	382	1.183
16	交银施罗德	交银理财 60 天 B	货币市场型基金	597	7	49.073
16	交银施罗德	交银理财 21 天 B	货币市场型基金	597	22	92.891
16	交银施罗德	交银天利宝货币 E	货币市场型基金	597	33	7.876
16	交银施罗德	交银理财 60 天 A	货币市场型基金	597	70	0.094
16	交银施罗德	交银理财 21 天 A	货币市场型基金	597	123	0.102
16	交银施罗德	交银天益宝 E	货币市场型基金	597	127	33.895
16	交银施罗德	交银活期通 E	货币市场型基金	597	154	100.215
16	交银施罗德	交银天利宝货币 A	货币市场型基金	597	164	1.768
16	交银施罗德	交银天鑫宝 E	货币市场型基金	597	180	39.155
16	交银施罗德	交银天益宝 A	货币市场型基金	597	336	0.035
16	交银施罗德	交银活期通 A	货币市场型基金	597	373	89.481
16	交银施罗德	交银现金宝 E	货币市场型基金	597	383	2.327
16	交银施罗德	交银天鑫宝 A	货币市场型基金	597	392	0.085
16	交银施罗德	交银货币 B	货币市场型基金	597	496	187.117
16	交银施罗德	交银现金宝 A	货币市场型基金	597	523	62.216
16	交银施罗德	交银货币 A	货币市场型基金	597	563	6.263
17	泰康资产	泰康安惠纯债 A	中长期纯债型基金	660	218	19.993
17	泰康资产	泰康安益纯债 A	中长期纯债型基金	660	267	5.372
17	泰康资产	泰康安益纯债 C	中长期纯债型基金	660	356	2.112
17	泰康资产	泰康宏泰回报	偏债混合型基金	115	5	6.130
17	泰康资产	泰康安泰回报	偏债混合型基金	115	79	3.139
17	泰康资产	泰康稳健增利 C	混合债券型一级基金	147	3	4.177
17	泰康资产	泰康稳健增利 A	混合债券型一级基金	147	24	7.687

续表2-2

整体投资回报能力排名	基金公司（简称）	基金名称	投资类型（二级分类）	样本基金数量	同类基金中排名	期间内规模（亿）
17	泰康资产	泰康丰盈	混合债券型二级基金	363	79	8.571
17	泰康资产	泰康策略优选	灵活配置型基金	1 248	318	6.152
17	泰康资产	泰康沪港深精选	灵活配置型基金	1 248	343	8.681
17	泰康资产	泰康新机遇	灵活配置型基金	1 248	374	15.666
17	泰康资产	泰康沪港深价值优选	灵活配置型基金	1 248	408	1.710
17	泰康资产	泰康恒泰回报 A	灵活配置型基金	1 248	635	0.552
17	泰康资产	泰康恒泰回报 C	灵活配置型基金	1 248	680	3.295
17	泰康资产	泰康新回报 C	灵活配置型基金	1 248	903	1.343
17	泰康资产	泰康新回报 A	灵活配置型基金	1 248	918	1.094
17	泰康资产	泰康薪意保 B	货币市场型基金	597	99	65.700
17	泰康资产	泰康薪意保 E	货币市场型基金	597	240	14.091
17	泰康资产	泰康薪意保 A	货币市场型基金	597	300	7.906
18	国海富兰克林	国富恒久信用 A	中长期纯债型基金	660	249	0.702
18	国海富兰克林	国富恒久信用 C	中长期纯债型基金	660	361	0.023
18	国海富兰克林	国富弹性市值	偏股混合型基金	508	61	38.373
18	国海富兰克林	国富深化价值	偏股混合型基金	508	95	2.233
18	国海富兰克林	国富潜力组合 H 人民币	偏股混合型基金	508	105	0.013
18	国海富兰克林	国富潜力组合 A 人民币	偏股混合型基金	508	106	17.959
18	国海富兰克林	国富研究精选	偏股混合型基金	508	119	0.600
18	国海富兰克林	国富成长动力	偏股混合型基金	508	267	0.966
18	国海富兰克林	国富中证 100 指数增强	增强指数型基金	57	5	1.053
18	国海富兰克林	国富沪深 300 指数增强	增强指数型基金	57	29	2.849
18	国海富兰克林	国富中国收益	平衡混合型基金	31	7	3.060
18	国海富兰克林	国富沪港深成长精选	普通股票型基金	203	17	2.234
18	国海富兰克林	国富中小盘	普通股票型基金	203	45	21.193
18	国海富兰克林	国富健康优质生活	普通股票型基金	203	150	2.353

续表 2-2

整体投资回报能力排名	基金公司（简称）	基金名称	投资类型（二级分类）	样本基金数量	同类基金中排名	期间内规模（亿）
18	国海富兰克林	国富岁岁恒丰 A	混合债券型一级基金	147	70	1.717
18	国海富兰克林	国富岁岁恒丰 C	混合债券型一级基金	147	86	0.271
18	国海富兰克林	国富恒瑞 A	混合债券型二级基金	363	75	8.649
18	国海富兰克林	国富恒瑞 C	混合债券型二级基金	363	93	0.562
18	国海富兰克林	国富强化收益 A	混合债券型二级基金	363	120	12.303
18	国海富兰克林	国富强化收益 C	混合债券型二级基金	363	138	0.425
18	国海富兰克林	国富金融地产 C	灵活配置型基金	1 248	272	1.745
18	国海富兰克林	国富金融地产 A	灵活配置型基金	1 248	441	1.092
18	国海富兰克林	国富焦点驱动灵活配置	灵活配置型基金	1 248	520	14.439
18	国海富兰克林	国富新机遇 A	灵活配置型基金	1 248	534	5.164
18	国海富兰克林	国富新机遇 C	灵活配置型基金	1 248	559	0.584
18	国海富兰克林	国富策略回报	灵活配置型基金	1 248	855	1.094
18	国海富兰克林	国富日日收益 B	货币市场型基金	597	409	31.947
18	国海富兰克林	国富日日收益 A	货币市场型基金	597	534	1.754
19	新沃	新沃通利 C	中长期纯债型基金	660	549	1.018
19	新沃	新沃通利 A	中长期纯债型基金	660	613	2.215
19	新沃	新沃通盈	灵活配置型基金	1 248	974	0.284
19	新沃	新沃通宝 B	货币市场型基金	597	87	33.016
19	新沃	新沃通宝 A	货币市场型基金	597	281	2.420
20	新疆前海联合	新疆前海联合添和 A	中长期纯债型基金	660	375	0.072
20	新疆前海联合	新疆前海联合添和 C	中长期纯债型基金	660	463	5.275
20	新疆前海联合	新疆前海联合添鑫 A	混合债券型二级基金	363	41	2.458
20	新疆前海联合	新疆前海联合添鑫 C	混合债券型二级基金	363	100	0.521
20	新疆前海联合	新疆前海联合添利 C	混合债券型二级基金	363	283	0.726
20	新疆前海联合	新疆前海联合添利 A	混合债券型二级基金	363	323	0.335
20	新疆前海联合	新疆前海联合泓鑫 A	灵活配置型基金	1 248	172	1.456

续表2-2

整体投资回报能力排名	基金公司（简称）	基金名称	投资类型（二级分类）	样本基金数量	同类基金中排名	期间内规模（亿）
20	新疆前海联合	新疆前海联合国民健康A	灵活配置型基金	1 248	875	1.341
20	新疆前海联合	新疆前海联合新思路C	灵活配置型基金	1 248	1 181	2.503
20	新疆前海联合	新疆前海联合新思路A	灵活配置型基金	1 248	1 210	0.870
20	新疆前海联合	新疆前海联合沪深300A	被动指数型基金	382	131	0.569
20	新疆前海联合	新疆前海联合海盈货币B	货币市场型基金	597	100	85.778
20	新疆前海联合	新疆前海联合海盈货币A	货币市场型基金	597	312	2.645
21	中加	中加丰泽	中长期纯债型基金	660	21	7.480
21	中加	中加纯债	中长期纯债型基金	660	30	5.042
21	中加	中加纯债两年A	中长期纯债型基金	660	35	10.419
21	中加	中加丰裕纯债	中长期纯债型基金	660	59	10.189
21	中加	中加纯债两年C	中长期纯债型基金	660	61	0.000
21	中加	中加纯债一年A	中长期纯债型基金	660	84	21.695
21	中加	中加丰润纯债A	中长期纯债型基金	660	152	3.768
21	中加	中加丰盈	中长期纯债型基金	660	153	6.471
21	中加	中加纯债一年C	中长期纯债型基金	660	171	2.667
21	中加	中加丰尚纯债	中长期纯债型基金	660	216	31.317
21	中加	中加丰润纯债C	中长期纯债型基金	660	225	1.319
21	中加	中加丰享纯债	中长期纯债型基金	660	231	51.238
21	中加	中加瑞盈	混合债券型二级基金	363	158	2.940
21	中加	中加心享C	灵活配置型基金	1 248	792	1.261
21	中加	中加心享A	灵活配置型基金	1 248	811	21.028
21	中加	中加改革红利	灵活配置型基金	1 248	1 123	1.722
21	中加	中加货币C	货币市场型基金	597	165	164.735
21	中加	中加货币A	货币市场型基金	597	377	12.561
22	永赢	永赢稳益	中长期纯债型基金	660	386	29.005
22	永赢	永赢双利A	混合债券型二级基金	363	58	9.245

续表 2-2

整体投资回报能力排名	基金公司（简称）	基金名称	投资类型（二级分类）	样本基金数量	同类基金中排名	期间内规模（亿）
22	永赢	永赢双利 C	混合债券型二级基金	363	73	0.539
22	永赢	永赢货币	货币市场型基金	597	90	56.192
23	海富通	海富通纯债 A	中长期纯债型基金	660	210	39.365
23	海富通	海富通纯债 C	中长期纯债型基金	660	339	0.735
23	海富通	海富通聚利纯债	中长期纯债型基金	660	364	22.808
23	海富通	海富通集利	中长期纯债型基金	660	654	1.078
23	海富通	海富通安颐收益 C	偏债混合型基金	115	19	0.599
23	海富通	海富通安颐收益 A	偏债混合型基金	115	25	3.951
23	海富通	海富通新内需 A	偏债混合型基金	115	49	3.403
23	海富通	海富通新内需 C	偏债混合型基金	115	50	0.932
23	海富通	海富通富祥	偏债混合型基金	115	78	1.890
23	海富通	海富通内需热点	偏股混合型基金	508	1	2.960
23	海富通	海富通股票	偏股混合型基金	508	37	18.592
23	海富通	海富通精选 2 号	偏股混合型基金	508	213	5.247
23	海富通	海富通精选	偏股混合型基金	508	265	22.089
23	海富通	海富通中小盘	偏股混合型基金	508	281	1.667
23	海富通	海富通领先成长	偏股混合型基金	508	284	1.288
23	海富通	海富通国策导向	偏股混合型基金	508	294	2.640
23	海富通	海富通风格优势	偏股混合型基金	508	411	5.018
23	海富通	海富通一年定期开放 C	混合债券型一级基金	147	52	0.014
23	海富通	海富通一年定期开放 A	混合债券型一级基金	147	84	3.646
23	海富通	海富通稳健添利 A	混合债券型一级基金	147	106	2.921
23	海富通	海富通稳健添利 C	混合债券型一级基金	147	114	0.115
23	海富通	海富通稳固收益	混合债券型二级基金	363	220	3.261
23	海富通	海富通瑞丰	混合债券型二级基金	363	229	8.550
23	海富通	海富通改革驱动	灵活配置型基金	1 248	134	3.332

2 三年期公募基金管理公司整体投资回报能力评价

续表2-2

整体投资回报能力排名	基金公司（简称）	基金名称	投资类型（二级分类）	样本基金数量	同类基金中排名	期间内规模（亿）
23	海富通	海富通沪港深	灵活配置型基金	1 248	238	1.993
23	海富通	海富通收益增长	灵活配置型基金	1 248	284	17.332
23	海富通	海富通欣荣C	灵活配置型基金	1 248	293	1.570
23	海富通	海富通欣荣A	灵活配置型基金	1 248	304	2.338
23	海富通	海富通欣益A	灵活配置型基金	1 248	348	3.573
23	海富通	海富通欣益C	灵活配置型基金	1 248	478	0.322
23	海富通	海富通强化回报	灵活配置型基金	1 248	1 121	4.358
23	海富通	海富通阿尔法对冲	股票多空	18	1	10.782
23	海富通	海富通上证城投债ETF	被动指数型债券基金	28	3	39.292
23	海富通	海富通中证100	被动指数型基金	382	21	2.158
23	海富通	海富通上证周期ETF	被动指数型基金	382	90	0.380
23	海富通	海富通上证周期ETF联接	被动指数型基金	382	124	0.258
23	海富通	海富通上证非周期ETF	被动指数型基金	382	166	0.274
23	海富通	海富通上证非周期ETF联接	被动指数型基金	382	184	0.199
23	海富通	海富通中证低碳	被动指数型基金	382	276	0.238
23	海富通	海富通货币B	货币市场型基金	597	219	127.820
23	海富通	海富通货币A	货币市场型基金	597	425	6.069
23	海富通	海富通季季增利	货币市场型基金	597	597	0.000
24	景顺长城	景顺长城景泰汇利	中长期纯债型基金	660	112	14.813
24	景顺长城	景顺长城鑫月薪	中长期纯债型基金	660	436	2.501
24	景顺长城	景顺长城景兴信用纯债A	中长期纯债型基金	660	591	15.254
24	景顺长城	景顺长城景兴信用纯债C	中长期纯债型基金	660	627	0.253
24	景顺长城	景顺长城景瑞收益	中长期纯债型基金	660	643	10.875
24	景顺长城	景顺长城顺益回报A	偏债混合型基金	115	45	3.148

续表 2-2

整体投资回报能力排名	基金公司（简称）	基金名称	投资类型（二级分类）	样本基金数量	同类基金中排名	期间内规模（亿）
24	景顺长城	景顺长城顺益回报 C	偏债混合型基金	115	52	0.459
24	景顺长城	景顺长城新兴成长	偏股混合型基金	508	2	91.537
24	景顺长城	景顺长城鼎益	偏股混合型基金	508	3	52.715
24	景顺长城	景顺长城优势企业	偏股混合型基金	508	19	3.103
24	景顺长城	景顺长城品质投资	偏股混合型基金	508	23	5.051
24	景顺长城	景顺长城精选蓝筹	偏股混合型基金	508	38	32.236
24	景顺长城	景顺长城核心竞争力 A	偏股混合型基金	508	42	24.750
24	景顺长城	景顺长城核心竞争力 H	偏股混合型基金	508	43	0.416
24	景顺长城	景顺长城内需增长	偏股混合型基金	508	54	14.374
24	景顺长城	景顺长城资源垄断	偏股混合型基金	508	59	15.457
24	景顺长城	景顺长城内需增长贰号	偏股混合型基金	508	73	27.982
24	景顺长城	景顺长城优选	偏股混合型基金	508	89	21.831
24	景顺长城	景顺长城公司治理	偏股混合型基金	508	96	1.275
24	景顺长城	景顺长城支柱产业	偏股混合型基金	508	165	0.936
24	景顺长城	景顺长城中小盘	偏股混合型基金	508	211	1.957
24	景顺长城	景顺长城能源基建	偏股混合型基金	508	274	14.505
24	景顺长城	景顺长城沪深 300 增强	增强指数型基金	57	18	49.891
24	景顺长城	景顺长城环保优势	普通股票型基金	203	19	5.990
24	景顺长城	景顺长城成长之星	普通股票型基金	203	33	0.853
24	景顺长城	景顺长城量化新动力	普通股票型基金	203	50	3.285
24	景顺长城	景顺长城沪港深精选	普通股票型基金	203	78	37.766
24	景顺长城	景顺长城研究精选	普通股票型基金	203	113	0.608
24	景顺长城	景顺长城优质成长	普通股票型基金	203	120	0.754
24	景顺长城	景顺长城中小板创业板	普通股票型基金	203	159	6.225
24	景顺长城	景顺长城量化精选	普通股票型基金	203	180	21.482
24	景顺长城	景顺长城稳定收益 A	混合债券型一级基金	147	110	7.757

续表2-2

整体投资回报能力排名	基金公司（简称）	基金名称	投资类型（二级分类）	样本基金数量	同类基金中排名	期间内规模（亿）
24	景顺长城	景顺长城稳定收益C	混合债券型一级基金	147	121	2.021
24	景顺长城	景顺长城景颐宏利A	混合债券型二级基金	363	121	3.491
24	景顺长城	景顺长城景颐双利A	混合债券型二级基金	363	143	15.035
24	景顺长城	景顺长城景盈双利A	混合债券型二级基金	363	145	21.299
24	景顺长城	景顺长城四季金利A	混合债券型二级基金	363	168	3.387
24	景顺长城	景顺长城景颐双利C	混合债券型二级基金	363	174	0.260
24	景顺长城	景顺长城景盈双利C	混合债券型二级基金	363	175	0.127
24	景顺长城	景顺长城四季金利C	混合债券型二级基金	363	199	0.040
24	景顺长城	景顺长城景盛双息A	混合债券型二级基金	363	211	0.986
24	景顺长城	景顺长城景颐宏利C	混合债券型二级基金	363	215	0.010
24	景顺长城	景顺长城优信增利A	混合债券型二级基金	363	232	5.172
24	景顺长城	景顺长城优信增利C	混合债券型二级基金	363	234	0.038
24	景顺长城	景顺长城景盛双息C	混合债券型二级基金	363	235	0.423
24	景顺长城	景顺长城动力平衡	灵活配置型基金	1 248	82	18.916
24	景顺长城	景顺长城领先回报A	灵活配置型基金	1 248	436	4.069
24	景顺长城	景顺长城领先回报C	灵活配置型基金	1 248	459	0.411
24	景顺长城	景顺长城策略精选	灵活配置型基金	1 248	492	2.122
24	景顺长城	景顺长城安享回报A	灵活配置型基金	1 248	572	4.596
24	景顺长城	景顺长城安享回报C	灵活配置型基金	1 248	582	0.185
24	景顺长城	景顺长城泰安A	灵活配置型基金	1 248	632	3.168
24	景顺长城	景顺长城泰安C	灵活配置型基金	1 248	662	0.001
24	景顺长城	景顺长城稳健回报A	灵活配置型基金	1 248	765	8.007
24	景顺长城	景顺长城泰和回报A	灵活配置型基金	1 248	786	4.419
24	景顺长城	景顺长城稳健回报C	灵活配置型基金	1 248	795	0.275
24	景顺长城	景顺长城泰和回报C	灵活配置型基金	1 248	830	0.052
24	景顺长城	景顺长城中国回报	灵活配置型基金	1 248	901	1.925

续表 2-2

整体投资回报能力排名	基金公司（简称）	基金名称	投资类型（二级分类）	样本基金数量	同类基金中排名	期间内规模（亿）
24	景顺长城	景顺长城低碳科技主题	灵活配置型基金	1 248	1 012	2.161
24	景顺长城	景顺长城改革机遇 A	灵活配置型基金	1 248	1 076	0.918
24	景顺长城	景顺长城中证 TMT150ETF	被动指数型基金	382	237	4.092
24	景顺长城	景顺长城中证 TMT150ETF 联接	被动指数型基金	382	241	4.472
24	景顺长城	景顺长城中证 500ETF	被动指数型基金	382	308	1.987
24	景顺长城	景顺长城中证 500ETF 联接	被动指数型基金	382	310	2.086
24	景顺长城	景顺长城景益货币 B	货币市场型基金	597	259	7.348
24	景顺长城	景顺长城景丰 B	货币市场型基金	597	265	242.525
24	景顺长城	景顺长城货币 B	货币市场型基金	597	331	15.557
24	景顺长城	景顺长城景益货币 A	货币市场型基金	597	454	501.184
24	景顺长城	景顺长城景丰 A	货币市场型基金	597	460	4.396
24	景顺长城	景顺长城货币 A	货币市场型基金	597	499	16.166
25	方正富邦	方正富邦睿利纯债 A	中长期纯债型基金	660	208	20.466
25	方正富邦	方正富邦睿利纯债 C	中长期纯债型基金	660	227	0.001
25	方正富邦	方正富邦惠利纯债 C	中长期纯债型基金	660	455	1.012
25	方正富邦	方正富邦惠利纯债 A	中长期纯债型基金	660	550	3.134
25	方正富邦	方正富邦红利精选 A	偏股混合型基金	508	352	1.172
25	方正富邦	方正富邦创新动力 A	偏股混合型基金	508	367	0.640
25	方正富邦	方正富邦中证保险	被动指数型基金	382	22	2.192
25	方正富邦	方正富邦货币 B	货币市场型基金	597	118	4.459
25	方正富邦	方正富邦金小宝	货币市场型基金	597	129	115.505
25	方正富邦	方正富邦货币 A	货币市场型基金	597	320	15.288
26	上银	上银慧添利	中长期纯债型基金	660	57	75.881
26	上银	上银新兴价值成长	灵活配置型基金	1 248	393	2.684

续表2-2

整体投资回报能力排名	基金公司（简称）	基金名称	投资类型（二级分类）	样本基金数量	同类基金中排名	期间内规模（亿）
26	上银	上银慧盈利	货币市场型基金	597	64	66.375
26	上银	上银慧财宝B	货币市场型基金	597	305	229.719
26	上银	上银慧财宝A	货币市场型基金	597	491	7.256
27	招商	招商招瑞纯债A	中长期纯债型基金	660	41	0.052
27	招商	招商招悦纯债A	中长期纯债型基金	660	51	30.275
27	招商	招商招悦纯债C	中长期纯债型基金	660	73	0.072
27	招商	招商招瑞纯债C	中长期纯债型基金	660	74	17.079
27	招商	招商安泰债券A	中长期纯债型基金	660	115	5.444
27	招商	招商招兴定开A	中长期纯债型基金	660	124	46.883
27	招商	招商招丰纯债A	中长期纯债型基金	660	133	9.969
27	招商	招商招兴定开C	中长期纯债型基金	660	188	0.001
27	招商	招商安泰债券B	中长期纯债型基金	660	196	2.737
27	招商	招商招旺纯债A	中长期纯债型基金	660	203	5.235
27	招商	招商招惠三个月定开A	中长期纯债型基金	660	212	36.232
27	招商	招商招通纯债A	中长期纯债型基金	660	233	10.743
27	招商	招商招华纯债A	中长期纯债型基金	660	243	3.564
27	招商	招商招旺纯债C	中长期纯债型基金	660	248	0.001
27	招商	招商招琪纯债A	中长期纯债型基金	660	262	43.668
27	招商	招商招盛纯债A	中长期纯债型基金	660	264	98.204
27	招商	招商招轩纯债A	中长期纯债型基金	660	271	26.563
27	招商	招商招盛纯债C	中长期纯债型基金	660	311	0.000
27	招商	招商招旭纯债C	中长期纯债型基金	660	318	2.069
27	招商	招商招顺纯债A	中长期纯债型基金	660	319	16.520
27	招商	招商招坤纯债A	中长期纯债型基金	660	320	7.163
27	招商	招商招旭纯债A	中长期纯债型基金	660	337	5.922
27	招商	招商招裕纯债A	中长期纯债型基金	660	344	37.513

续表 2-2

整体投资回报能力排名	基金公司（简称）	基金名称	投资类型（二级分类）	样本基金数量	同类基金中排名	期间内规模（亿）
27	招商	招商招轩纯债C	中长期纯债型基金	660	363	0.000
27	招商	招商招乾3个月A	中长期纯债型基金	660	367	21.573
27	招商	招商招通纯债C	中长期纯债型基金	660	400	1.479
27	招商	招商招乾3个月C	中长期纯债型基金	660	432	0.000
27	招商	招商招坤纯债C	中长期纯债型基金	660	451	0.058
27	招商	招商招祥纯债A	中长期纯债型基金	660	457	16.505
27	招商	招商招裕纯债C	中长期纯债型基金	660	486	0.000
27	招商	招商招怡纯债A	中长期纯债型基金	660	520	25.290
27	招商	招商招怡纯债C	中长期纯债型基金	660	552	0.000
27	招商	招商招恒纯债A	中长期纯债型基金	660	584	46.033
27	招商	招商招恒纯债C	中长期纯债型基金	660	628	0.000
27	招商	招商招华纯债C	中长期纯债型基金	660	645	1.000
27	招商	招商招琪纯债C	中长期纯债型基金	660	655	1.000
27	招商	招商招丰纯债C	中长期纯债型基金	660	656	1.000
27	招商	招商招惠三个月定开C	中长期纯债型基金	660	657	1.000
27	招商	招商招顺纯债C	中长期纯债型基金	660	658	0.000
27	招商	招商招祥纯债C	中长期纯债型基金	660	659	0.000
27	招商	招商睿祥定期开放	偏债混合型基金	115	95	5.713
27	招商	招商睿逸	偏债混合型基金	115	97	4.312
27	招商	招商先锋	偏股混合型基金	508	75	18.829
27	招商	招商优质成长	偏股混合型基金	508	101	12.242
27	招商	招商中小盘精选	偏股混合型基金	508	116	2.060
27	招商	招商行业领先A	偏股混合型基金	508	193	4.338
27	招商	招商大盘蓝筹	偏股混合型基金	508	229	6.466
27	招商	招商核心价值	偏股混合型基金	508	249	12.109
27	招商	招商安泰	偏股混合型基金	508	308	5.383

2　三年期公募基金管理公司整体投资回报能力评价

续表2-2

整体投资回报能力排名	基金公司（简称）	基金名称	投资类型（二级分类）	样本基金数量	同类基金中排名	期间内规模（亿）
27	招商	招商国企改革	偏股混合型基金	508	322	10.545
27	招商	招商安泰平衡	平衡混合型基金	31	18	1.079
27	招商	招商行业精选	普通股票型基金	203	16	5.444
27	招商	招商医药健康产业	普通股票型基金	203	27	9.683
27	招商	招商体育文化休闲	普通股票型基金	203	124	0.645
27	招商	招商移动互联网	普通股票型基金	203	143	17.089
27	招商	招商量化精选A	普通股票型基金	203	171	2.023
27	招商	招商财经大数据策略A	普通股票型基金	203	191	0.502
27	招商	招商双债增强C	混合债券型一级基金	147	9	16.916
27	招商	招商产业A	混合债券型一级基金	147	10	31.577
27	招商	招商产业C	混合债券型一级基金	147	21	15.976
27	招商	招商信用添利	混合债券型一级基金	147	23	10.603
27	招商	招商安心收益C	混合债券型一级基金	147	25	40.578
27	招商	招商可转债	混合债券型一级基金	147	141	0.435
27	招商	招商安盈	混合债券型二级基金	363	115	17.538
27	招商	招商安瑞进取	混合债券型二级基金	363	279	1.504
27	招商	招商信用增强A	混合债券型二级基金	363	305	3.675
27	招商	招商安本增利	混合债券型二级基金	363	328	5.179
27	招商	招商安弘灵活配置	灵活配置型基金	1 248	164	13.854
27	招商	招商安润	灵活配置型基金	1 248	231	24.973
27	招商	招商安博A	灵活配置型基金	1 248	234	9.075
27	招商	招商制造业转型A	灵活配置型基金	1 248	252	4.541
27	招商	招商安博C	灵活配置型基金	1 248	261	0.753
27	招商	招商安达	灵活配置型基金	1 248	300	5.809
27	招商	招商盛达C	灵活配置型基金	1 248	315	0.301
27	招商	招商瑞庆A	灵活配置型基金	1 248	327	3.794

续表 2-2

整体投资回报能力排名	基金公司（简称）	基金名称	投资类型（二级分类）	样本基金数量	同类基金中排名	期间内规模（亿）
27	招商	招商境远	灵活配置型基金	1 248	404	23.494
27	招商	招商盛达 A	灵活配置型基金	1 248	429	0.513
27	招商	招商安裕 A	灵活配置型基金	1 248	498	14.210
27	招商	招商丰美 A	灵活配置型基金	1 248	508	3.690
27	招商	招商丰美 C	灵活配置型基金	1 248	527	0.000
27	招商	招商丰益 A	灵活配置型基金	1 248	542	5.972
27	招商	招商安裕 C	灵活配置型基金	1 248	589	1.750
27	招商	招商增荣	灵活配置型基金	1 248	609	6.839
27	招商	招商丰益 C	灵活配置型基金	1 248	615	0.990
27	招商	招商丰凯 A	灵活配置型基金	1 248	693	6.084
27	招商	招商安元灵活配置 A	灵活配置型基金	1 248	735	9.939
27	招商	招商瑞丰 A	灵活配置型基金	1 248	738	0.328
27	招商	招商优势企业	灵活配置型基金	1 248	745	1.063
27	招商	招商丰凯 C	灵活配置型基金	1 248	764	0.677
27	招商	招商康泰	灵活配置型基金	1 248	768	1.974
27	招商	招商安益	灵活配置型基金	1 248	770	7.072
27	招商	招商丰泽 A	灵活配置型基金	1 248	772	9.927
27	招商	招商安德灵活配置 C	灵活配置型基金	1 248	787	1.005
27	招商	招商瑞丰 C	灵活配置型基金	1 248	801	8.360
27	招商	招商安德灵活配置 A	灵活配置型基金	1 248	826	9.502
27	招商	招商安荣 A	灵活配置型基金	1 248	828	8.867
27	招商	招商丰泽 C	灵活配置型基金	1 248	839	0.002
27	招商	招商丰盛稳定增长 A	灵活配置型基金	1 248	854	2.133
27	招商	招商丰盛稳定增长 C	灵活配置型基金	1 248	904	1.791
27	招商	招商安荣 C	灵活配置型基金	1 248	906	1.193
27	招商	招商兴福 A	灵活配置型基金	1 248	1 003	2.692

续表2-2

整体投资回报能力排名	基金公司（简称）	基金名称	投资类型（二级分类）	样本基金数量	同类基金中排名	期间内规模（亿）
27	招商	招商兴福C	灵活配置型基金	1 248	1 030	2.148
27	招商	招商稳盛定期开放A	灵活配置型基金	1 248	1 051	2.981
27	招商	招商丰利A	灵活配置型基金	1 248	1 061	2.019
27	招商	招商稳盛定期开放C	灵活配置型基金	1 248	1 085	1.426
27	招商	招商丰利C	灵活配置型基金	1 248	1 086	0.061
27	招商	招商稳荣定期开放A	灵活配置型基金	1 248	1 108	9.947
27	招商	招商丰泰	灵活配置型基金	1 248	1 114	3.664
27	招商	招商稳荣定期开放C	灵活配置型基金	1 248	1 136	0.033
27	招商	招商中证白酒	被动指数型基金	382	1	58.786
27	招商	招商央视财经50A	被动指数型基金	382	19	2.569
27	招商	招商上证消费80ETF	被动指数型基金	382	43	1.406
27	招商	招商深证100A	被动指数型基金	382	50	0.752
27	招商	招商上证消费80ETF联接A	被动指数型基金	382	53	1.154
27	招商	招商中证银行指数分级	被动指数型基金	382	55	4.522
27	招商	招商国证生物医药	被动指数型基金	382	74	4.769
27	招商	招商沪深300地产	被动指数型基金	382	95	1.400
27	招商	招商深证TMT50ETF	被动指数型基金	382	187	2.072
27	招商	招商深证TMT50ETF联接A	被动指数型基金	382	196	1.694
27	招商	招商中证证券公司	被动指数型基金	382	280	20.195
27	招商	招商沪深300高贝塔	被动指数型基金	382	307	0.159
27	招商	招商中证煤炭	被动指数型基金	382	335	4.202
27	招商	招商财富宝E	货币市场型基金	597	60	9.700
27	招商	招商招利1个月C	货币市场型基金	597	82	6.684
27	招商	招商招利1个月A	货币市场型基金	597	91	29.103
27	招商	招商招利1个月B	货币市场型基金	597	93	2.947

续表 2-2

整体投资回报能力排名	基金公司（简称）	基金名称	投资类型（二级分类）	样本基金数量	同类基金中排名	期间内规模（亿）
27	招商	招商现金增值 B	货币市场型基金	597	186	336.400
27	招商	招商招钱宝 C	货币市场型基金	597	194	3.550
27	招商	招商招钱宝 B	货币市场型基金	597	207	760.421
27	招商	招商招钱宝 A	货币市场型基金	597	209	121.770
27	招商	招商财富宝 A	货币市场型基金	597	235	51.223
27	招商	招商保证金快线 B	货币市场型基金	597	375	7.129
27	招商	招商现金增值 A	货币市场型基金	597	399	109.499
27	招商	招商招金宝 B	货币市场型基金	597	437	37.739
27	招商	招商理财 7 天 A	货币市场型基金	597	438	1.649
27	招商	招商理财 7 天 B	货币市场型基金	597	452	30.187
27	招商	招商保证金快线 A	货币市场型基金	597	522	4.018
27	招商	招商招金宝 A	货币市场型基金	597	542	9.797
28	泰达宏利	泰达宏利淘利 A	中长期纯债型基金	660	192	30.582
28	泰达宏利	泰达宏利淘利 C	中长期纯债型基金	660	276	0.120
28	泰达宏利	泰达宏利纯利 A	中长期纯债型基金	660	466	1.255
28	泰达宏利	泰达宏利纯利 C	中长期纯债型基金	660	513	0.002
28	泰达宏利	泰达宏利汇利 C	中长期纯债型基金	660	526	0.002
28	泰达宏利	泰达宏利汇利 A	中长期纯债型基金	660	527	7.470
28	泰达宏利	泰达宏利宏达 A	偏债混合型基金	115	20	3.338
28	泰达宏利	泰达宏利宏达 B	偏债混合型基金	115	29	1.577
28	泰达宏利	泰达宏利定宏	偏债混合型基金	115	56	2.816
28	泰达宏利	泰达宏利风险预算	偏债混合型基金	115	82	2.263
28	泰达宏利	泰达宏利稳定	偏股混合型基金	508	21	1.337
28	泰达宏利	泰达宏利行业精选	偏股混合型基金	508	99	4.688
28	泰达宏利	泰达宏利蓝筹价值	偏股混合型基金	508	117	1.395
28	泰达宏利	泰达宏利领先中小盘	偏股混合型基金	508	151	1.364

续表2-2

整体投资回报能力排名	基金公司（简称）	基金名称	投资类型（二级分类）	样本基金数量	同类基金中排名	期间内规模（亿）
28	泰达宏利	泰达宏利市值优选	偏股混合型基金	508	172	12.633
28	泰达宏利	泰达宏利效率优选	偏股混合型基金	508	215	9.668
28	泰达宏利	泰达宏利成长	偏股混合型基金	508	219	10.073
28	泰达宏利	泰达宏利周期	偏股混合型基金	508	341	2.214
28	泰达宏利	泰达宏利红利先锋	偏股混合型基金	508	343	1.643
28	泰达宏利	泰达宏利逆向策略	偏股混合型基金	508	455	11.439
28	泰达宏利	泰达宏利沪深300指数增强A	增强指数型基金	57	10	1.994
28	泰达宏利	泰达宏利首选企业	普通股票型基金	203	92	5.732
28	泰达宏利	泰达宏利转型机遇	普通股票型基金	203	94	0.974
28	泰达宏利	泰达宏利量化增强	普通股票型基金	203	164	1.681
28	泰达宏利	泰达宏利聚利	混合债券型一级基金	147	85	3.436
28	泰达宏利	泰达宏利集利A	混合债券型二级基金	363	202	17.256
28	泰达宏利	泰达宏利集利C	混合债券型二级基金	363	226	0.250
28	泰达宏利	泰达宏利复兴伟业	灵活配置型基金	1 248	153	10.137
28	泰达宏利	泰达宏利创盈A	灵活配置型基金	1 248	156	2.548
28	泰达宏利	泰达宏利创盈B	灵活配置型基金	1 248	171	0.581
28	泰达宏利	泰达宏利创益A	灵活配置型基金	1 248	266	3.103
28	泰达宏利	泰达宏利创益B	灵活配置型基金	1 248	267	1.309
28	泰达宏利	泰达宏利创金A	灵活配置型基金	1 248	336	1.053
28	泰达宏利	泰达宏利创金C	灵活配置型基金	1 248	355	4.491
28	泰达宏利	泰达宏利新思路B	灵活配置型基金	1 248	585	0.547
28	泰达宏利	泰达宏利新思路A	灵活配置型基金	1 248	590	4.429
28	泰达宏利	泰达宏利新起点A	灵活配置型基金	1 248	708	3.897
28	泰达宏利	泰达宏利新起点B	灵活配置型基金	1 248	725	1.316
28	泰达宏利	泰达宏利改革动力A	灵活配置型基金	1 248	835	12.748

续表 2-2

整体投资回报能力排名	基金公司（简称）	基金名称	投资类型（二级分类）	样本基金数量	同类基金中排名	期间内规模（亿）
28	泰达宏利	泰达宏利同顺大数据 A	灵活配置型基金	1 248	931	1.688
28	泰达宏利	泰达宏利睿智稳健	灵活配置型基金	1 248	1 159	7.712
28	泰达宏利	泰达宏利品质生活	灵活配置型基金	1 248	1 205	2.282
28	泰达宏利	泰达宏利京元宝 B	货币市场型基金	597	53	79.196
28	泰达宏利	泰达宏利货币 B	货币市场型基金	597	73	79.996
28	泰达宏利	泰达宏利活期友 B	货币市场型基金	597	121	25.756
28	泰达宏利	泰达宏利京元宝 A	货币市场型基金	597	215	1.094
28	泰达宏利	泰达宏利货币 A	货币市场型基金	597	268	4.622
28	泰达宏利	泰达宏利活期友 A	货币市场型基金	597	323	6.014
29	广发	广发景华纯债	中长期纯债型基金	660	49	19.300
29	广发	广发双债添利 A	中长期纯债型基金	660	71	57.859
29	广发	广发汇瑞 3 个月	中长期纯债型基金	660	92	32.291
29	广发	广发双债添利 C	中长期纯债型基金	660	141	1.690
29	广发	广发集利一年 A	中长期纯债型基金	660	168	68.052
29	广发	广发鑫惠	中长期纯债型基金	660	242	12.676
29	广发	广发集利一年 C	中长期纯债型基金	660	279	9.718
29	广发	广发聚源 A	中长期纯债型基金	660	407	64.350
29	广发	广发景丰纯债	中长期纯债型基金	660	427	26.865
29	广发	广发纯债 A	中长期纯债型基金	660	470	11.780
29	广发	广发聚源 C	中长期纯债型基金	660	490	0.227
29	广发	广发纯债 C	中长期纯债型基金	660	538	5.925
29	广发	广发聚安 A	偏债混合型基金	115	23	0.851
29	广发	广发聚泰 A	偏债混合型基金	115	26	2.320
29	广发	广发聚泰 C	偏债混合型基金	115	33	2.684
29	广发	广发聚安 C	偏债混合型基金	115	34	2.763
29	广发	广发聚宝 A	偏债混合型基金	115	41	4.500

续表2-2

整体投资回报能力排名	基金公司（简称）	基金名称	投资类型（二级分类）	样本基金数量	同类基金中排名	期间内规模（亿）
29	广发	广发小盘成长	偏股混合型基金	508	14	29.223
29	广发	广发消费品精选	偏股混合型基金	508	65	3.788
29	广发	广发聚瑞	偏股混合型基金	508	74	13.110
29	广发	广发稳健增长	偏股混合型基金	508	115	51.774
29	广发	广发新经济	偏股混合型基金	508	144	3.091
29	广发	广发大盘成长	偏股混合型基金	508	203	34.534
29	广发	广发轮动配置	偏股混合型基金	508	245	10.258
29	广发	广发制造业精选	偏股混合型基金	508	261	7.074
29	广发	广发策略优选	偏股混合型基金	508	378	38.160
29	广发	广发核心精选	偏股混合型基金	508	403	11.746
29	广发	广发聚丰	偏股混合型基金	508	433	66.905
29	广发	广发行业领先A	偏股混合型基金	508	435	26.067
29	广发	广发行业领先H	偏股混合型基金	508	453	0.038
29	广发	广发新动力	偏股混合型基金	508	482	10.514
29	广发	广发聚富	平衡混合型基金	31	17	15.961
29	广发	广发沪港深新起点	普通股票型基金	203	24	19.638
29	广发	广发沪港深新机遇	普通股票型基金	203	136	8.649
29	广发	广发聚利A	混合债券型一级基金	147	42	14.196
29	广发	广发聚财信用A	混合债券型一级基金	147	57	17.086
29	广发	广发聚财信用B	混合债券型一级基金	147	75	3.872
29	广发	广发增强债券	混合债券型一级基金	147	81	12.533
29	广发	广发聚鑫A	混合债券型二级基金	363	9	7.718
29	广发	广发聚鑫C	混合债券型二级基金	363	15	2.635
29	广发	广发集裕A	混合债券型二级基金	363	45	1.731
29	广发	广发集裕C	混合债券型二级基金	363	68	0.021
29	广发	广发集瑞A	混合债券型二级基金	363	152	3.952

续表 2-2

整体投资回报能力排名	基金公司（简称）	基金名称	投资类型（二级分类）	样本基金数量	同类基金中排名	期间内规模（亿）
29	广发	广发集丰 A	混合债券型二级基金	363	176	2.025
29	广发	广发集瑞 C	混合债券型二级基金	363	187	0.001
29	广发	广发集丰 C	混合债券型二级基金	363	197	0.003
29	广发	广发创新升级	灵活配置型基金	1 248	9	16.341
29	广发	广发优企精选	灵活配置型基金	1 248	38	8.773
29	广发	广发聚优 A	灵活配置型基金	1 248	49	3.138
29	广发	广发竞争优势	灵活配置型基金	1 248	83	7.051
29	广发	广发新兴产业精选	灵活配置型基金	1 248	148	1.531
29	广发	广发多因子	灵活配置型基金	1 248	181	1.670
29	广发	广发利鑫	灵活配置型基金	1 248	235	15.196
29	广发	广发逆向策略	灵活配置型基金	1 248	339	1.190
29	广发	广发趋势优选 A	灵活配置型基金	1 248	352	5.375
29	广发	广发安宏回报 A	灵活配置型基金	1 248	437	3.031
29	广发	广发安宏回报 C	灵活配置型基金	1 248	463	0.008
29	广发	广发鑫裕	灵活配置型基金	1 248	483	4.421
29	广发	广发安享 A	灵活配置型基金	1 248	514	4.466
29	广发	广发聚盛 C	灵活配置型基金	1 248	549	0.114
29	广发	广发安悦回报	灵活配置型基金	1 248	564	7.383
29	广发	广发安享 C	灵活配置型基金	1 248	566	0.358
29	广发	广发聚盛 A	灵活配置型基金	1 248	570	5.969
29	广发	广发鑫益	灵活配置型基金	1 248	574	20.045
29	广发	广发内需增长	灵活配置型基金	1 248	626	4.994
29	广发	广发鑫享	灵活配置型基金	1 248	629	2.314
29	广发	广发鑫源 C	灵活配置型基金	1 248	682	0.003
29	广发	广发成长优选	灵活配置型基金	1 248	737	1.721
29	广发	广发安盈 A	灵活配置型基金	1 248	747	2.151

续表2-2

整体投资回报能力排名	基金公司（简称）	基金名称	投资类型（二级分类）	样本基金数量	同类基金中排名	期间内规模（亿）
29	广发	广发稳裕	灵活配置型基金	1 248	754	28.124
29	广发	广发安盈C	灵活配置型基金	1 248	760	0.002
29	广发	广发稳安	灵活配置型基金	1 248	788	19.275
29	广发	广发鑫源A	灵活配置型基金	1 248	820	4.343
29	广发	广发聚祥灵活配置	灵活配置型基金	1 248	829	4.550
29	广发	广发再融资主题	灵活配置型基金	1 248	966	1.993
29	广发	广发多策略	灵活配置型基金	1 248	985	22.110
29	广发	广发百发大数据策略成长E	灵活配置型基金	1 248	1 053	0.373
29	广发	广发百发大数据策略成长A	灵活配置型基金	1 248	1 054	2.410
29	广发	广发改革先锋	灵活配置型基金	1 248	1 063	5.804
29	广发	广发百发大数据A	灵活配置型基金	1 248	1 101	0.737
29	广发	广发百发大数据E	灵活配置型基金	1 248	1 107	0.784
29	广发	广发主题领先	灵活配置型基金	1 248	1 166	15.701
29	广发	广发安泽短债A	短期纯债型基金	19	3	28.720
29	广发	广发安泽短债C	短期纯债型基金	19	6	20.448
29	广发	广发理财年年红	短期纯债型基金	19	12	22.665
29	广发	广发对冲套利	股票多空	18	4	4.852
29	广发	广发7~10年国开行A	被动指数型债券基金	28	5	8.698
29	广发	广发7~10年国开行C	被动指数型债券基金	28	6	3.838
29	广发	广发中证全指金融地产ETF	被动指数型基金	382	58	3.941
29	广发	广发深证100分级	被动指数型基金	382	60	0.368
29	广发	广发沪深300ETF	被动指数型基金	382	85	27.655
29	广发	广发中证全指金融地产ETF联接A	被动指数型基金	382	87	1.685

续表 2-2

整体投资回报能力排名	基金公司（简称）	基金名称	投资类型（二级分类）	样本基金数量	同类基金中排名	期间内规模（亿）
29	广发	广发中证全指金融地产 ETF 联接 C	被动指数型基金	382	96	1.432
29	广发	广发沪深 300ETF 联接 A	被动指数型基金	382	107	17.002
29	广发	广发沪深 300ETF 联接 C	被动指数型基金	382	117	11.162
29	广发	广发中证百发 100E	被动指数型基金	382	141	5.542
29	广发	广发中证百发 100A	被动指数型基金	382	142	3.272
29	广发	广发中证医疗	被动指数型基金	382	160	0.891
29	广发	广发中证全指医药卫生 ETF	被动指数型基金	382	211	15.485
29	广发	广发中证全指医药卫生 ETF 联接 A	被动指数型基金	382	213	10.575
29	广发	广发中证全指医药卫生 ETF 联接 C	被动指数型基金	382	216	0.866
29	广发	广发中证全指信息技术 ETF	被动指数型基金	382	221	9.248
29	广发	广发中证全指信息技术 ETF 联接 A	被动指数型基金	382	228	3.216
29	广发	广发中证全指信息技术 ETF 联接 C	被动指数型基金	382	232	4.551
29	广发	广发中证养老产业 A	被动指数型基金	382	233	8.443
29	广发	广发中证养老产业 C	被动指数型基金	382	236	0.205
29	广发	广发中小板 300ETF	被动指数型基金	382	286	2.409
29	广发	广发中证全指可选消费 ETF	被动指数型基金	382	292	3.534
29	广发	广发中证全指可选消费 ETF 联接 A	被动指数型基金	382	294	3.557
29	广发	广发中小板 300ETF 联接	被动指数型基金	382	298	2.269
29	广发	广发中证全指可选消费 ETF 联接 C	被动指数型基金	382	299	0.146
29	广发	广发中证全指能源 ETF	被动指数型基金	382	304	0.811
29	广发	广发中证全指原材料 ETF	被动指数型基金	382	311	0.573

续表2-2

整体投资回报能力排名	基金公司（简称）	基金名称	投资类型（二级分类）	样本基金数量	同类基金中排名	期间内规模（亿）
29	广发	广发中证500ETF	被动指数型基金	382	325	31.915
29	广发	广发中证500ETF联接A	被动指数型基金	382	326	15.729
29	广发	广发中证500ETF联接C	被动指数型基金	382	331	13.834
29	广发	广发中证军工ETF	被动指数型基金	382	344	3.904
29	广发	广发中证军工ETF联接A	被动指数型基金	382	345	0.905
29	广发	广发中证环保产业联接A	被动指数型基金	382	351	11.003
29	广发	广发中证环保产业联接C	被动指数型基金	382	354	0.761
29	广发	广发理财7天B	货币市场型基金	597	4	90.332
29	广发	广发理财30天B	货币市场型基金	597	6	217.078
29	广发	广发活期宝B	货币市场型基金	597	30	212.337
29	广发	广发理财7天A	货币市场型基金	597	47	1.969
29	广发	广发理财30天A	货币市场型基金	597	69	3.485
29	广发	广发天天利B	货币市场型基金	597	103	20.627
29	广发	广发活期宝A	货币市场型基金	597	106	5.815
29	广发	广发现金宝B	货币市场型基金	597	153	2.510
29	广发	广发天天红B	货币市场型基金	597	174	286.260
29	广发	广发货币B	货币市场型基金	597	231	402.901
29	广发	广发钱袋子A	货币市场型基金	597	236	128.532
29	广发	广发天天利E	货币市场型基金	597	302	401.847
29	广发	广发天天利A	货币市场型基金	597	303	5.280
29	广发	广发天天红A	货币市场型基金	597	384	47.349
29	广发	广发货币A	货币市场型基金	597	434	50.479
29	广发	广发货币E	货币市场型基金	597	497	4.627
29	广发	广发现金宝A	货币市场型基金	597	558	4.037
29	广发	广发添利A	货币市场型基金	597	578	0.318

续表2-2

整体投资回报能力排名	基金公司（简称）	基金名称	投资类型（二级分类）	样本基金数量	同类基金中排名	期间内规模（亿）
30	华泰柏瑞	华泰柏瑞丰盛纯债A	中长期纯债型基金	660	38	2.599
30	华泰柏瑞	华泰柏瑞丰盛纯债C	中长期纯债型基金	660	88	0.181
30	华泰柏瑞	华泰柏瑞稳健收益A	中长期纯债型基金	660	157	44.421
30	华泰柏瑞	华泰柏瑞稳健收益C	中长期纯债型基金	660	255	1.642
30	华泰柏瑞	华泰柏瑞行业领先	偏股混合型基金	508	31	2.709
30	华泰柏瑞	华泰柏瑞价值增长	偏股混合型基金	508	112	7.893
30	华泰柏瑞	华泰柏瑞盛世中国	偏股混合型基金	508	200	14.902
30	华泰柏瑞	华泰柏瑞量化增强A	偏股混合型基金	508	255	33.285
30	华泰柏瑞	华泰柏瑞量化先行	偏股混合型基金	508	346	16.588
30	华泰柏瑞	华泰柏瑞积极成长A	偏股混合型基金	508	401	10.515
30	华泰柏瑞	华泰柏瑞积极优选	普通股票型基金	203	156	3.766
30	华泰柏瑞	华泰柏瑞季季红	混合债券型一级基金	147	12	8.348
30	华泰柏瑞	华泰柏瑞丰汇A	混合债券型一级基金	147	58	8.181
30	华泰柏瑞	华泰柏瑞丰汇C	混合债券型一级基金	147	73	0.300
30	华泰柏瑞	华泰柏瑞信用增利	混合债券型一级基金	147	82	1.714
30	华泰柏瑞	华泰柏瑞增利A	混合债券型二级基金	363	160	0.326
30	华泰柏瑞	华泰柏瑞增利B	混合债券型二级基金	363	184	0.227
30	华泰柏瑞	华泰柏瑞激励动力A	灵活配置型基金	1 248	62	0.771
30	华泰柏瑞	华泰柏瑞创新升级	灵活配置型基金	1 248	66	6.349
30	华泰柏瑞	华泰柏瑞创新动力	灵活配置型基金	1 248	67	1.557
30	华泰柏瑞	华泰柏瑞激励动力C	灵活配置型基金	1 248	69	0.006
30	华泰柏瑞	华泰柏瑞新经济沪港深	灵活配置型基金	1 248	94	1.523
30	华泰柏瑞	华泰柏瑞健康生活	灵活配置型基金	1 248	144	7.515
30	华泰柏瑞	华泰柏瑞消费成长	灵活配置型基金	1 248	254	4.733
30	华泰柏瑞	华泰柏瑞多策略	灵活配置型基金	1 248	306	2.009
30	华泰柏瑞	华泰柏瑞量化优选	灵活配置型基金	1 248	314	9.295

续表2-2

整体投资回报能力排名	基金公司（简称）	基金名称	投资类型（二级分类）	样本基金数量	同类基金中排名	期间内规模（亿）
30	华泰柏瑞	华泰柏瑞鼎利C	灵活配置型基金	1 248	389	0.237
30	华泰柏瑞	华泰柏瑞量化驱动A	灵活配置型基金	1 248	425	9.932
30	华泰柏瑞	华泰柏瑞享利A	灵活配置型基金	1 248	433	2.161
30	华泰柏瑞	华泰柏瑞享利C	灵活配置型基金	1 248	448	0.048
30	华泰柏瑞	华泰柏瑞鼎利A	灵活配置型基金	1 248	457	2.140
30	华泰柏瑞	华泰柏瑞精选回报	灵活配置型基金	1 248	834	7.987
30	华泰柏瑞	华泰柏瑞新利A	灵活配置型基金	1 248	874	4.807
30	华泰柏瑞	华泰柏瑞量化智慧A	灵活配置型基金	1 248	877	9.709
30	华泰柏瑞	华泰柏瑞新利C	灵活配置型基金	1 248	927	0.685
30	华泰柏瑞	华泰柏瑞量化对冲	股票多空	18	5	1.579
30	华泰柏瑞	华泰柏瑞量化收益	股票多空	18	7	2.787
30	华泰柏瑞	华泰柏瑞沪深300ETF	被动指数型基金	382	103	291.052
30	华泰柏瑞	华泰柏瑞沪深300ETF联接A	被动指数型基金	382	125	11.429
30	华泰柏瑞	华泰柏瑞红利ETF	被动指数型基金	382	158	19.475
30	华泰柏瑞	华泰柏瑞上证中小盘ETF	被动指数型基金	382	200	0.530
30	华泰柏瑞	华泰柏瑞上证中小盘ETF联接	被动指数型基金	382	206	0.390
30	华泰柏瑞	华泰柏瑞中证500ETF	被动指数型基金	382	290	5.267
30	华泰柏瑞	华泰柏瑞中证500ETF联接A	被动指数型基金	382	293	1.865
30	华泰柏瑞	华泰柏瑞天添宝货币B	货币市场型基金	597	31	107.469
30	华泰柏瑞	华泰柏瑞天添宝货币A	货币市场型基金	597	158	7.080
30	华泰柏瑞	华泰柏瑞货币B	货币市场型基金	597	340	205.761
30	华泰柏瑞	华泰柏瑞交易货币A	货币市场型基金	597	413	24.716
30	华泰柏瑞	华泰柏瑞货币A	货币市场型基金	597	504	25.413
30	华泰柏瑞	华泰柏瑞交易货币B	货币市场型基金	597	571	3.719

续表2-2

整体投资回报能力排名	基金公司（简称）	基金名称	投资类型（二级分类）	样本基金数量	同类基金中排名	期间内规模（亿）
31	建信	建信安心回报6个月A	中长期纯债型基金	660	43	0.211
31	建信	建信纯债A	中长期纯债型基金	660	122	10.038
31	建信	建信纯债C	中长期纯债型基金	660	226	3.695
31	建信	建信睿享纯债	中长期纯债型基金	660	313	58.864
31	建信	建信安心回报6个月C	中长期纯债型基金	660	323	1.073
31	建信	建信恒瑞一年定开	中长期纯债型基金	660	347	211.276
31	建信	建信恒安一年定开	中长期纯债型基金	660	359	208.634
31	建信	建信安心回报A	中长期纯债型基金	660	365	0.595
31	建信	建信恒远一年定开	中长期纯债型基金	660	390	211.000
31	建信	建信睿富纯债	中长期纯债型基金	660	449	78.181
31	建信	建信安心回报C	中长期纯债型基金	660	456	0.734
31	建信	建信睿怡纯债	中长期纯债型基金	660	460	71.854
31	建信	建信瑞丰添利A	偏债混合型基金	115	94	2.541
31	建信	建信瑞丰添利C	偏债混合型基金	115	99	0.518
31	建信	建信内生动力	偏股混合型基金	508	86	3.383
31	建信	建信健康民生	偏股混合型基金	508	153	0.898
31	建信	建信核心精选	偏股混合型基金	508	161	4.608
31	建信	建信创新中国	偏股混合型基金	508	199	1.139
31	建信	建信消费升级	偏股混合型基金	508	207	0.701
31	建信	建信优选成长H	偏股混合型基金	508	236	0.046
31	建信	建信优选成长A	偏股混合型基金	508	242	21.626
31	建信	建信优势动力	偏股混合型基金	508	269	4.758
31	建信	建信优化配置	偏股混合型基金	508	330	22.046
31	建信	建信恒久价值	偏股混合型基金	508	400	9.866
31	建信	建信社会责任	偏股混合型基金	508	418	0.300
31	建信	建信深证100指数增强	增强指数型基金	57	23	0.847

续表 2-2

整体投资回报能力排名	基金公司（简称）	基金名称	投资类型（二级分类）	样本基金数量	同类基金中排名	期间内规模（亿）
31	建信	建信精工制造指数增强	增强指数型基金	57	39	0.948
31	建信	建信中证500指数增强A	增强指数型基金	57	55	32.281
31	建信	建信大安全	普通股票型基金	203	28	1.625
31	建信	建信信息产业	普通股票型基金	203	88	5.523
31	建信	建信改革红利	普通股票型基金	203	90	2.209
31	建信	建信双利策略主题	普通股票型基金	203	97	1.262
31	建信	建信现代服务业	普通股票型基金	203	123	0.531
31	建信	建信互联网＋产业升级	普通股票型基金	203	139	13.046
31	建信	建信潜力新蓝筹	普通股票型基金	203	153	0.926
31	建信	建信多因子量化	普通股票型基金	203	166	1.899
31	建信	建信中小盘	普通股票型基金	203	174	2.424
31	建信	建信环保产业	普通股票型基金	203	187	28.558
31	建信	建信稳定增利A	混合债券型一级基金	147	99	9.619
31	建信	建信稳定增利C	混合债券型一级基金	147	112	11.394
31	建信	建信信用增强A	混合债券型一级基金	147	142	2.742
31	建信	建信信用增强C	混合债券型一级基金	147	143	0.202
31	建信	建信双债增强A	混合债券型一级基金	147	144	2.030
31	建信	建信双债增强C	混合债券型一级基金	147	145	0.577
31	建信	建信稳定丰利A	混合债券型二级基金	363	92	1.761
31	建信	建信稳定得利A	混合债券型二级基金	363	103	2.196
31	建信	建信稳定丰利C	混合债券型二级基金	363	118	0.756
31	建信	建信稳定得利C	混合债券型二级基金	363	129	0.847
31	建信	建信收益增强A	混合债券型二级基金	363	290	4.782
31	建信	建信稳定添利A	混合债券型二级基金	363	293	0.846
31	建信	建信双息红利H	混合债券型二级基金	363	297	0.100
31	建信	建信双息红利A	混合债券型二级基金	363	298	19.486

续表 2-2

整体投资回报能力排名	基金公司（简称）	基金名称	投资类型（二级分类）	样本基金数量	同类基金中排名	期间内规模（亿）
31	建信	建信收益增强 C	混合债券型二级基金	363	304	1.261
31	建信	建信双息红利 C	混合债券型二级基金	363	311	1.545
31	建信	建信稳定添利 C	混合债券型二级基金	363	319	0.400
31	建信	建信转债增强 A	混合债券型二级基金	363	337	0.658
31	建信	建信转债增强 C	混合债券型二级基金	363	341	0.946
31	建信	建信鑫荣回报	灵活配置型基金	1 248	123	1.702
31	建信	建信恒稳价值	灵活配置型基金	1 248	151	0.408
31	建信	建信汇利	灵活配置型基金	1 248	187	23.504
31	建信	建信弘利	灵活配置型基金	1 248	287	20.757
31	建信	建信丰裕多策略(LOF)	灵活配置型基金	1 248	297	4.003
31	建信	建信积极配置	灵活配置型基金	1 248	519	2.122
31	建信	建信新经济	灵活配置型基金	1 248	943	5.012
31	建信	建信稳健回报	灵活配置型基金	1 248	945	8.109
31	建信	建信睿盈 A	灵活配置型基金	1 248	946	1.437
31	建信	建信裕利	灵活配置型基金	1 248	957	24.637
31	建信	建信鑫安回报	灵活配置型基金	1 248	967	7.865
31	建信	建信兴利	灵活配置型基金	1 248	991	24.913
31	建信	建信鑫利	灵活配置型基金	1 248	992	22.770
31	建信	建信睿盈 C	灵活配置型基金	1 248	1 010	0.818
31	建信	建信灵活配置	灵活配置型基金	1 248	1 047	21.513
31	建信	建信鑫丰回报 A	灵活配置型基金	1 248	1 069	0.348
31	建信	建信鑫丰回报 C	灵活配置型基金	1 248	1 075	15.570
31	建信	建信深证基本面 60ETF	被动指数型基金	382	11	5.516
31	建信	建信深证基本面 60ETF 联接 A	被动指数型基金	382	13	4.651
31	建信	建信央视财经 50	被动指数型基金	382	17	5.506

续表2-2

整体投资回报能力排名	基金公司（简称）	基金名称	投资类型（二级分类）	样本基金数量	同类基金中排名	期间内规模（亿）
31	建信	建信上证社会责任ETF	被动指数型基金	382	27	1.023
31	建信	建信上证社会责任ETF联接	被动指数型基金	382	40	1.232
31	建信	建信沪深300	被动指数型基金	382	78	5.184
31	建信	建信嘉薪宝B	货币市场型基金	597	10	52.204
31	建信	建信现金增利货币	货币市场型基金	597	28	463.219
31	建信	建信双周安心理财B	货币市场型基金	597	38	65.084
31	建信	建信月盈安心理财B	货币市场型基金	597	41	75.963
31	建信	建信嘉薪宝A	货币市场型基金	597	58	42.349
31	建信	建信现金添益A	货币市场型基金	597	66	137.449
31	建信	建信现金添利B	货币市场型基金	597	89	572.539
31	建信	建信周盈安心理财B	货币市场型基金	597	113	29.704
31	建信	建信天添益C	货币市场型基金	597	119	66.036
31	建信	建信天添益A	货币市场型基金	597	120	2.356
31	建信	建信货币B	货币市场型基金	597	163	38.470
31	建信	建信现金添利A	货币市场型基金	597	206	1 344.342
31	建信	建信双月安心B	货币市场型基金	597	225	156.766
31	建信	建信双周安心理财A	货币市场型基金	597	230	4.073
31	建信	建信月盈安心理财A	货币市场型基金	597	245	2.614
31	建信	建信现金添益H	货币市场型基金	597	249	80.296
31	建信	建信天添益B	货币市场型基金	597	353	3.338
31	建信	建信周盈安心理财A	货币市场型基金	597	376	3.432
31	建信	建信货币A	货币市场型基金	597	378	65.759
31	建信	建信双月安心A	货币市场型基金	597	462	0.917
32	鹏华	鹏华丰融	中长期纯债型基金	660	1	3.548
32	鹏华	鹏华产业债	中长期纯债型基金	660	3	9.927

续表 2-2

整体投资回报能力排名	基金公司（简称）	基金名称	投资类型（二级分类）	样本基金数量	同类基金中排名	期间内规模（亿）
32	鹏华	鹏华丰禄	中长期纯债型基金	660	6	8.636
32	鹏华	鹏华永盛一年定开	中长期纯债型基金	660	13	3.541
32	鹏华	鹏华丰泽	中长期纯债型基金	660	27	28.549
32	鹏华	鹏华永诚一年定开	中长期纯债型基金	660	91	2.207
32	鹏华	鹏华丰利	中长期纯债型基金	660	258	9.681
32	鹏华	鹏华丰饶	中长期纯债型基金	660	269	22.929
32	鹏华	鹏华丰惠	中长期纯债型基金	660	285	15.302
32	鹏华	鹏华丰盈	中长期纯债型基金	660	387	15.337
32	鹏华	鹏华丰恒	中长期纯债型基金	660	396	4.396
32	鹏华	鹏华丰茂	中长期纯债型基金	660	406	12.492
32	鹏华	鹏华纯债	中长期纯债型基金	660	416	3.559
32	鹏华	鹏华丰华	中长期纯债型基金	660	431	11.849
32	鹏华	鹏华丰尚A	中长期纯债型基金	660	509	23.921
32	鹏华	鹏华丰腾	中长期纯债型基金	660	514	25.355
32	鹏华	鹏华丰实A	中长期纯债型基金	660	534	47.144
32	鹏华	鹏华丰泰A	中长期纯债型基金	660	547	20.430
32	鹏华	鹏华丰达	中长期纯债型基金	660	548	14.946
32	鹏华	鹏华丰尚B	中长期纯债型基金	660	567	6.356
32	鹏华	鹏华丰实B	中长期纯债型基金	660	582	1.516
32	鹏华	鹏华丰泰B	中长期纯债型基金	660	585	0.200
32	鹏华	鹏华兴利	偏债混合型基金	115	36	9.302
32	鹏华	鹏华消费优选	偏股混合型基金	508	12	5.380
32	鹏华	鹏华精选成长	偏股混合型基金	508	102	2.031
32	鹏华	鹏华盛世创新	偏股混合型基金	508	104	6.230
32	鹏华	鹏华价值优势	偏股混合型基金	508	152	19.777
32	鹏华	鹏华中国50	偏股混合型基金	508	179	11.345

续表2-2

整体投资回报能力排名	基金公司（简称）	基金名称	投资类型（二级分类）	样本基金数量	同类基金中排名	期间内规模（亿）
32	鹏华	鹏华新兴产业	偏股混合型基金	508	198	19.746
32	鹏华	鹏华普天收益	偏股混合型基金	508	302	5.218
32	鹏华	鹏华动力增长	偏股混合型基金	508	326	16.671
32	鹏华	鹏华优质治理	偏股混合型基金	508	350	12.501
32	鹏华	鹏华养老产业	普通股票型基金	203	5	3.946
32	鹏华	鹏华先进制造	普通股票型基金	203	83	6.585
32	鹏华	鹏华环保产业	普通股票型基金	203	116	3.213
32	鹏华	鹏华改革红利	普通股票型基金	203	121	16.491
32	鹏华	鹏华医药科技	普通股票型基金	203	127	15.275
32	鹏华	鹏华医疗保健	普通股票型基金	203	144	15.901
32	鹏华	鹏华价值精选	普通股票型基金	203	147	1.053
32	鹏华	鹏华文化传媒娱乐	普通股票型基金	203	160	0.702
32	鹏华	鹏华普天债券A	混合债券型一级基金	147	51	15.343
32	鹏华	鹏华普天债券B	混合债券型一级基金	147	62	13.845
32	鹏华	鹏华丰润	混合债券型一级基金	147	90	72.599
32	鹏华	鹏华可转债	混合债券型二级基金	363	23	0.690
32	鹏华	鹏华丰和A	混合债券型二级基金	363	60	3.785
32	鹏华	鹏华双债保利	混合债券型二级基金	363	61	2.366
32	鹏华	鹏华丰收	混合债券型二级基金	363	98	33.851
32	鹏华	鹏华双债加利	混合债券型二级基金	363	113	3.638
32	鹏华	鹏华丰盛稳固收益	混合债券型二级基金	363	126	30.100
32	鹏华	鹏华信用增利A	混合债券型二级基金	363	127	7.054
32	鹏华	鹏华双债增利	混合债券型二级基金	363	132	5.536
32	鹏华	鹏华信用增利B	混合债券型二级基金	363	150	0.196
32	鹏华	鹏华外延成长	灵活配置型基金	1 248	27	6.285
32	鹏华	鹏华品牌传承	灵活配置型基金	1 248	44	0.984

续表 2-2

整体投资回报能力排名	基金公司（简称）	基金名称	投资类型（二级分类）	样本基金数量	同类基金中排名	期间内规模（亿）
32	鹏华	鹏华消费领先	灵活配置型基金	1 248	104	3.419
32	鹏华	鹏华策略优选	灵活配置型基金	1 248	168	3.247
32	鹏华	鹏华健康环保	灵活配置型基金	1 248	176	0.879
32	鹏华	鹏华弘嘉 A	灵活配置型基金	1 248	282	6.980
32	鹏华	鹏华弘嘉 C	灵活配置型基金	1 248	292	1.578
32	鹏华	鹏华沪深港新兴成长	灵活配置型基金	1 248	426	3.102
32	鹏华	鹏华金鼎灵活配置 A	灵活配置型基金	1 248	473	21.618
32	鹏华	鹏华弘达 A	灵活配置型基金	1 248	490	7.644
32	鹏华	鹏华金鼎灵活配置 C	灵活配置型基金	1 248	551	3.422
32	鹏华	鹏华兴泰	灵活配置型基金	1 248	596	9.432
32	鹏华	鹏华弘信 C	灵活配置型基金	1 248	650	10.405
32	鹏华	鹏华弘益 A	灵活配置型基金	1 248	664	0.164
32	鹏华	鹏华弘信 A	灵活配置型基金	1 248	668	2.286
32	鹏华	鹏华弘尚 A	灵活配置型基金	1 248	670	10.352
32	鹏华	鹏华弘安 A	灵活配置型基金	1 248	673	10.955
32	鹏华	鹏华弘利 A	灵活配置型基金	1 248	685	11.506
32	鹏华	鹏华弘益 C	灵活配置型基金	1 248	686	11.825
32	鹏华	鹏华兴悦	灵活配置型基金	1 248	688	8.370
32	鹏华	鹏华弘尚 C	灵活配置型基金	1 248	699	0.012
32	鹏华	鹏华弘华 C	灵活配置型基金	1 248	706	2.307
32	鹏华	鹏华弘和 A	灵活配置型基金	1 248	713	8.184
32	鹏华	鹏华弘盛 A	灵活配置型基金	1 248	718	9.414
32	鹏华	鹏华弘华 A	灵活配置型基金	1 248	719	6.392
32	鹏华	鹏华弘安 C	灵活配置型基金	1 248	720	2.708
32	鹏华	鹏华弘润 A	灵活配置型基金	1 248	721	14.482
32	鹏华	鹏华弘盛 C	灵活配置型基金	1 248	730	3.016

续表 2-2

整体投资回报能力排名	基金公司（简称）	基金名称	投资类型（二级分类）	样本基金数量	同类基金中排名	期间内规模（亿）
32	鹏华	鹏华弘利 C	灵活配置型基金	1 248	732	1.109
32	鹏华	鹏华弘和 C	灵活配置型基金	1 248	749	2.166
32	鹏华	鹏华弘润 C	灵活配置型基金	1 248	763	0.732
32	鹏华	鹏华弘达 C	灵活配置型基金	1 248	773	1.325
32	鹏华	鹏华金城灵活配置	灵活配置型基金	1 248	799	25.905
32	鹏华	鹏华增瑞(LOF)	灵活配置型基金	1 248	815	6.310
32	鹏华	鹏华弘泽 A	灵活配置型基金	1 248	856	10.074
32	鹏华	鹏华宏观	灵活配置型基金	1 248	865	3.259
32	鹏华	鹏华弘泽 C	灵活配置型基金	1 248	878	0.475
32	鹏华	鹏华弘惠 A	灵活配置型基金	1 248	887	3.861
32	鹏华	鹏华弘惠 C	灵活配置型基金	1 248	890	4.893
32	鹏华	鹏华兴润定期开放 A	灵活配置型基金	1 248	899	2.849
32	鹏华	鹏华兴安定期开放	灵活配置型基金	1 248	938	9.569
32	鹏华	鹏华兴润定期开放 C	灵活配置型基金	1 248	939	3.223
32	鹏华	鹏华弘实 A	灵活配置型基金	1 248	950	3.627
32	鹏华	鹏华弘实 C	灵活配置型基金	1 248	958	1.199
32	鹏华	鹏华弘泰 C	灵活配置型基金	1 248	969	3.160
32	鹏华	鹏华兴合定期开放 A	灵活配置型基金	1 248	976	4.139
32	鹏华	鹏华弘康 A	灵活配置型基金	1 248	977	0.005
32	鹏华	鹏华兴合定期开放 C	灵活配置型基金	1 248	1 015	1.584
32	鹏华	鹏华弘泰 A	灵活配置型基金	1 248	1 020	10.684
32	鹏华	鹏华弘康 C	灵活配置型基金	1 248	1 055	5.229
32	鹏华	鹏华弘鑫 A	灵活配置型基金	1 248	1 077	3.174
32	鹏华	鹏华弘鑫 C	灵活配置型基金	1 248	1 084	6.378
32	鹏华	鹏华中证酒	被动指数型基金	382	3	4.687
32	鹏华	鹏华沪深 300A	被动指数型基金	382	66	3.373

续表2-2

整体投资回报能力排名	基金公司（简称）	基金名称	投资类型（二级分类）	样本基金数量	同类基金中排名	期间内规模（亿）
32	鹏华	鹏华中证银行	被动指数型基金	382	130	24.169
32	鹏华	鹏华中证信息技术	被动指数型基金	382	145	2.949
32	鹏华	鹏华中证800地产	被动指数型基金	382	154	2.395
32	鹏华	鹏华港股通中证香港	被动指数型基金	382	172	2.097
32	鹏华	鹏华上证民企50ETF	被动指数型基金	382	173	0.822
32	鹏华	鹏华上证民企50ETF联接	被动指数型基金	382	178	0.745
32	鹏华	鹏华中证800证券保险	被动指数型基金	382	179	10.375
32	鹏华	鹏华中证移动互联网	被动指数型基金	382	183	1.442
32	鹏华	鹏华香港中小企业指数	被动指数型基金	382	192	1.656
32	鹏华	鹏华中证医药卫生	被动指数型基金	382	212	0.452
32	鹏华	鹏华深证民营ETF联接	被动指数型基金	382	229	0.478
32	鹏华	鹏华深证民营ETF	被动指数型基金	382	235	0.543
32	鹏华	鹏华中证A股资源产业	被动指数型基金	382	245	0.918
32	鹏华	鹏华中证证券	被动指数型基金	382	254	4.240
32	鹏华	鹏华中证一带一路	被动指数型基金	382	261	4.749
32	鹏华	鹏华中证500A	被动指数型基金	382	296	3.100
32	鹏华	鹏华创业板	被动指数型基金	382	312	1.680
32	鹏华	鹏华中证新能源	被动指数型基金	382	315	0.350
32	鹏华	鹏华国证钢铁行业	被动指数型基金	382	330	1.838
32	鹏华	鹏华中证环保产业	被动指数型基金	382	348	1.199
32	鹏华	鹏华中证国防	被动指数型基金	382	366	60.487
32	鹏华	鹏华中证高铁产业	被动指数型基金	382	373	0.945
32	鹏华	鹏华中证传媒	被动指数型基金	382	375	3.865
32	鹏华	鹏华安盈宝	货币市场型基金	597	26	118.530
32	鹏华	鹏华添利宝	货币市场型基金	597	35	711.403

续表2-2

整体投资回报能力排名	基金公司（简称）	基金名称	投资类型（二级分类）	样本基金数量	同类基金中排名	期间内规模（亿）
32	鹏华	鹏华增值宝	货币市场型基金	597	238	201.662
32	鹏华	鹏华货币B	货币市场型基金	597	286	172.818
32	鹏华	鹏华添利B	货币市场型基金	597	473	28.335
32	鹏华	鹏华添利A	货币市场型基金	597	474	3.641
32	鹏华	鹏华货币A	货币市场型基金	597	475	8.713
33	东兴证券	东兴改革精选	灵活配置型基金	1 248	608	0.392
33	东兴证券	东兴蓝海财富	灵活配置型基金	1 248	1 201	1.223
33	东兴证券	东兴众智优选	灵活配置型基金	1 248	1 215	0.920
33	东兴证券	东兴量化多策略	灵活配置型基金	1 248	1 245	0.860
33	东兴证券	东兴安盈宝B	货币市场型基金	597	143	48.920
33	东兴证券	东兴安盈宝A	货币市场型基金	597	356	1.792
34	华安	华安鼎丰	中长期纯债型基金	660	17	15.378
34	华安	华安年年红A	中长期纯债型基金	660	34	10.600
34	华安	华安年年红C	中长期纯债型基金	660	95	7.234
34	华安	华安纯债A	中长期纯债型基金	660	100	35.060
34	华安	华安纯债C	中长期纯债型基金	660	182	3.498
34	华安	华安年年盈A	中长期纯债型基金	660	198	5.033
34	华安	华安信用四季红A	中长期纯债型基金	660	283	9.816
34	华安	华安聚利18个月A	中长期纯债型基金	660	289	9.113
34	华安	华安年年盈C	中长期纯债型基金	660	290	1.263
34	华安	华安双债添利A	中长期纯债型基金	660	305	8.469
34	华安	华安聚利18个月C	中长期纯债型基金	660	419	1.002
34	华安	华安双债添利C	中长期纯债型基金	660	430	1.157
34	华安	华安添颐	偏债混合型基金	115	63	18.350
34	华安	华安生态优先	偏股混合型基金	508	13	2.932
34	华安	华安策略优选	偏股混合型基金	508	17	63.504

续表 2-2

整体投资回报能力排名	基金公司（简称）	基金名称	投资类型（二级分类）	样本基金数量	同类基金中排名	期间内规模（亿）
34	华安	华安宏利	偏股混合型基金	508	44	28.474
34	华安	华安核心优选	偏股混合型基金	508	93	12.348
34	华安	华安安信消费服务	偏股混合型基金	508	97	4.972
34	华安	华安行业轮动	偏股混合型基金	508	103	2.648
34	华安	华安升级主题	偏股混合型基金	508	189	5.290
34	华安	华安逆向策略	偏股混合型基金	508	241	23.634
34	华安	华安科技动力	偏股混合型基金	508	247	11.665
34	华安	华安中小盘成长	偏股混合型基金	508	319	21.456
34	华安	华安事件驱动量化策略	偏股混合型基金	508	464	3.955
34	华安	华安量化多因子	偏股混合型基金	508	481	0.220
34	华安	华安黄金 ETF	商品型基金	14	2	66.756
34	华安	华安易富黄金 ETF 联接 A	商品型基金	14	8	10.313
34	华安	华安易富黄金 ETF 联接 C	商品型基金	14	9	17.975
34	华安	华安沪深 300 量化增强 A	增强指数型基金	57	11	1.778
34	华安	华安沪深 300 量化增强 C	增强指数型基金	57	13	1.318
34	华安	华安 MSCI 中国 A 股指数增强	增强指数型基金	57	30	32.431
34	华安	华安宝利配置	平衡混合型基金	31	9	26.779
34	华安	华安创新	平衡混合型基金	31	23	22.331
34	华安	华安新丝路主题	普通股票型基金	203	23	23.683
34	华安	华安智能装备主题	普通股票型基金	203	57	11.344
34	华安	华安大国新经济	普通股票型基金	203	103	2.482
34	华安	华安物联网主题	普通股票型基金	203	145	13.429
34	华安	华安稳定收益 A	混合债券型一级基金	147	19	7.244
34	华安	华安稳定收益 B	混合债券型一级基金	147	34	0.499
34	华安	华安稳固收益 A	混合债券型一级基金	147	59	11.549

续表2-2

整体投资回报能力排名	基金公司（简称）	基金名称	投资类型（二级分类）	样本基金数量	同类基金中排名	期间内规模（亿）
34	华安	华安稳固收益C	混合债券型一级基金	147	94	2.988
34	华安	华安安心收益A	混合债券型二级基金	363	83	0.785
34	华安	华安安心收益B	混合债券型二级基金	363	106	0.358
34	华安	华安强化收益A	混合债券型二级基金	363	114	0.747
34	华安	华安强化收益B	混合债券型二级基金	363	146	0.969
34	华安	华安可转债A	混合债券型二级基金	363	218	1.054
34	华安	华安可转债B	混合债券型二级基金	363	242	1.620
34	华安	华安媒体互联网	灵活配置型基金	1 248	7	67.733
34	华安	华安沪港深外延增长	灵活配置型基金	1 248	40	6.756
34	华安	华安国企改革	灵活配置型基金	1 248	85	4.330
34	华安	华安动态灵活配置	灵活配置型基金	1 248	190	2.553
34	华安	华安智增精选	灵活配置型基金	1 248	233	8.519
34	华安	华安安康A	灵活配置型基金	1 248	319	20.690
34	华安	华安安康C	灵活配置型基金	1 248	362	3.896
34	华安	华安安顺	灵活配置型基金	1 248	386	6.741
34	华安	华安新丰利A	灵活配置型基金	1 248	402	1.016
34	华安	华安新乐享	灵活配置型基金	1 248	418	12.757
34	华安	华安新丰利C	灵活配置型基金	1 248	432	1.240
34	华安	华安新活力	灵活配置型基金	1 248	605	7.094
34	华安	华安新机遇	灵活配置型基金	1 248	618	12.727
34	华安	华安新瑞利A	灵活配置型基金	1 248	651	6.601
34	华安	华安新恒利A	灵活配置型基金	1 248	652	2.718
34	华安	华安新恒利C	灵活配置型基金	1 248	658	1.003
34	华安	华安新瑞利C	灵活配置型基金	1 248	672	0.109
34	华安	华安新回报	灵活配置型基金	1 248	701	10.004
34	华安	华安安进灵活配置	灵活配置型基金	1 248	796	10.590

续表 2-2

整体投资回报能力排名	基金公司（简称）	基金名称	投资类型（二级分类）	样本基金数量	同类基金中排名	期间内规模（亿）
34	华安	华安安禧灵活 A	灵活配置型基金	1 248	841	17.954
34	华安	华安新动力	灵活配置型基金	1 248	871	16.181
34	华安	华安安禧灵活 C	灵活配置型基金	1 248	886	1.183
34	华安	华安安享	灵活配置型基金	1 248	889	16.953
34	华安	华安安华	灵活配置型基金	1 248	934	22.271
34	华安	华安稳健回报	灵活配置型基金	1 248	970	25.144
34	华安	华安新泰利 A	灵活配置型基金	1 248	1 018	5.437
34	华安	华安安益	灵活配置型基金	1 248	1 038	20.498
34	华安	华安新泰利 C	灵活配置型基金	1 248	1 042	0.187
34	华安	华安新优选 C	灵活配置型基金	1 248	1 178	3.341
34	华安	华安新优选 A	灵活配置型基金	1 248	1 203	3.324
34	华安	华安添鑫中短债 A	短期纯债型基金	19	19	0.444
34	华安	华安沪深 300	被动指数型基金	382	65	1.630
34	华安	华安上证 180ETF	被动指数型基金	382	105	185.447
34	华安	华安中证银行	被动指数型基金	382	109	2.208
34	华安	华安上证 180ETF 联接	被动指数型基金	382	122	3.748
34	华安	华安中证细分医药 ETF	被动指数型基金	382	165	0.762
34	华安	华安中证细分医药 ETF 联接 A	被动指数型基金	382	170	0.319
34	华安	华安中证细分医药 ETF 联接 C	被动指数型基金	382	176	0.202
34	华安	华安上证龙头 ETF	被动指数型基金	382	209	1.059
34	华安	华安上证龙头 ETF 联接	被动指数型基金	382	215	0.935
34	华安	华安中证全指证券	被动指数型基金	382	257	1.580
34	华安	华安创业板 50ETF	被动指数型基金	382	342	28.618
34	华安	华安创业板 50	被动指数型基金	382	376	3.245
34	华安	华安日日鑫 B	货币市场型基金	597	102	22.820

续表2-2

整体投资回报能力排名	基金公司（简称）	基金名称	投资类型（二级分类）	样本基金数量	同类基金中排名	期间内规模（亿）
34	华安	华安汇财通	货币市场型基金	597	212	69.618
34	华安	华安日日鑫A	货币市场型基金	597	301	794.364
34	华安	华安日日鑫H	货币市场型基金	597	326	22.303
34	华安	华安现金富利B	货币市场型基金	597	371	109.530
34	华安	华安现金富利A	货币市场型基金	597	520	7.995
35	平安	平安惠金定期开放A	中长期纯债型基金	660	118	10.223
35	平安	平安惠利纯债	中长期纯债型基金	660	123	3.999
35	平安	平安惠盈	中长期纯债型基金	660	156	8.335
35	平安	平安添利A	中长期纯债型基金	660	222	12.254
35	平安	平安惠享纯债	中长期纯债型基金	660	334	3.161
35	平安	平安添利C	中长期纯债型基金	660	357	6.886
35	平安	平安惠融纯债	中长期纯债型基金	660	438	15.629
35	平安	平安惠隆纯债	中长期纯债型基金	660	590	3.035
35	平安	平安行业先锋	偏股混合型基金	508	345	2.830
35	平安	平安智能生活C	偏股混合型基金	508	492	0.005
35	平安	平安智能生活A	偏股混合型基金	508	495	0.383
35	平安	平安深证300指数增强	增强指数型基金	57	32	0.698
35	平安	平安鼎信	混合债券型二级基金	363	97	2.513
35	平安	平安睿享文娱A	灵活配置型基金	1 248	19	0.113
35	平安	平安睿享文娱C	灵活配置型基金	1 248	25	0.669
35	平安	平安策略先锋	灵活配置型基金	1 248	251	1.133
35	平安	平安灵活配置	灵活配置型基金	1 248	413	2.486
35	平安	平安安盈灵活配置	灵活配置型基金	1 248	420	10.290
35	平安	平安智慧中国	灵活配置型基金	1 248	665	6.091
35	平安	平安鼎越	灵活配置型基金	1 248	692	3.557
35	平安	平安鑫享A	灵活配置型基金	1 248	848	0.607

续表 2-2

整体投资回报能力排名	基金公司（简称）	基金名称	投资类型（二级分类）	样本基金数量	同类基金中排名	期间内规模（亿）
35	平安	平安鑫享 C	灵活配置型基金	1 248	857	3.791
35	平安	平安新鑫先锋 A	灵活配置型基金	1 248	863	0.602
35	平安	平安新鑫先锋 C	灵活配置型基金	1 248	905	0.012
35	平安	平安安享灵活配置 A	灵活配置型基金	1 248	956	6.375
35	平安	平安安心灵活配置 A	灵活配置型基金	1 248	995	7.428
35	平安	平安鑫安 A	灵活配置型基金	1 248	999	1.464
35	平安	平安鑫安 C	灵活配置型基金	1 248	1 026	0.121
35	平安	平安鑫利 A	灵活配置型基金	1 248	1 067	1.003
35	平安	平安鼎泰	灵活配置型基金	1 248	1 226	7.813
35	平安	平安财富宝	货币市场型基金	597	50	323.810
35	平安	平安金管家 A	货币市场型基金	597	62	70.043
35	平安	平安日鑫 A	货币市场型基金	597	108	78.155
35	平安	场内货币	货币市场型基金	597	109	19.052
35	平安	平安日增利	货币市场型基金	597	308	806.869
36	南方	南方金利 A	中长期纯债型基金	660	8	2.386
36	南方	南方金利 C	中长期纯债型基金	660	12	0.861
36	南方	南方弘利 A	中长期纯债型基金	660	107	17.669
36	南方	南方弘利 C	中长期纯债型基金	660	108	0.000
36	南方	南方多元定开	中长期纯债型基金	660	138	85.006
36	南方	南方丰元信用增强 A	中长期纯债型基金	660	186	7.212
36	南方	南方通利 A	中长期纯债型基金	660	209	29.701
36	南方	南方聚利 1 年 A	中长期纯债型基金	660	274	11.634
36	南方	南方丰元信用增强 C	中长期纯债型基金	660	303	2.732
36	南方	南方宣利定期开放 A	中长期纯债型基金	660	326	5.442
36	南方	南方通利 C	中长期纯债型基金	660	348	6.761
36	南方	南方聚利 1 年 C	中长期纯债型基金	660	372	1.686

续表2-2

整体投资回报能力排名	基金公司（简称）	基金名称	投资类型（二级分类）	样本基金数量	同类基金中排名	期间内规模（亿）
36	南方	南方颐元A	中长期纯债型基金	660	388	11.083
36	南方	南方颐元C	中长期纯债型基金	660	389	0.000
36	南方	南方宣利定期开放C	中长期纯债型基金	660	445	0.003
36	南方	南方启元A	中长期纯债型基金	660	522	39.327
36	南方	南方润元纯债AB	中长期纯债型基金	660	531	8.995
36	南方	南方稳利1年A	中长期纯债型基金	660	559	49.610
36	南方	南方启元C	中长期纯债型基金	660	572	0.875
36	南方	南方双元A	中长期纯债型基金	660	574	1.102
36	南方	南方润元纯债C	中长期纯债型基金	660	578	2.594
36	南方	南方稳利1年C	中长期纯债型基金	660	598	1.122
36	南方	南方双元C	中长期纯债型基金	660	609	0.124
36	南方	南方宝元债券A	偏债混合型基金	115	30	17.335
36	南方	南方安泰	偏债混合型基金	115	35	16.077
36	南方	南方荣欢定期开放	偏债混合型基金	115	37	4.370
36	南方	南方安裕A	偏债混合型基金	115	39	22.696
36	南方	南方荣安定期开放A	偏债混合型基金	115	53	3.908
36	南方	南方荣安定期开放C	偏债混合型基金	115	57	0.171
36	南方	南方荣发定期开放	偏债混合型基金	115	71	4.258
36	南方	南方荣冠定期开放	偏债混合型基金	115	74	3.251
36	南方	南方安颐	偏债混合型基金	115	77	5.544
36	南方	南方甄智	偏债混合型基金	115	104	6.315
36	南方	南方绩优成长A	偏股混合型基金	508	70	47.735
36	南方	南方隆元产业主题	偏股混合型基金	508	82	21.803
36	南方	南方潜力新蓝筹	偏股混合型基金	508	120	12.697
36	南方	南方优选价值A	偏股混合型基金	508	123	11.772
36	南方	南方优选价值H	偏股混合型基金	508	124	0.001

续表 2-2

整体投资回报能力排名	基金公司（简称）	基金名称	投资类型（二级分类）	样本基金数量	同类基金中排名	期间内规模（亿）
36	南方	南方成份精选 A	偏股混合型基金	508	197	38.516
36	南方	南方稳健成长	偏股混合型基金	508	226	20.049
36	南方	南方积极配置	偏股混合型基金	508	404	8.248
36	南方	南方盛元红利	偏股混合型基金	508	426	10.202
36	南方	南方高增长	偏股混合型基金	508	437	17.708
36	南方	南方策略优化	偏股混合型基金	508	487	10.752
36	南方	南方中证 500 增强 A	增强指数型基金	57	51	2.856
36	南方	南方中证 500 增强 C	增强指数型基金	57	52	0.822
36	南方	南方稳健成长 2 号	平衡混合型基金	31	10	18.151
36	南方	南方核心竞争	平衡混合型基金	31	14	20.033
36	南方	南方天元新产业	普通股票型基金	203	15	6.156
36	南方	南方新兴消费增长	普通股票型基金	203	36	4.441
36	南方	南方国策动力	普通股票型基金	203	102	2.391
36	南方	南方中小盘成长	普通股票型基金	203	114	14.643
36	南方	南方产业活力	普通股票型基金	203	176	17.634
36	南方	南方量化成长	普通股票型基金	203	200	8.791
36	南方	南方多利增强 A	混合债券型一级基金	147	88	18.495
36	南方	南方永利 1 年 A	混合债券型一级基金	147	92	1.076
36	南方	南方多利增强 C	混合债券型一级基金	147	100	6.033
36	南方	南方永利 1 年 C	混合债券型一级基金	147	107	0.030
36	南方	南方卓元 A	混合债券型二级基金	363	112	6.029
36	南方	南方卓元 C	混合债券型二级基金	363	141	0.007
36	南方	南方广利回报 AB	混合债券型二级基金	363	181	4.925
36	南方	南方广利回报 C	混合债券型二级基金	363	212	2.649
36	南方	南方品质优选	灵活配置型基金	1 248	32	23.339
36	南方	南方转型驱动	灵活配置型基金	1 248	74	1.779

续表2-2

整体投资回报能力排名	基金公司（简称）	基金名称	投资类型（二级分类）	样本基金数量	同类基金中排名	期间内规模（亿）
36	南方	南方优选成长A	灵活配置型基金	1 248	98	6.945
36	南方	南方创新经济	灵活配置型基金	1 248	106	10.825
36	南方	南方新优享A	灵活配置型基金	1 248	121	13.868
36	南方	南方医药保健	灵活配置型基金	1 248	161	5.865
36	南方	南方高端装备A	灵活配置型基金	1 248	163	4.083
36	南方	南方益和灵活配置	灵活配置型基金	1 248	246	15.659
36	南方	南方君选	灵活配置型基金	1 248	312	2.123
36	南方	南方瑞利	灵活配置型基金	1 248	347	8.053
36	南方	南方顺康	灵活配置型基金	1 248	469	12.449
36	南方	南方利众C	灵活配置型基金	1 248	554	0.686
36	南方	南方利达C	灵活配置型基金	1 248	594	1.533
36	南方	南方利达A	灵活配置型基金	1 248	595	5.673
36	南方	南方利众A	灵活配置型基金	1 248	659	4.042
36	南方	南方利淘A	灵活配置型基金	1 248	677	7.412
36	南方	南方利淘C	灵活配置型基金	1 248	690	0.204
36	南方	南方荣光C	灵活配置型基金	1 248	707	3.976
36	南方	南方荣光A	灵活配置型基金	1 248	723	3.138
36	南方	南方利鑫A	灵活配置型基金	1 248	743	8.723
36	南方	南方利鑫C	灵活配置型基金	1 248	746	0.064
36	南方	南方改革机遇	灵活配置型基金	1 248	885	15.513
36	南方	南方利安A	灵活配置型基金	1 248	922	7.265
36	南方	南方利安C	灵活配置型基金	1 248	929	0.589
36	南方	南方中国梦	灵活配置型基金	1 248	1 005	2.849
36	南方	南方转型增长	灵活配置型基金	1 248	1 024	7.044
36	南方	南方新兴龙头	灵活配置型基金	1 248	1 131	4.512
36	南方	南方沪港深价值主题	灵活配置型基金	1 248	1 146	2.831

续表 2-2

整体投资回报能力排名	基金公司（简称）	基金名称	投资类型（二级分类）	样本基金数量	同类基金中排名	期间内规模（亿）
36	南方	南方绝对收益策略	股票多空	18	2	4.000
36	南方	南方卓享绝对收益策略	股票多空	18	8	3.137
36	南方	南方安享绝对收益	股票多空	18	14	1.426
36	南方	南方中债10年期国债A	被动指数型债券基金	28	20	0.184
36	南方	南方中债10年期国债C	被动指数型债券基金	28	24	1.475
36	南方	南方恒生ETF	被动指数型基金	382	68	0.814
36	南方	南方沪深300ETF	被动指数型基金	382	70	13.667
36	南方	南方沪深300ETF联接A	被动指数型基金	382	80	11.381
36	南方	南方中证国企改革	被动指数型基金	382	147	1.526
36	南方	南方中证500信息技术ETF	被动指数型基金	382	161	4.616
36	南方	南方中证互联网	被动指数型基金	382	169	2.030
36	南方	南方中证500信息技术ETF联接A	被动指数型基金	382	171	3.435
36	南方	南方大数据300A	被动指数型基金	382	175	7.623
36	南方	南方大数据300C	被动指数型基金	382	182	0.873
36	南方	南方小康产业ETF	被动指数型基金	382	197	6.866
36	南方	南方小康产业ETF联接A	被动指数型基金	382	198	7.171
36	南方	南方中证100A	被动指数型基金	382	207	3.530
36	南方	南方深成ETF	被动指数型基金	382	219	4.490
36	南方	南方深成ETF联接A	被动指数型基金	382	220	2.986
36	南方	南方上证380ETF	被动指数型基金	382	263	2.347
36	南方	南方上证380ETF联接A	被动指数型基金	382	265	2.102
36	南方	南方中证500原材料ETF	被动指数型基金	382	270	0.521
36	南方	南方创业板ETF联接A	被动指数型基金	382	272	5.625
36	南方	南方创业板ETF	被动指数型基金	382	282	6.807

续表2-2

整体投资回报能力排名	基金公司（简称）	基金名称	投资类型（二级分类）	样本基金数量	同类基金中排名	期间内规模（亿）
36	南方	南方中证500医药卫生ETF	被动指数型基金	382	288	0.487
36	南方	南方中证500ETF联接A	被动指数型基金	382	322	66.432
36	南方	南方中证500ETF	被动指数型基金	382	328	306.319
36	南方	南方中证1 000ETF	被动指数型基金	382	359	1.790
36	南方	南方大数据100A	被动指数型基金	382	360	47.608
36	南方	南方中证高铁产业	被动指数型基金	382	363	2.209
36	南方	南方中证500工业ETF	被动指数型基金	382	369	0.652
36	南方	南方理财60天B	货币市场型基金	597	11	11.613
36	南方	南方天天利B	货币市场型基金	597	14	558.771
36	南方	南方理财14天B	货币市场型基金	597	21	83.125
36	南方	南方现金通C	货币市场型基金	597	37	66.583
36	南方	南方理财60天E	货币市场型基金	597	59	0.003
36	南方	南方现金通B	货币市场型基金	597	63	0.374
36	南方	南方天天利A	货币市场型基金	597	74	30.698
36	南方	南方理财60天A	货币市场型基金	597	80	3.784
36	南方	南方现金通A	货币市场型基金	597	84	0.079
36	南方	南方理财14天A	货币市场型基金	597	122	8.149
36	南方	南方现金通E	货币市场型基金	597	125	460.133
36	南方	南方收益宝B	货币市场型基金	597	136	234.052
36	南方	南方日添益E	货币市场型基金	597	140	11.293
36	南方	南方薪金宝	货币市场型基金	597	190	66.930
36	南方	南方现金增利B	货币市场型基金	597	197	476.779
36	南方	南方日添益A	货币市场型基金	597	255	61.388
36	南方	南方收益宝A	货币市场型基金	597	347	6.826
36	南方	南方理财金A	货币市场型基金	597	364	40.042

续表 2-2

整体投资回报能力排名	基金公司（简称）	基金名称	投资类型（二级分类）	样本基金数量	同类基金中排名	期间内规模（亿）
36	南方	南方理财金 H	货币市场型基金	597	365	141.571
36	南方	南方现金增利 A	货币市场型基金	597	403	160.280
36	南方	南方现金增利 E	货币市场型基金	597	404	28.449
36	南方	南方现金增利 F	货币市场型基金	597	406	2.704
37	万家	万家鑫璟纯债 A	中长期纯债型基金	660	15	3.454
37	万家	万家鑫璟纯债 C	中长期纯债型基金	660	29	0.008
37	万家	万家强化收益	中长期纯债型基金	660	56	3.346
37	万家	万家鑫安纯债 A	中长期纯债型基金	660	119	155.586
37	万家	万家鑫安纯债 C	中长期纯债型基金	660	170	0.000
37	万家	万家年年恒荣定开 A	中长期纯债型基金	660	205	5.736
37	万家	万家年年恒荣定开 C	中长期纯债型基金	660	392	0.000
37	万家	万家恒瑞 18 个月 A	中长期纯债型基金	660	394	7.543
37	万家	万家信用恒利 A	中长期纯债型基金	660	423	7.005
37	万家	万家 3－5 年政策性金融债 A	中长期纯债型基金	660	425	4.271
37	万家	万家恒瑞 18 个月 C	中长期纯债型基金	660	477	0.000
37	万家	万家信用恒利 C	中长期纯债型基金	660	502	0.867
37	万家	万家 3～5 年政策性金融债 C	中长期纯债型基金	660	510	0.002
37	万家	万家行业优选	偏股混合型基金	508	36	4.860
37	万家	万家和谐增长	偏股混合型基金	508	194	11.021
37	万家	万家精选	偏股混合型基金	508	300	22.779
37	万家	万家瑞隆	偏股混合型基金	508	376	3.059
37	万家	万家沪深 300 指数增强 C	增强指数型基金	57	33	0.122
37	万家	万家沪深 300 指数增强 A	增强指数型基金	57	35	3.603
37	万家	万家添利	混合债券型一级基金	147	11	1.039

续表2-2

整体投资回报能力排名	基金公司（简称）	基金名称	投资类型（二级分类）	样本基金数量	同类基金中排名	期间内规模（亿）
37	万家	万家稳健增利A	混合债券型一级基金	147	97	6.849
37	万家	万家稳健增利C	混合债券型一级基金	147	109	0.145
37	万家	万家双利	混合债券型二级基金	363	134	0.692
37	万家	万家增强收益	混合债券型二级基金	363	294	2.014
37	万家	万家品质生活	灵活配置型基金	1 248	116	14.784
37	万家	万家新兴蓝筹	灵活配置型基金	1 248	152	8.226
37	万家	万家瑞兴	灵活配置型基金	1 248	173	5.455
37	万家	万家瑞益A	灵活配置型基金	1 248	367	0.280
37	万家	万家瑞益C	灵活配置型基金	1 248	414	7.535
37	万家	万家新利	灵活配置型基金	1 248	523	7.680
37	万家	万家瑞和A	灵活配置型基金	1 248	538	3.101
37	万家	万家瑞祥A	灵活配置型基金	1 248	742	4.847
37	万家	万家瑞和C	灵活配置型基金	1 248	758	6.892
37	万家	万家瑞祥C	灵活配置型基金	1 248	767	0.157
37	万家	万家双引擎	灵活配置型基金	1 248	781	2.976
37	万家	万家瑞盈A	灵活配置型基金	1 248	810	0.310
37	万家	万家瑞盈C	灵活配置型基金	1 248	812	9.857
37	万家	万家颐和	灵活配置型基金	1 248	846	4.360
37	万家	万家瑞富	灵活配置型基金	1 248	884	5.542
37	万家	万家瑞丰A	灵活配置型基金	1 248	962	1.814
37	万家	万家颐达	灵活配置型基金	1 248	983	4.300
37	万家	万家瑞丰C	灵活配置型基金	1 248	1 002	2.575
37	万家	万家1~3年政策性金融债C	短期纯债型基金	19	8	0.002
37	万家	万家1~3年政策性金融债A	短期纯债型基金	19	10	15.825
37	万家	万家家享中短债A	短期纯债型基金	19	14	5.239

续表 2-2

整体投资回报能力排名	基金公司（简称）	基金名称	投资类型（二级分类）	样本基金数量	同类基金中排名	期间内规模（亿）
37	万家	万家上证 50ETF	被动指数型基金	382	35	0.859
37	万家	万家上证 180	被动指数型基金	382	137	15.058
37	万家	万家中证红利	被动指数型基金	382	163	0.450
37	万家	万家货币 R	货币市场型基金	597	258	0.128
37	万家	万家货币 B	货币市场型基金	597	267	138.404
37	万家	万家货币 E	货币市场型基金	597	338	3.504
37	万家	万家现金宝 A	货币市场型基金	597	389	39.751
37	万家	万家日日薪 B	货币市场型基金	597	439	3.999
37	万家	万家货币 A	货币市场型基金	597	461	4.418
37	万家	万家日日薪 A	货币市场型基金	597	549	1.337
37	万家	万家日日薪 R	货币市场型基金	597	595	0.000
38	安信	安信永利信用 A	中长期纯债型基金	660	16	1.229
38	安信	安信永利信用 C	中长期纯债型基金	660	47	0.151
38	安信	安信目标收益 A	中长期纯债型基金	660	69	1.667
38	安信	安信目标收益 C	中长期纯债型基金	660	167	1.151
38	安信	安信尊享	中长期纯债型基金	660	177	26.580
38	安信	安信永丰 A	中长期纯债型基金	660	632	3.309
38	安信	安信永丰 C	中长期纯债型基金	660	638	1.010
38	安信	安信新常态沪港深精选	普通股票型基金	203	22	7.058
38	安信	安信价值精选	普通股票型基金	203	42	23.146
38	安信	安信消费医药主题	普通股票型基金	203	76	11.497
38	安信	安信宝利	混合债券型一级基金	147	22	13.795
38	安信	安信新回报 A	灵活配置型基金	1 248	29	4.219
38	安信	安信优势增长 A	灵活配置型基金	1 248	31	0.575
38	安信	安信优势增长 C	灵活配置型基金	1 248	33	0.335
38	安信	安信新回报 C	灵活配置型基金	1 248	35	0.645

续表 2-2

整体投资回报能力排名	基金公司（简称）	基金名称	投资类型（二级分类）	样本基金数量	同类基金中排名	期间内规模（亿）
38	安信	安信新价值 A	灵活配置型基金	1 248	167	1.064
38	安信	安信新价值 C	灵活配置型基金	1 248	178	1.854
38	安信	安信灵活配置	灵活配置型基金	1 248	216	1.611
38	安信	安信稳健增值 A	灵活配置型基金	1 248	397	14.468
38	安信	安信新优选 A	灵活配置型基金	1 248	430	0.006
38	安信	安信新优选 C	灵活配置型基金	1 248	443	5.880
38	安信	安信稳健增值 C	灵活配置型基金	1 248	468	4.247
38	安信	安信新动力 A	灵活配置型基金	1 248	486	3.585
38	安信	安信动态策略 A	灵活配置型基金	1 248	509	2.971
38	安信	安信新趋势 A	灵活配置型基金	1 248	537	7.561
38	安信	安信动态策略 C	灵活配置型基金	1 248	541	1.312
38	安信	安信新动力 C	灵活配置型基金	1 248	546	1.821
38	安信	安信新趋势 C	灵活配置型基金	1 248	569	1.658
38	安信	安信新目标 A	灵活配置型基金	1 248	571	0.159
38	安信	安信新成长 A	灵活配置型基金	1 248	581	4.825
38	安信	安信新成长 C	灵活配置型基金	1 248	606	3.582
38	安信	安信鑫安得利 A	灵活配置型基金	1 248	624	0.448
38	安信	安信新目标 C	灵活配置型基金	1 248	638	7.881
38	安信	安信鑫安得利 C	灵活配置型基金	1 248	647	5.815
38	安信	安信平稳增长 A	灵活配置型基金	1 248	689	0.180
38	安信	安信平稳增长 C	灵活配置型基金	1 248	728	4.634
38	安信	安信鑫发优选	灵活配置型基金	1 248	842	0.593
38	安信	安信中证一带一路	被动指数型基金	382	279	0.811
38	安信	安信活期宝 B	货币市场型基金	597	49	10.056
38	安信	安信活期宝 A	货币市场型基金	597	156	7.558
38	安信	安信现金管理货币 B	货币市场型基金	597	271	112.121

续表2-2

整体投资回报能力排名	基金公司（简称）	基金名称	投资类型（二级分类）	样本基金数量	同类基金中排名	期间内规模（亿）
38	安信	安信现金管理货币A	货币市场型基金	597	463	0.861
38	安信	安信现金增利B	货币市场型基金	597	505	14.502
38	安信	安信现金增利A	货币市场型基金	597	552	1.618
39	新华	新华安享惠金A	中长期纯债型基金	660	135	14.887
39	新华	新华安享惠金C	中长期纯债型基金	660	229	0.167
39	新华	新华纯债添利A	中长期纯债型基金	660	343	12.077
39	新华	新华纯债添利C	中长期纯债型基金	660	450	1.851
39	新华	新华优选分红	偏股混合型基金	508	225	12.389
39	新华	新华趋势领航	偏股混合型基金	508	227	18.610
39	新华	新华优选成长	偏股混合型基金	508	260	5.320
39	新华	新华优选消费	偏股混合型基金	508	272	3.449
39	新华	新华中小市值优选	偏股混合型基金	508	316	1.337
39	新华	新华钻石品质企业	偏股混合型基金	508	317	3.337
39	新华	新华行业周期轮换	偏股混合型基金	508	349	1.381
39	新华	新华灵活主题	偏股混合型基金	508	386	0.799
39	新华	新华策略精选	普通股票型基金	203	85	9.077
39	新华	新华丰盈回报	混合债券型二级基金	363	17	5.304
39	新华	新华增盈回报	混合债券型二级基金	363	32	21.631
39	新华	新华双利A	混合债券型二级基金	363	77	0.273
39	新华	新华双利C	混合债券型二级基金	363	95	0.224
39	新华	新华增强A	混合债券型二级基金	363	122	1.968
39	新华	新华增怡A	混合债券型二级基金	363	139	7.681
39	新华	新华丰利A	混合债券型二级基金	363	147	2.085
39	新华	新华增强C	混合债券型二级基金	363	149	0.398
39	新华	新华增怡C	混合债券型二级基金	363	162	0.658
39	新华	新华丰利C	混合债券型二级基金	363	177	2.781

续表2-2

整体投资回报能力排名	基金公司（简称）	基金名称	投资类型（二级分类）	样本基金数量	同类基金中排名	期间内规模（亿）
39	新华	新华鑫益	灵活配置型基金	1 248	91	3.053
39	新华	新华泛资源优势	灵活配置型基金	1 248	119	3.011
39	新华	新华积极价值	灵活配置型基金	1 248	370	2.010
39	新华	新华稳健回报	灵活配置型基金	1 248	439	4.032
39	新华	新华鑫回报	灵活配置型基金	1 248	489	0.954
39	新华	新华万银多元策略	灵活配置型基金	1 248	495	2.995
39	新华	新华鑫弘	灵活配置型基金	1 248	503	2.070
39	新华	新华行业轮换配置A	灵活配置型基金	1 248	793	18.514
39	新华	新华鑫利	灵活配置型基金	1 248	819	0.577
39	新华	新华行业轮换配置C	灵活配置型基金	1 248	823	0.321
39	新华	新华鑫动力A	灵活配置型基金	1 248	1 068	0.478
39	新华	新华鑫动力C	灵活配置型基金	1 248	1 072	0.163
39	新华	新华科技创新主题	灵活配置型基金	1 248	1 193	0.902
39	新华	新华战略新兴产业	灵活配置型基金	1 248	1 235	2.525
39	新华	新华中证环保产业	被动指数型基金	382	370	1.030
39	新华	新华活期添利B	货币市场型基金	597	40	13.001
39	新华	新华活期添利A	货币市场型基金	597	198	12.936
39	新华	新华壹诺宝B	货币市场型基金	597	228	91.974
39	新华	新华壹诺宝A	货币市场型基金	597	433	6.388
40	汇添富	汇添富鑫瑞A	中长期纯债型基金	660	328	28.500
40	汇添富	汇添富高息债A	中长期纯债型基金	660	384	37.763
40	汇添富	汇添富安心中国C	中长期纯债型基金	660	424	0.223
40	汇添富	汇添富鑫瑞C	中长期纯债型基金	660	473	0.000
40	汇添富	汇添富纯债	中长期纯债型基金	660	485	11.218
40	汇添富	汇添富长添利A	中长期纯债型基金	660	495	150.715
40	汇添富	汇添富安心中国A	中长期纯债型基金	660	516	1.965

续表 2-2

整体投资回报能力排名	基金公司（简称）	基金名称	投资类型（二级分类）	样本基金数量	同类基金中排名	期间内规模（亿）
40	汇添富	汇添富实业债 A	中长期纯债型基金	660	529	1.668
40	汇添富	汇添富长添利 C	中长期纯债型基金	660	551	0.000
40	汇添富	汇添富实业债 C	中长期纯债型基金	660	586	0.411
40	汇添富	汇添富年年利 A	中长期纯债型基金	660	587	32.445
40	汇添富	汇添富高息债 C	中长期纯债型基金	660	602	1.961
40	汇添富	汇添富稳健添利 A	中长期纯债型基金	660	617	15.164
40	汇添富	汇添富年年利 C	中长期纯债型基金	660	624	5.390
40	汇添富	汇添富稳健添利 C	中长期纯债型基金	660	633	0.003
40	汇添富	汇添富消费行业	偏股混合型基金	508	4	50.769
40	汇添富	汇添富成长焦点	偏股混合型基金	508	47	63.482
40	汇添富	汇添富价值精选 A	偏股混合型基金	508	68	81.309
40	汇添富	汇添富美丽 30	偏股混合型基金	508	142	51.352
40	汇添富	汇添富优势精选	偏股混合型基金	508	146	22.187
40	汇添富	汇添富策略回报	偏股混合型基金	508	158	13.459
40	汇添富	汇添富医药保健 A	偏股混合型基金	508	250	36.394
40	汇添富	汇添富民营活力 A	偏股混合型基金	508	259	50.261
40	汇添富	汇添富逆向投资	偏股混合型基金	508	264	9.318
40	汇添富	汇添富均衡增长	偏股混合型基金	508	318	48.361
40	汇添富	汇添富社会责任	偏股混合型基金	508	407	29.446
40	汇添富	汇添富民营新动力	普通股票型基金	203	130	6.439
40	汇添富	汇添富新兴消费	普通股票型基金	203	131	12.757
40	汇添富	汇添富国企创新增长	普通股票型基金	203	151	10.602
40	汇添富	汇添富沪港深新价值	普通股票型基金	203	161	9.649
40	汇添富	汇添富成长多因子量化策略	普通股票型基金	203	167	14.200
40	汇添富	汇添富外延增长主题	普通股票型基金	203	172	32.785

续表2-2

整体投资回报能力排名	基金公司（简称）	基金名称	投资类型（二级分类）	样本基金数量	同类基金中排名	期间内规模（亿）
40	汇添富	汇添富移动互联	普通股票型基金	203	185	59.867
40	汇添富	汇添富环保行业	普通股票型基金	203	197	26.256
40	汇添富	汇添富季季红	混合债券型一级基金	147	40	3.663
40	汇添富	汇添富增强收益A	混合债券型一级基金	147	108	4.740
40	汇添富	汇添富增强收益C	混合债券型一级基金	147	120	0.616
40	汇添富	汇添富可转债A	混合债券型二级基金	363	3	9.092
40	汇添富	汇添富可转债C	混合债券型二级基金	363	4	3.989
40	汇添富	汇添富双利A	混合债券型二级基金	363	55	1.945
40	汇添富	汇添富双利C	混合债券型二级基金	363	78	0.252
40	汇添富	汇添富双利增强A	混合债券型二级基金	363	94	2.096
40	汇添富	汇添富多元收益A	混合债券型二级基金	363	104	6.695
40	汇添富	汇添富双利增强C	混合债券型二级基金	363	109	0.119
40	汇添富	汇添富多元收益C	混合债券型二级基金	363	125	0.695
40	汇添富	汇添富6月红添利A	混合债券型二级基金	363	137	16.967
40	汇添富	汇添富6月红添利C	混合债券型二级基金	363	164	0.047
40	汇添富	汇添富蓝筹稳健	灵活配置型基金	1 248	57	25.828
40	汇添富	汇添富医疗服务	灵活配置型基金	1 248	127	113.032
40	汇添富	汇添富安鑫智选C	灵活配置型基金	1 248	268	0.942
40	汇添富	汇添富盈鑫灵活配置	灵活配置型基金	1 248	330	24.164
40	汇添富	汇添富多策略	灵活配置型基金	1 248	385	12.563
40	汇添富	汇添富安鑫智选A	灵活配置型基金	1 248	405	4.552
40	汇添富	汇添富盈安	灵活配置型基金	1 248	485	23.236
40	汇添富	汇添富保鑫	灵活配置型基金	1 248	552	7.972
40	汇添富	汇添富盈泰	灵活配置型基金	1 248	611	16.433
40	汇添富	汇添富新睿精选C	灵活配置型基金	1 248	663	0.485
40	汇添富	汇添富优选回报A	灵活配置型基金	1 248	683	2.237

续表 2-2

整体投资回报能力排名	基金公司（简称）	基金名称	投资类型（二级分类）	样本基金数量	同类基金中排名	期间内规模（亿）
40	汇添富	汇添富新睿精选 A	灵活配置型基金	1 248	696	5.490
40	汇添富	汇添富优选回报 C	灵活配置型基金	1 248	727	0.009
40	汇添富	汇添富达欣 A	灵活配置型基金	1 248	936	6.121
40	汇添富	汇添富达欣 C	灵活配置型基金	1 248	964	1.337
40	汇添富	汇添富中证主要消费 ETF	被动指数型基金	382	4	22.477
40	汇添富	汇添富中证主要消费 ETF 联接	被动指数型基金	382	5	19.867
40	汇添富	汇添富中证生物科技 C	被动指数型基金	382	73	0.900
40	汇添富	汇添富中证生物科技 A	被动指数型基金	382	76	1.320
40	汇添富	汇添富中证金融地产 ETF	被动指数型基金	382	146	0.327
40	汇添富	汇添富沪深 300 安中动态策略	被动指数型基金	382	148	3.107
40	汇添富	汇添富中证医药卫生 ETF	被动指数型基金	382	190	2.094
40	汇添富	汇添富上证综指	被动指数型基金	382	193	12.807
40	汇添富	汇添富深证 300ETF	被动指数型基金	382	195	0.975
40	汇添富	汇添富深证 300ETF 联接	被动指数型基金	382	199	0.781
40	汇添富	汇添富中证精准医疗 A	被动指数型基金	382	234	5.450
40	汇添富	汇添富中证精准医疗 C	被动指数型基金	382	242	1.179
40	汇添富	汇添富中证互联网医疗 A	被动指数型基金	382	249	0.815
40	汇添富	汇添富中证互联网医疗 C	被动指数型基金	382	253	0.578
40	汇添富	汇添富中证上海国企 ETF	被动指数型基金	382	259	135.131
40	汇添富	汇添富中证上海国企 ETF 联接	被动指数型基金	382	262	16.230
40	汇添富	汇添富中证能源 ETF	被动指数型基金	382	321	0.195
40	汇添富	汇添富中证中药 A	被动指数型基金	382	349	0.814
40	汇添富	汇添富中证中药 C	被动指数型基金	382	352	0.921
40	汇添富	汇添富中证环境治理 A	被动指数型基金	382	380	1.619

2 三年期公募基金管理公司整体投资回报能力评价

续表2-2

整体投资回报能力排名	基金公司（简称）	基金名称	投资类型（二级分类）	样本基金数量	同类基金中排名	期间内规模（亿）
40	汇添富	汇添富中证环境治理	被动指数型基金	382	381	0.565
40	汇添富	汇添富理财30天B	货币市场型基金	597	8	141.803
40	汇添富	汇添富理财30天A	货币市场型基金	597	77	3.628
40	汇添富	汇添富货币B	货币市场型基金	597	128	99.404
40	汇添富	汇添富现金宝	货币市场型基金	597	133	422.345
40	汇添富	汇添富和聚宝	货币市场型基金	597	139	116.749
40	汇添富	汇添富全额宝	货币市场型基金	597	145	497.592
40	汇添富	汇添富收益快线货币B	货币市场型基金	597	318	111.845
40	汇添富	汇添富货币D	货币市场型基金	597	328	10.767
40	汇添富	汇添富货币C	货币市场型基金	597	329	37.500
40	汇添富	汇添富货币A	货币市场型基金	597	330	2.418
40	汇添富	汇添富添富通B	货币市场型基金	597	362	170.824
40	汇添富	汇添富添富通A	货币市场型基金	597	518	19.244
40	汇添富	汇添富添富通E	货币市场型基金	597	525	36.759
40	汇添富	汇添富收益快钱B	货币市场型基金	597	546	0.796
40	汇添富	汇添富收益快线货币A	货币市场型基金	597	575	88.753
40	汇添富	汇添富收益快钱A	货币市场型基金	597	577	0.620
41	前海开源	前海开源睿远稳健增利A	偏债混合型基金	115	17	1.363
41	前海开源	前海开源睿远稳健增利C	偏债混合型基金	115	21	14.159
41	前海开源	前海开源恒泽A	偏债混合型基金	115	98	2.512
41	前海开源	前海开源恒泽C	偏债混合型基金	115	101	7.237
41	前海开源	前海开源中证大农业增强	增强指数型基金	57	34	1.024
41	前海开源	前海开源再融资主题精选	普通股票型基金	203	13	16.310
41	前海开源	前海开源优势蓝筹A	普通股票型基金	203	65	0.910
41	前海开源	前海开源优势蓝筹C	普通股票型基金	203	68	0.443

续表 2-2

整体投资回报能力排名	基金公司（简称）	基金名称	投资类型（二级分类）	样本基金数量	同类基金中排名	期间内规模（亿）
41	前海开源	前海开源强势共识100强	普通股票型基金	203	107	0.394
41	前海开源	前海开源股息率100强	普通股票型基金	203	133	13.356
41	前海开源	前海开源外向企业	普通股票型基金	203	138	1.232
41	前海开源	前海开源祥和A	混合债券型二级基金	363	27	2.413
41	前海开源	前海开源祥和C	混合债券型二级基金	363	38	0.276
41	前海开源	前海开源鼎安A	混合债券型二级基金	363	172	3.062
41	前海开源	前海开源可转债	混合债券型二级基金	363	173	0.360
41	前海开源	前海开源鼎安C	混合债券型二级基金	363	188	0.138
41	前海开源	前海开源鼎瑞A	混合债券型二级基金	363	191	21.322
41	前海开源	前海开源鼎瑞C	混合债券型二级基金	363	223	0.001
41	前海开源	前海开源鼎裕C	混合债券型二级基金	363	267	8.879
41	前海开源	前海开源鼎裕A	混合债券型二级基金	363	288	33.791
41	前海开源	前海开源工业革命4.0	灵活配置型基金	1 248	8	10.530
41	前海开源	前海开源沪港深优势精选	灵活配置型基金	1 248	10	1.760
41	前海开源	前海开源恒远	灵活配置型基金	1 248	46	8.348
41	前海开源	前海开源沪港深价值精选	灵活配置型基金	1 248	48	11.116
41	前海开源	前海开源清洁能源A	灵活配置型基金	1 248	50	13.820
41	前海开源	前海开源国家比较优势	灵活配置型基金	1 248	52	7.896
41	前海开源	前海开源清洁能源C	灵活配置型基金	1 248	55	3.037
41	前海开源	前海开源高端装备制造	灵活配置型基金	1 248	60	4.393
41	前海开源	前海开源中国稀缺资产C	灵活配置型基金	1 248	89	1.076
41	前海开源	前海开源事件驱动A	灵活配置型基金	1 248	101	0.851
41	前海开源	前海开源事件驱动C	灵活配置型基金	1 248	105	1.717
41	前海开源	前海开源沪港深创新A	灵活配置型基金	1 248	130	0.350
41	前海开源	前海开源沪港深创新C	灵活配置型基金	1 248	135	0.611
41	前海开源	前海开源沪港深汇鑫A	灵活配置型基金	1 248	159	0.036

续表2-2

整体投资回报能力排名	基金公司（简称）	基金名称	投资类型（二级分类）	样本基金数量	同类基金中排名	期间内规模（亿）
41	前海开源	前海开源中国稀缺资产A	灵活配置型基金	1 248	162	2.462
41	前海开源	前海开源沪港深汇鑫C	灵活配置型基金	1 248	169	1.781
41	前海开源	前海开源沪港深智慧	灵活配置型基金	1 248	265	0.705
41	前海开源	前海开源沪港深核心资源A	灵活配置型基金	1 248	288	1.819
41	前海开源	前海开源沪港深核心资源C	灵活配置型基金	1 248	305	0.186
41	前海开源	前海开源沪港深核心驱动	灵活配置型基金	1 248	328	2.132
41	前海开源	前海开源沪港深农业主题精选	灵活配置型基金	1 248	329	0.826
41	前海开源	前海开源沪港深龙头精选	灵活配置型基金	1 248	382	2.981
41	前海开源	前海开源人工智能	灵活配置型基金	1 248	431	4.960
41	前海开源	前海开源沪港深大消费A	灵活配置型基金	1 248	497	0.703
41	前海开源	前海开源沪港深大消费C	灵活配置型基金	1 248	528	1.210
41	前海开源	前海开源沪港深蓝筹	灵活配置型基金	1 248	560	30.817
41	前海开源	前海开源中国成长	灵活配置型基金	1 248	722	0.644
41	前海开源	前海开源嘉鑫A	灵活配置型基金	1 248	806	1.227
41	前海开源	前海开源嘉鑫C	灵活配置型基金	1 248	832	3.449
41	前海开源	前海开源沪港深新机遇	灵活配置型基金	1 248	948	11.376
41	前海开源	前海开源大海洋	灵活配置型基金	1 248	1 001	1.330
41	前海开源	前海开源新经济	灵活配置型基金	1 248	1 032	1.976
41	前海开源	前海开源一带一路C	灵活配置型基金	1 248	1 119	0.054
41	前海开源	前海开源一带一路A	灵活配置型基金	1 248	1 127	2.834
41	前海开源	前海开源大安全核心	灵活配置型基金	1 248	1 156	4.682
41	前海开源	前海开源金银珠宝A	灵活配置型基金	1 248	1 194	6.779
41	前海开源	前海开源金银珠宝C	灵活配置型基金	1 248	1 198	8.157
41	前海开源	前海开源沪深300	被动指数型基金	382	81	1.307

续表 2-2

整体投资回报能力排名	基金公司（简称）	基金名称	投资类型（二级分类）	样本基金数量	同类基金中排名	期间内规模（亿）
41	前海开源	前海开源中证健康	被动指数型基金	382	210	2.439
41	前海开源	前海开源中证军工 A	被动指数型基金	382	355	8.099
41	前海开源	前海开源中证军工 C	被动指数型基金	382	357	1.958
41	前海开源	前海开源中航军工	被动指数型基金	382	364	7.834
41	前海开源	前海开源货币 B	货币市场型基金	597	260	133.708
41	前海开源	前海开源货币 A	货币市场型基金	597	457	0.344
42	中海	中海纯债 A	中长期纯债型基金	660	442	0.400
42	中海	中海纯债 C	中长期纯债型基金	660	504	0.369
42	中海	中海惠裕纯债	中长期纯债型基金	660	589	7.403
42	中海	中海分红增利	偏股混合型基金	508	32	5.029
42	中海	中海消费主题精选	偏股混合型基金	508	128	4.317
42	中海	中海优质成长	偏股混合型基金	508	141	15.661
42	中海	中海量化策略	偏股混合型基金	508	288	2.560
42	中海	中海能源策略	偏股混合型基金	508	424	13.534
42	中海	中海上证 50 指数增强	增强指数型基金	57	4	2.147
42	中海	中海医疗保健	普通股票型基金	203	6	9.094
42	中海	中海稳健收益	混合债券型一级基金	147	98	1.692
42	中海	中海惠祥分级	混合债券型二级基金	363	180	48.805
42	中海	中海增强收益 A	混合债券型二级基金	363	252	3.522
42	中海	中海增强收益 C	混合债券型二级基金	363	278	0.135
42	中海	中海合嘉增强收益 A	混合债券型二级基金	363	314	3.984
42	中海	中海合嘉增强收益 C	混合债券型二级基金	363	316	0.238
42	中海	中海可转换债券 A	混合债券型二级基金	363	344	0.719
42	中海	中海可转换债券 C	混合债券型二级基金	363	346	0.403
42	中海	中海医药健康产业 A	灵活配置型基金	1 248	11	5.180
42	中海	中海医药健康产业 C	灵活配置型基金	1 248	13	1.486

续表2-2

整体投资回报能力排名	基金公司（简称）	基金名称	投资类型（二级分类）	样本基金数量	同类基金中排名	期间内规模（亿）
42	中海	中海混改红利主题	灵活配置型基金	1 248	54	0.668
42	中海	中海沪港深价值优选	灵活配置型基金	1 248	166	2.379
42	中海	中海魅力长三角	灵活配置型基金	1 248	201	1.005
42	中海	中海蓝筹配置	灵活配置型基金	1 248	206	0.944
42	中海	中海积极增利	灵活配置型基金	1 248	221	2.826
42	中海	中海积极收益	灵活配置型基金	1 248	310	4.444
42	中海	中海顺鑫	灵活配置型基金	1 248	499	6.954
42	中海	中海进取收益	灵活配置型基金	1 248	516	2.703
42	中海	中海环保新能源	灵活配置型基金	1 248	591	0.670
42	中海	中海优势精选	灵活配置型基金	1 248	1 149	3.113
42	中海	中海货币B	货币市场型基金	597	273	34.728
42	中海	中海货币A	货币市场型基金	597	467	2.944
43	华夏	华夏纯债A	中长期纯债型基金	660	278	41.530
43	华夏	华夏恒利3个月定开	中长期纯债型基金	660	368	15.331
43	华夏	华夏纯债C	中长期纯债型基金	660	428	4.266
43	华夏	华夏永福C	偏债混合型基金	115	12	0.079
43	华夏	华夏永福A	偏债混合型基金	115	24	6.888
43	华夏	华夏磐泰	偏债混合型基金	115	107	2.427
43	华夏	华夏大盘精选	偏股混合型基金	508	60	37.980
43	华夏	华夏蓝筹核心	偏股混合型基金	508	202	40.891
43	华夏	华夏医疗健康A	偏股混合型基金	508	291	27.394
43	华夏	华夏优势增长	偏股混合型基金	508	292	63.111
43	华夏	华夏医疗健康C	偏股混合型基金	508	313	5.522
43	华夏	华夏成长	偏股混合型基金	508	320	46.534
43	华夏	华夏复兴	偏股混合型基金	508	348	19.453
43	华夏	华夏行业精选	偏股混合型基金	508	355	25.173

续表 2-2

整体投资回报能力排名	基金公司（简称）	基金名称	投资类型（二级分类）	样本基金数量	同类基金中排名	期间内规模（亿）
43	华夏	华夏经典配置	偏股混合型基金	508	380	8.547
43	华夏	华夏收入	偏股混合型基金	508	382	27.869
43	华夏	华夏红利	偏股混合型基金	508	432	97.563
43	华夏	华夏盛世精选	偏股混合型基金	508	506	14.949
43	华夏	华夏沪深300指数增强 A	增强指数型基金	57	26	3.858
43	华夏	华夏沪深300指数增强 C	增强指数型基金	57	27	1.796
43	华夏	华夏回报 2 号	平衡混合型基金	31	3	47.276
43	华夏	华夏回报 H	平衡混合型基金	31	4	96.427
43	华夏	华夏回报 A	平衡混合型基金	31	5	96.427
43	华夏	华夏经济转型	普通股票型基金	203	49	8.162
43	华夏	华夏创新前沿	普通股票型基金	203	84	6.845
43	华夏	华夏港股通精选	普通股票型基金	203	141	2.736
43	华夏	华夏智胜价值成长 C	普通股票型基金	203	183	0.000
43	华夏	华夏领先	普通股票型基金	203	194	24.914
43	华夏	华夏智胜价值成长 A	普通股票型基金	203	196	5.987
43	华夏	华夏双债增强 A	混合债券型一级基金	147	36	15.744
43	华夏	华夏双债增强 C	混合债券型一级基金	147	49	0.548
43	华夏	华夏债券 AB	混合债券型一级基金	147	60	7.629
43	华夏	华夏债券 C	混合债券型一级基金	147	76	9.043
43	华夏	华夏聚利	混合债券型一级基金	147	89	10.785
43	华夏	华夏稳定双利债券 C	混合债券型一级基金	147	129	10.569
43	华夏	华夏鼎利 A	混合债券型二级基金	363	5	0.256
43	华夏	华夏鼎利 C	混合债券型二级基金	363	6	0.411
43	华夏	华夏安康信用优选 A	混合债券型二级基金	363	56	4.726
43	华夏	华夏安康信用优选 C	混合债券型二级基金	363	76	1.665
43	华夏	华夏可转债增强 A	混合债券型二级基金	363	154	1.764

续表2-2

整体投资回报能力排名	基金公司（简称）	基金名称	投资类型（二级分类）	样本基金数量	同类基金中排名	期间内规模（亿）
43	华夏	华夏希望债券A	混合债券型二级基金	363	244	9.272
43	华夏	华夏鼎融A	混合债券型二级基金	363	249	3.602
43	华夏	华夏希望债券C	混合债券型二级基金	363	262	6.666
43	华夏	华夏鼎融C	混合债券型二级基金	363	271	0.003
43	华夏	华夏可转债增强I	混合债券型二级基金	363	363	0.000
43	华夏	华夏消费升级A	灵活配置型基金	1 248	70	5.752
43	华夏	华夏消费升级C	灵活配置型基金	1 248	80	1.185
43	华夏	华夏乐享健康	灵活配置型基金	1 248	174	4.995
43	华夏	华夏策略精选	灵活配置型基金	1 248	340	8.999
43	华夏	华夏新机遇A	灵活配置型基金	1 248	363	6.848
43	华夏	华夏新锦程A	灵活配置型基金	1 248	458	8.638
43	华夏	华夏新趋势A	灵活配置型基金	1 248	544	1.339
43	华夏	华夏新起点A	灵活配置型基金	1 248	555	5.675
43	华夏	华夏圆和	灵活配置型基金	1 248	588	4.053
43	华夏	华夏国企改革	灵活配置型基金	1 248	628	11.524
43	华夏	华夏新锦绣A	灵活配置型基金	1 248	678	1.091
43	华夏	华夏新活力A	灵活配置型基金	1 248	750	2.566
43	华夏	华夏兴和	灵活配置型基金	1 248	756	5.167
43	华夏	华夏新活力C	灵活配置型基金	1 248	836	3.250
43	华夏	华夏新锦绣C	灵活配置型基金	1 248	907	3.981
43	华夏	华夏新趋势C	灵活配置型基金	1 248	1 027	3.499
43	华夏	华夏平稳增长	灵活配置型基金	1 248	1 052	15.879
43	华夏	华夏兴华H	灵活配置型基金	1 248	1 103	10.071
43	华夏	华夏兴华A	灵活配置型基金	1 248	1 104	10.071
43	华夏	华夏新经济	灵活配置型基金	1 248	1 154	193.668
43	华夏	华夏网购精选A	灵活配置型基金	1 248	1 167	4.052

续表 2-2

整体投资回报能力排名	基金公司（简称）	基金名称	投资类型（二级分类）	样本基金数量	同类基金中排名	期间内规模（亿）
43	华夏	华夏军工安全	灵活配置型基金	1 248	1 220	3.372
43	华夏	华夏高端制造	灵活配置型基金	1 248	1 231	2.047
43	华夏	华夏新锦程 C	灵活配置型基金	1 248	1 248	0.000
43	华夏	华夏亚债中国 A	被动指数型债券基金	28	8	48.022
43	华夏	华夏亚债中国 C	被动指数型债券基金	28	11	0.756
43	华夏	华夏上证主要消费 ETF	被动指数型基金	382	7	2.168
43	华夏	华夏沪港通上证 50AHA	被动指数型基金	382	38	9.322
43	华夏	华夏上证 50ETF	被动指数型基金	382	47	377.499
43	华夏	华夏上证金融地产 ETF	被动指数型基金	382	49	0.440
43	华夏	华夏上证 50ETF 联接 A	被动指数型基金	382	59	11.751
43	华夏	华夏沪港通恒生 ETF	被动指数型基金	382	67	15.209
43	华夏	华夏沪港通恒生 ETF 联接 A	被动指数型基金	382	72	13.364
43	华夏	华夏沪深 300ETF	被动指数型基金	382	98	236.423
43	华夏	华夏沪深 300ETF 联接 A	被动指数型基金	382	106	132.838
43	华夏	华夏上证医药卫生 ETF	被动指数型基金	382	115	0.972
43	华夏	华夏 MSCI 中国 A 股国际通 ETF	被动指数型基金	382	120	4.395
43	华夏	华夏 MSCI 中国 A 股国际通 ETF 联接 A	被动指数型基金	382	135	1.378
43	华夏	华夏中小板 ETF	被动指数型基金	382	231	24.610
43	华夏	华夏中证 500ETF 联接 A	被动指数型基金	382	319	18.677
43	华夏	华夏中证 500ETF	被动指数型基金	382	324	32.669
43	华夏	华夏理财 30 天 B	货币市场型基金	597	12	73.981
43	华夏	华夏财富宝 B	货币市场型基金	597	42	61.850
43	华夏	华夏理财 30 天 A	货币市场型基金	597	68	5.181
43	华夏	华夏货币 B	货币市场型基金	597	88	68.881

续表2-2

整体投资回报能力排名	基金公司（简称）	基金名称	投资类型（二级分类）	样本基金数量	同类基金中排名	期间内规模（亿）
43	华夏	华夏天利货币B	货币市场型基金	597	130	13.508
43	华夏	华夏收益宝B	货币市场型基金	597	137	52.108
43	华夏	华夏现金宝B	货币市场型基金	597	141	0.806
43	华夏	华夏现金增利B	货币市场型基金	597	149	446.103
43	华夏	华夏财富宝A	货币市场型基金	597	202	433.165
43	华夏	华夏薪金宝	货币市场型基金	597	253	132.322
43	华夏	华夏保证金B	货币市场型基金	597	256	3.893
43	华夏	华夏货币A	货币市场型基金	597	282	18.895
43	华夏	华夏天利货币A	货币市场型基金	597	334	62.181
43	华夏	华夏现金宝A	货币市场型基金	597	350	59.099
43	华夏	华夏收益宝A	货币市场型基金	597	358	1.040
43	华夏	华夏现金增利E	货币市场型基金	597	366	432.328
43	华夏	华夏现金增利A	货币市场型基金	597	369	432.328
43	华夏	华夏快线	货币市场型基金	597	471	21.271
43	华夏	华夏保证金A	货币市场型基金	597	568	1.914
44	工银瑞信	工银信用纯债一年A	中长期纯债型基金	660	101	12.009
44	工银瑞信	工银瑞信瑞享	中长期纯债型基金	660	120	27.069
44	工银瑞信	工银瑞信瑞丰定开	中长期纯债型基金	660	178	22.814
44	工银瑞信	工银信用纯债一年C	中长期纯债型基金	660	211	0.913
44	工银瑞信	工银中高等级信用债A	中长期纯债型基金	660	382	9.039
44	工银瑞信	工银信用纯债两年A	中长期纯债型基金	660	402	3.792
44	工银瑞信	工银信用纯债两年C	中长期纯债型基金	660	475	0.261
44	工银瑞信	工银中高等级信用债B	中长期纯债型基金	660	476	1.501
44	工银瑞信	工银瑞信恒享纯债	中长期纯债型基金	660	506	190.156
44	工银瑞信	工银瑞信信用纯债A	中长期纯债型基金	660	511	5.617
44	工银瑞信	工银瑞信目标收益一年C	中长期纯债型基金	660	571	10.192

续表 2-2

整体投资回报能力排名	基金公司（简称）	基金名称	投资类型（二级分类）	样本基金数量	同类基金中排名	期间内规模（亿）
44	工银瑞信	工银瑞信信用纯债 B	中长期纯债型基金	660	573	0.633
44	工银瑞信	工银瑞信泰享三年	中长期纯债型基金	660	599	176.318
44	工银瑞信	工银瑞信纯债 A	中长期纯债型基金	660	604	76.658
44	工银瑞信	工银瑞信纯债	中长期纯债型基金	660	610	3.225
44	工银瑞信	工银瑞信纯债 B	中长期纯债型基金	660	629	6.485
44	工银瑞信	工银瑞信国债纯债 A	中长期纯债型基金	660	630	2.817
44	工银瑞信	工银瑞信国债纯债 C	中长期纯债型基金	660	635	0.480
44	工银瑞信	工银瑞信新得益	偏债混合型基金	115	13	6.449
44	工银瑞信	工银瑞信新增利	偏债混合型基金	115	58	3.428
44	工银瑞信	工银瑞信银和利	偏债混合型基金	115	61	1.583
44	工银瑞信	工银瑞信新生利	偏债混合型基金	115	89	2.072
44	工银瑞信	工银瑞信新增益	偏债混合型基金	115	93	2.101
44	工银瑞信	工银瑞信金融地产	偏股混合型基金	508	78	29.261
44	工银瑞信	工银瑞信消费服务	偏股混合型基金	508	136	4.366
44	工银瑞信	工银瑞信大盘蓝筹	偏股混合型基金	508	137	4.291
44	工银瑞信	工银瑞信量化策略	偏股混合型基金	508	182	1.793
44	工银瑞信	工银瑞信核心价值 A	偏股混合型基金	508	238	43.841
44	工银瑞信	工银瑞信红利	偏股混合型基金	508	282	5.580
44	工银瑞信	工银瑞信信息产业	偏股混合型基金	508	287	10.446
44	工银瑞信	工银瑞信主题策略	偏股混合型基金	508	374	13.003
44	工银瑞信	工银瑞信中小盘成长	偏股混合型基金	508	410	3.873
44	工银瑞信	工银瑞信核心价值 H	偏股混合型基金	508	438	0.001
44	工银瑞信	工银瑞信稳健成长 A	偏股混合型基金	508	451	12.627
44	工银瑞信	工银瑞信稳健成长 H	偏股混合型基金	508	456	0.000
44	工银瑞信	工银瑞信精选平衡	偏股混合型基金	508	457	16.501
44	工银瑞信	工银瑞信文体产业	普通股票型基金	203	9	13.207

2 三年期公募基金管理公司整体投资回报能力评价

续表 2-2

整体投资回报能力排名	基金公司（简称）	基金名称	投资类型（二级分类）	样本基金数量	同类基金中排名	期间内规模（亿）
44	工银瑞信	工银瑞信前沿医疗	普通股票型基金	203	14	5.130
44	工银瑞信	工银瑞信物流产业	普通股票型基金	203	29	0.552
44	工银瑞信	工银瑞信美丽城镇主题	普通股票型基金	203	32	6.825
44	工银瑞信	工银瑞信战略转型主题	普通股票型基金	203	40	10.695
44	工银瑞信	工银瑞信新蓝筹	普通股票型基金	203	46	2.375
44	工银瑞信	工银瑞信医疗保健行业	普通股票型基金	203	54	36.403
44	工银瑞信	工银瑞信养老产业	普通股票型基金	203	56	7.797
44	工银瑞信	工银瑞信国家战略主题	普通股票型基金	203	60	0.962
44	工银瑞信	工银瑞信国企改革主题	普通股票型基金	203	66	19.977
44	工银瑞信	工银瑞信新金融	普通股票型基金	203	79	12.605
44	工银瑞信	工银瑞信农业产业	普通股票型基金	203	86	9.442
44	工银瑞信	工银瑞信研究精选	普通股票型基金	203	110	0.704
44	工银瑞信	工银瑞信沪港深 A	普通股票型基金	203	111	16.074
44	工银瑞信	工银瑞信新材料新能源行业	普通股票型基金	203	158	23.535
44	工银瑞信	工银瑞信生态环境	普通股票型基金	203	188	15.580
44	工银瑞信	工银瑞信聚焦 30	普通股票型基金	203	189	3.047
44	工银瑞信	工银瑞信高端制造行业	普通股票型基金	203	190	12.676
44	工银瑞信	工银瑞信互联网加	普通股票型基金	203	193	54.330
44	工银瑞信	工银瑞信创新动力	普通股票型基金	203	201	11.708
44	工银瑞信	工银瑞信四季收益	混合债券型一级基金	147	67	22.710
44	工银瑞信	工银瑞信信用添利 A	混合债券型一级基金	147	135	19.771
44	工银瑞信	工银瑞信信用添利 B	混合债券型一级基金	147	137	16.253
44	工银瑞信	工银瑞信增强收益 A	混合债券型一级基金	147	139	13.830
44	工银瑞信	工银瑞信增强收益 B	混合债券型一级基金	147	140	4.944
44	工银瑞信	工银瑞信可转债	混合债券型二级基金	363	46	2.533

续表 2-2

整体投资回报能力排名	基金公司（简称）	基金名称	投资类型（二级分类）	样本基金数量	同类基金中排名	期间内规模（亿）
44	工银瑞信	工银瑞信产业债 A	混合债券型二级基金	363	51	6.756
44	工银瑞信	工银瑞信产业债 B	混合债券型二级基金	363	67	1.382
44	工银瑞信	工银瑞信双利 A	混合债券型二级基金	363	70	168.894
44	工银瑞信	工银瑞信双利 B	混合债券型二级基金	363	88	34.070
44	工银瑞信	工银瑞信双债增强	混合债券型二级基金	363	90	1.208
44	工银瑞信	工银瑞信瑞盈	混合债券型二级基金	363	151	5.988
44	工银瑞信	工银月月薪定期支付 A	混合债券型二级基金	363	204	5.748
44	工银瑞信	工银月月薪定期支付 C	混合债券型二级基金	363	225	0.006
44	工银瑞信	工银瑞信添颐 A	混合债券型二级基金	363	291	5.591
44	工银瑞信	工银瑞信添颐 B	混合债券型二级基金	363	310	8.429
44	工银瑞信	工银瑞信添福 B	混合债券型二级基金	363	340	0.604
44	工银瑞信	工银瑞信添福 A	混合债券型二级基金	363	345	34.469
44	工银瑞信	工银瑞信新趋势 A	灵活配置型基金	1 248	259	5.218
44	工银瑞信	工银瑞信丰盈回报	灵活配置型基金	1 248	275	4.290
44	工银瑞信	工银瑞信优质精选	灵活配置型基金	1 248	320	1.795
44	工银瑞信	工银瑞信新趋势 C	灵活配置型基金	1 248	390	3.154
44	工银瑞信	工银瑞信灵活配置 A	灵活配置型基金	1 248	435	3.007
44	工银瑞信	工银瑞信新焦点 A	灵活配置型基金	1 248	440	1.800
44	工银瑞信	工银瑞信丰收回报 A	灵活配置型基金	1 248	447	2.056
44	工银瑞信	工银瑞信新财富	灵活配置型基金	1 248	487	13.427
44	工银瑞信	工银瑞信丰收回报 C	灵活配置型基金	1 248	494	1.472
44	工银瑞信	工银瑞信新焦点 C	灵活配置型基金	1 248	524	1.572
44	工银瑞信	工银瑞信现代服务业	灵活配置型基金	1 248	599	2.572
44	工银瑞信	工银瑞信成长收益 A	灵活配置型基金	1 248	641	17.310
44	工银瑞信	工银瑞信成长收益 B	灵活配置型基金	1 248	744	2.899
44	工银瑞信	工银瑞信总回报	灵活配置型基金	1 248	804	15.023

续表 2-2

整体投资回报能力排名	基金公司（简称）	基金名称	投资类型（二级分类）	样本基金数量	同类基金中排名	期间内规模（亿）
44	工银瑞信	工银瑞信灵活配置 B	灵活配置型基金	1 248	1 247	0.000
44	工银瑞信	工银瑞信绝对收益 A	股票多空	18	10	2.214
44	工银瑞信	工银瑞信绝对收益 B	股票多空	18	13	1.155
44	工银瑞信	工银瑞信深证红利 ETF	被动指数型基金	382	10	10.237
44	工银瑞信	工银瑞信深证红利 ETF 联接 A	被动指数型基金	382	12	7.885
44	工银瑞信	工银瑞信沪深 300A	被动指数型基金	382	116	25.219
44	工银瑞信	工银上证央企 50ETF	被动指数型基金	382	155	1.816
44	工银瑞信	工银瑞信中证 500	被动指数型基金	382	317	1.216
44	工银瑞信	工银瑞信中证新能源	被动指数型基金	382	339	0.259
44	工银瑞信	工银瑞信环保产业	被动指数型基金	382	374	0.204
44	工银瑞信	工银瑞信高铁产业	被动指数型基金	382	377	0.358
44	工银瑞信	工银瑞信中证传媒	被动指数型基金	382	378	1.027
44	工银瑞信	工银瑞信 60 天理财 B	货币市场型基金	597	23	17.015
44	工银瑞信	工银瑞信如意 B	货币市场型基金	597	29	397.053
44	工银瑞信	工银瑞信安盈 B	货币市场型基金	597	52	74.199
44	工银瑞信	工银瑞信薪金 B	货币市场型基金	597	75	225.222
44	工银瑞信	工银瑞信 14 天理财 B	货币市场型基金	597	94	81.277
44	工银瑞信	工银瑞信 7 天理财 B	货币市场型基金	597	105	58.787
44	工银瑞信	工银瑞信如意 A	货币市场型基金	597	138	6.454
44	工银瑞信	工银瑞信 60 天理财 A	货币市场型基金	597	144	8.024
44	工银瑞信	工银瑞信添益快线	货币市场型基金	597	152	459.298
44	工银瑞信	工银瑞信现金快线	货币市场型基金	597	166	143.831
44	工银瑞信	工银瑞信安盈 A	货币市场型基金	597	210	0.254
44	工银瑞信	工银瑞信货币	货币市场型基金	597	222	1 141.854
44	工银瑞信	工银瑞信薪金 A	货币市场型基金	597	275	63.308

续表 2-2

整体投资回报能力排名	基金公司（简称）	基金名称	投资类型（二级分类）	样本基金数量	同类基金中排名	期间内规模（亿）
44	工银瑞信	工银瑞信财富快线 B	货币市场型基金	597	325	44.715
44	工银瑞信	工银瑞信 14 天理财 A	货币市场型基金	597	339	7.975
44	工银瑞信	工银瑞信 7 天理财 A	货币市场型基金	597	351	49.386
44	工银瑞信	工银瑞信财富快线 A	货币市场型基金	597	498	8.652
45	诺德	诺德价值优势	偏股混合型基金	508	157	11.535
45	诺德	诺德周期策略	偏股混合型基金	508	180	1.534
45	诺德	诺德成长优势	偏股混合型基金	508	218	11.085
45	诺德	诺德优选 30	偏股混合型基金	508	301	0.602
45	诺德	诺德中小盘	偏股混合型基金	508	307	0.440
45	诺德	诺德增强收益	混合债券型二级基金	363	313	2.725
45	诺德	诺德主题灵活配置	灵活配置型基金	1 248	779	0.369
45	诺德	诺德深证 300 分级	被动指数型基金	382	300	0.060
45	诺德	诺德货币 B	货币市场型基金	597	239	71.808
45	诺德	诺德货币 A	货币市场型基金	597	435	0.860
46	国寿安保	国寿安保安康纯债	中长期纯债型基金	660	154	163.170
46	国寿安保	国寿安保尊益信用纯债	中长期纯债型基金	660	358	14.637
46	国寿安保	国寿安保尊享 C	中长期纯债型基金	660	381	1.702
46	国寿安保	国寿安保尊享 A	中长期纯债型基金	660	452	38.913
46	国寿安保	国寿安保安享纯债	中长期纯债型基金	660	474	18.114
46	国寿安保	国寿安保灵活优选	偏债混合型基金	115	75	4.057
46	国寿安保	国寿安保成长优选	普通股票型基金	203	118	2.205
46	国寿安保	国寿安保智慧生活	普通股票型基金	203	126	4.604
46	国寿安保	国寿安保尊利增强回报 A	混合债券型二级基金	363	243	1.399
46	国寿安保	国寿安保尊利增强回报 C	混合债券型二级基金	363	259	0.081
46	国寿安保	国寿安保稳惠	灵活配置型基金	1 248	258	3.747

续表 2-2

整体投资回报能力排名	基金公司（简称）	基金名称	投资类型（二级分类）	样本基金数量	同类基金中排名	期间内规模（亿）
46	国寿安保	国寿安保核心产业	灵活配置型基金	1 248	506	0.864
46	国寿安保	国寿安保强国智造	灵活配置型基金	1 248	761	4.680
46	国寿安保	国寿安保沪深300ETF联接	被动指数型基金	382	140	45.704
46	国寿安保	国寿安保中证500ETF联接	被动指数型基金	382	316	5.048
46	国寿安保	国寿安保中证500ETF	被动指数型基金	382	329	4.917
46	国寿安保	国寿安保添利B	货币市场型基金	597	72	57.067
46	国寿安保	国寿安保聚宝盆	货币市场型基金	597	111	14.910
46	国寿安保	国寿安保增金宝	货币市场型基金	597	117	24.846
46	国寿安保	国寿安保薪金宝	货币市场型基金	597	150	137.404
46	国寿安保	国寿安保鑫钱包	货币市场型基金	597	254	48.399
46	国寿安保	国寿安保添利A	货币市场型基金	597	264	0.182
46	国寿安保	国寿安保货币B	货币市场型基金	597	332	188.168
46	国寿安保	国寿安保场内申赎B	货币市场型基金	597	354	6.889
46	国寿安保	国寿安保货币A	货币市场型基金	597	500	50.634
46	国寿安保	国寿安保场内申赎A	货币市场型基金	597	573	2.868
46	国寿安保	国寿安保货币E	货币市场型基金	597	580	6.926
47	英大	英大纯债A	中长期纯债型基金	660	268	17.780
47	英大	英大纯债C	中长期纯债型基金	660	403	0.327
47	英大	英大策略优选C	灵活配置型基金	1 248	95	0.116
47	英大	英大睿鑫A	灵活配置型基金	1 248	124	0.417
47	英大	英大睿鑫C	灵活配置型基金	1 248	140	0.387
47	英大	英大策略优选A	灵活配置型基金	1 248	183	1.611
47	英大	英大睿盛C	灵活配置型基金	1 248	220	0.014
47	英大	英大灵活配置A	灵活配置型基金	1 248	264	2.794
47	英大	英大睿盛A	灵活配置型基金	1 248	279	1.876

续表 2-2

整体投资回报能力排名	基金公司（简称）	基金名称	投资类型（二级分类）	样本基金数量	同类基金中排名	期间内规模（亿）
47	英大	英大灵活配置 B	灵活配置型基金	1 248	332	1.429
47	英大	英大领先回报	灵活配置型基金	1 248	553	0.773
47	英大	英大现金宝	货币市场型基金	597	342	21.182
48	富国	富国强回报 A	中长期纯债型基金	660	7	2.717
48	富国	富国强回报 C	中长期纯债型基金	660	18	0.510
48	富国	富国泰利	中长期纯债型基金	660	36	17.286
48	富国	富国产业债 A	中长期纯债型基金	660	66	19.373
48	富国	富国信用债 A	中长期纯债型基金	660	113	60.787
48	富国	富国目标齐利一年	中长期纯债型基金	660	144	37.984
48	富国	富国纯债 AB	中长期纯债型基金	660	164	40.902
48	富国	富国一年期纯债	中长期纯债型基金	660	199	36.231
48	富国	富国新天锋	中长期纯债型基金	660	220	3.900
48	富国	富国信用债 C	中长期纯债型基金	660	228	3.704
48	富国	富国纯债 C	中长期纯债型基金	660	302	2.191
48	富国	富国国有企业债 AB	中长期纯债型基金	660	410	3.326
48	富国	富国两年期理财 A	中长期纯债型基金	660	437	64.621
48	富国	富国国有企业债 C	中长期纯债型基金	660	487	0.437
48	富国	富国两年期理财 C	中长期纯债型基金	660	528	0.004
48	富国	富国睿利定期开放	偏债混合型基金	115	46	3.081
48	富国	富国久利稳健配置 A	偏债混合型基金	115	80	4.118
48	富国	富国久利稳健配置 C	偏债混合型基金	115	87	0.654
48	富国	富国创新科技	偏股混合型基金	508	16	16.711
48	富国	富国美丽中国	偏股混合型基金	508	34	3.868
48	富国	富国高新技术产业	偏股混合型基金	508	35	5.228
48	富国	富国天益价值	偏股混合型基金	508	41	35.544
48	富国	富国通胀通缩主题	偏股混合型基金	508	48	2.456

2 三年期公募基金管理公司整体投资回报能力评价

续表2-2

整体投资回报能力排名	基金公司（简称）	基金名称	投资类型（二级分类）	样本基金数量	同类基金中排名	期间内规模（亿）
48	富国	富国价值优势	偏股混合型基金	508	55	1.513
48	富国	富国天博创新主题	偏股混合型基金	508	56	19.365
48	富国	富国低碳新经济	偏股混合型基金	508	83	7.998
48	富国	富国天惠精选成长A	偏股混合型基金	508	85	64.294
48	富国	富国医疗保健行业	偏股混合型基金	508	88	11.444
48	富国	富国天合稳健优选	偏股混合型基金	508	108	27.630
48	富国	富国中小盘精选	偏股混合型基金	508	111	8.280
48	富国	富国消费主题	偏股混合型基金	508	121	9.097
48	富国	富国天瑞强势精选	偏股混合型基金	508	149	22.973
48	富国	富国国家安全主题	偏股混合型基金	508	321	16.226
48	富国	富国低碳环保	偏股混合型基金	508	336	54.152
48	富国	富国改革动力	偏股混合型基金	508	502	49.821
48	富国	富国沪深300增强	增强指数型基金	57	8	69.439
48	富国	富国中证医药主题指数增强	增强指数型基金	57	22	2.127
48	富国	富国中证红利指数增强	增强指数型基金	57	31	23.116
48	富国	富国中证500指数增强	增强指数型基金	57	48	32.633
48	富国	富国天源沪港深	平衡混合型基金	31	8	5.380
48	富国	富国高端制造行业	普通股票型基金	203	26	8.259
48	富国	富国文体健康	普通股票型基金	203	31	16.669
48	富国	富国新兴产业	普通股票型基金	203	117	24.782
48	富国	富国城镇发展	普通股票型基金	203	203	25.915
48	富国	富国天盈C	混合债券型一级基金	147	29	3.697
48	富国	富国天利增长债券	混合债券型一级基金	147	35	56.962
48	富国	富国天丰强化收益	混合债券型一级基金	147	102	8.943
48	富国	富国优化增强B	混合债券型二级基金	363	81	2.196

续表 2-2

整体投资回报能力排名	基金公司（简称）	基金名称	投资类型（二级分类）	样本基金数量	同类基金中排名	期间内规模（亿）
48	富国	富国优化增强 A	混合债券型二级基金	363	82	2.196
48	富国	富国稳健增强 AB	混合债券型二级基金	363	86	3.727
48	富国	富国优化增强 C	混合债券型二级基金	363	99	0.791
48	富国	富国稳健增强 C	混合债券型二级基金	363	105	0.403
48	富国	富国可转债	混合债券型二级基金	363	110	6.537
48	富国	富国收益增强 A	混合债券型二级基金	363	169	4.787
48	富国	富国收益增强 C	混合债券型二级基金	363	208	0.821
48	富国	富国祥利	混合债券型二级基金	363	275	6.693
48	富国	富国新动力 A	灵活配置型基金	1 248	3	5.694
48	富国	富国新动力 C	灵活配置型基金	1 248	6	1.452
48	富国	富国天盛	灵活配置型基金	1 248	47	3.783
48	富国	富国宏观策略	灵活配置型基金	1 248	63	2.766
48	富国	富国沪港深价值精选	灵活配置型基金	1 248	102	33.641
48	富国	富国研究优选沪港深	灵活配置型基金	1 248	309	0.761
48	富国	富国新收益 A	灵活配置型基金	1 248	452	1.285
48	富国	富国天成红利	灵活配置型基金	1 248	462	15.961
48	富国	富国新收益 C	灵活配置型基金	1 248	512	1.823
48	富国	富国新回报 AB	灵活配置型基金	1 248	741	3.007
48	富国	富国研究精选	灵活配置型基金	1 248	784	15.208
48	富国	富国新回报 C	灵活配置型基金	1 248	803	0.031
48	富国	富国绝对收益多策略	股票多空	18	3	2.938
48	富国	富国中证智能汽车	被动指数型基金	382	92	0.615
48	富国	富国国企改革	被动指数型基金	382	186	75.162
48	富国	富国上证综指 ETF	被动指数型基金	382	189	1.707
48	富国	富国上证综指 ETF 联接	被动指数型基金	382	194	1.334
48	富国	富国中证移动互联网	被动指数型基金	382	224	6.382

2 三年期公募基金管理公司整体投资回报能力评价

续表2-2

整体投资回报能力排名	基金公司（简称）	基金名称	投资类型（二级分类）	样本基金数量	同类基金中排名	期间内规模（亿）
48	富国	富国中证工业4.0	被动指数型基金	382	226	19.754
48	富国	富国证券分级	被动指数型基金	382	252	7.713
48	富国	富国中证新能源汽车	被动指数型基金	382	273	30.867
48	富国	富国中证煤炭	被动指数型基金	382	277	2.147
48	富国	富国创业板指数分级	被动指数型基金	382	303	8.929
48	富国	富国中证体育产业	被动指数型基金	382	341	1.955
48	富国	富国中证军工	被动指数型基金	382	368	84.076
48	富国	富国富钱包	货币市场型基金	597	168	235.471
48	富国	富国收益宝B	货币市场型基金	597	199	121.129
48	富国	富国安益	货币市场型基金	597	200	77.160
48	富国	富国天时货币B	货币市场型基金	597	295	177.699
48	富国	富国收益宝A	货币市场型基金	597	408	0.381
48	富国	富国收益宝H	货币市场型基金	597	411	84.125
48	富国	富国天时货币C	货币市场型基金	597	481	4.985
48	富国	富国天时货币A	货币市场型基金	597	487	4.082
48	富国	富国天时货币D	货币市场型基金	597	572	0.086
49	中银	中银季季红	中长期纯债型基金	660	63	34.065
49	中银	中银安心回报半年	中长期纯债型基金	660	67	42.704
49	中银	中银永利半年	中长期纯债型基金	660	80	19.251
49	中银	中银国有企业债A	中长期纯债型基金	660	181	24.347
49	中银	中银睿享定期开放	中长期纯债型基金	660	217	196.265
49	中银	中银中高等级A	中长期纯债型基金	660	247	57.123
49	中银	中银纯债A	中长期纯债型基金	660	250	74.435
49	中银	中银惠利纯债	中长期纯债型基金	660	291	42.580
49	中银	中银盛利纯债一年	中长期纯债型基金	660	301	45.498
49	中银	中银丰润定期开放	中长期纯债型基金	660	307	181.837

续表 2-2

整体投资回报能力排名	基金公司（简称）	基金名称	投资类型（二级分类）	样本基金数量	同类基金中排名	期间内规模（亿）
49	中银	中银纯债 C	中长期纯债型基金	660	369	5.299
49	中银	中银悦享定期开放	中长期纯债型基金	660	448	237.874
49	中银	中银收益 H	偏股混合型基金	508	186	0.004
49	中银	中银收益 A	偏股混合型基金	508	187	15.166
49	中银	中银中国精选	偏股混合型基金	508	209	15.583
49	中银	中银动态策略	偏股混合型基金	508	214	6.690
49	中银	中银美丽中国	偏股混合型基金	508	299	1.056
49	中银	中银消费主题	偏股混合型基金	508	311	0.899
49	中银	中银健康生活	偏股混合型基金	508	328	1.122
49	中银	中银优秀企业	偏股混合型基金	508	360	1.179
49	中银	中银主题策略	偏股混合型基金	508	371	3.025
49	中银	中银中小盘成长	偏股混合型基金	508	372	0.452
49	中银	中银持续增长 H	偏股混合型基金	508	377	0.001
49	中银	中银持续增长 A	偏股混合型基金	508	381	19.514
49	中银	中银中证 100 指数增强	增强指数型基金	57	3	4.108
49	中银	中银战略新兴产业	普通股票型基金	203	35	2.042
49	中银	中银互联网＋	普通股票型基金	203	122	1.279
49	中银	中银智能制造	普通股票型基金	203	163	21.234
49	中银	中银新动力	普通股票型基金	203	186	17.873
49	中银	中银稳健增利	混合债券型一级基金	147	38	23.838
49	中银	中银信用增利	混合债券型一级基金	147	39	27.626
49	中银	中银转债增强 A	混合债券型二级基金	363	48	0.881
49	中银	中银产业债一年	混合债券型二级基金	363	54	5.759
49	中银	中银转债增强 B	混合债券型二级基金	363	65	0.778
49	中银	中银稳健添利 A	混合债券型二级基金	363	71	14.640
49	中银	中银恒利半年	混合债券型二级基金	363	128	25.239

续表2-2

整体投资回报能力排名	基金公司（简称）	基金名称	投资类型（二级分类）	样本基金数量	同类基金中排名	期间内规模（亿）
49	中银	中银稳健双利A	混合债券型二级基金	363	133	25.358
49	中银	中银稳健双利B	混合债券型二级基金	363	157	5.390
49	中银	中银行业优选	灵活配置型基金	1 248	93	3.198
49	中银	中银蓝筹精选	灵活配置型基金	1 248	110	3.045
49	中银	中银鑫利A	灵活配置型基金	1 248	256	7.165
49	中银	中银价值精选	灵活配置型基金	1 248	273	2.535
49	中银	中银鑫利C	灵活配置型基金	1 248	278	0.420
49	中银	中银宝利C	灵活配置型基金	1 248	290	0.204
49	中银	中银宝利A	灵活配置型基金	1 248	302	6.425
49	中银	中银宏利A	灵活配置型基金	1 248	303	5.822
49	中银	中银宏利C	灵活配置型基金	1 248	308	0.862
49	中银	中银丰利A	灵活配置型基金	1 248	323	5.527
49	中银	中银丰利C	灵活配置型基金	1 248	337	1.105
49	中银	中银益利A	灵活配置型基金	1 248	346	4.893
49	中银	中银益利C	灵活配置型基金	1 248	354	0.510
49	中银	中银润利A	灵活配置型基金	1 248	368	0.208
49	中银	中银润利C	灵活配置型基金	1 248	375	6.420
49	中银	中银新机遇A	灵活配置型基金	1 248	376	6.015
49	中银	中银新回报	灵活配置型基金	1 248	380	5.895
49	中银	中银新机遇C	灵活配置型基金	1 248	384	0.568
49	中银	中银珍利C	灵活配置型基金	1 248	388	0.297
49	中银	中银珍利A	灵活配置型基金	1 248	398	7.362
49	中银	中银新财富A	灵活配置型基金	1 248	424	3.015
49	中银	中银稳进策略	灵活配置型基金	1 248	438	17.139
49	中银	中银锦利A	灵活配置型基金	1 248	446	3.308
49	中银	中银新财富C	灵活配置型基金	1 248	451	3.258

续表 2-2

整体投资回报能力排名	基金公司（简称）	基金名称	投资类型（二级分类）	样本基金数量	同类基金中排名	期间内规模（亿）
49	中银	中银锦利 C	灵活配置型基金	1 248	455	1.402
49	中银	中银新趋势	灵活配置型基金	1 248	471	4.711
49	中银	中银瑞利 A	灵活配置型基金	1 248	476	6.820
49	中银	中银颐利 A	灵活配置型基金	1 248	477	4.342
49	中银	中银瑞利 C	灵活配置型基金	1 248	480	9.365
49	中银	中银颐利 C	灵活配置型基金	1 248	484	0.492
49	中银	中银多策略	灵活配置型基金	1 248	511	6.518
49	中银	中银稳健策略灵活	灵活配置型基金	1 248	521	31.132
49	中银	中银腾利 A	灵活配置型基金	1 248	531	14.998
49	中银	中银腾利 C	灵活配置型基金	1 248	556	0.193
49	中银	中银广利 C	灵活配置型基金	1 248	579	0.942
49	中银	中银裕利 A	灵活配置型基金	1 248	600	4.144
49	中银	中银裕利 C	灵活配置型基金	1 248	604	0.679
49	中银	中银广利 A	灵活配置型基金	1 248	622	3.389
49	中银	中银研究精选	灵活配置型基金	1 248	684	3.357
49	中银	中银宏观策略	灵活配置型基金	1 248	912	14.875
49	中银	中银量化精选	灵活配置型基金	1 248	1 185	5.725
49	中银	中银新经济	灵活配置型基金	1 248	1 192	7.179
49	中银	中银上证国企 ETF	被动指数型基金	382	167	0.200
49	中银	中银沪深 300 等权重	被动指数型基金	382	223	0.949
49	中银	中银理财 30 天 B	货币市场型基金	597	13	126.691
49	中银	中银理财 7 天 B	货币市场型基金	597	24	78.791
49	中银	中银理财 30 天 A	货币市场型基金	597	97	0.544
49	中银	中银机构现金管理	货币市场型基金	597	107	140.035
49	中银	中银理财 7 天 A	货币市场型基金	597	170	1.029
49	中银	中银薪钱包	货币市场型基金	597	216	92.778

续表 2-2

整体投资回报能力排名	基金公司（简称）	基金名称	投资类型（二级分类）	样本基金数量	同类基金中排名	期间内规模（亿）
49	中银	中银活期宝	货币市场型基金	597	262	430.680
49	中银	中银货币 B	货币市场型基金	597	401	636.769
49	中银	中银货币 A	货币市场型基金	597	532	4.957
50	摩根士丹利华鑫	大摩纯债稳定添利 A	中长期纯债型基金	660	9	22.797
50	摩根士丹利华鑫	大摩纯债稳定增利	中长期纯债型基金	660	11	34.276
50	摩根士丹利华鑫	大摩纯债稳定添利 C	中长期纯债型基金	660	28	9.469
50	摩根士丹利华鑫	大摩纯债稳定增值 A	中长期纯债型基金	660	77	13.352
50	摩根士丹利华鑫	大摩优质信价纯债 A	中长期纯债型基金	660	94	12.929
50	摩根士丹利华鑫	大摩纯债稳定增值 C	中长期纯债型基金	660	162	4.758
50	摩根士丹利华鑫	大摩优质信价纯债 C	中长期纯债型基金	660	165	2.686
50	摩根士丹利华鑫	大摩双利增强 A	中长期纯债型基金	660	172	13.943
50	摩根士丹利华鑫	大摩双利增强 C	中长期纯债型基金	660	288	7.805
50	摩根士丹利华鑫	大摩健康产业	偏股混合型基金	508	72	2.007
50	摩根士丹利华鑫	大摩基础行业	偏股混合型基金	508	140	1.475
50	摩根士丹利华鑫	大摩卓越成长	偏股混合型基金	508	192	6.640
50	摩根士丹利华鑫	大摩主题优选	偏股混合型基金	508	220	3.970
50	摩根士丹利华鑫	大摩领先优势	偏股混合型基金	508	363	4.522
50	摩根士丹利华鑫	大摩资源优选	偏股混合型基金	508	399	7.207
50	摩根士丹利华鑫	大摩量化配置	偏股混合型基金	508	408	12.404
50	摩根士丹利华鑫	大摩多因子策略	偏股混合型基金	508	505	32.307
50	摩根士丹利华鑫	大摩深证 300 指数增强	增强指数型基金	57	43	0.463
50	摩根士丹利华鑫	大摩进取优选	普通股票型基金	203	108	0.532
50	摩根士丹利华鑫	大摩品质生活精选	普通股票型基金	203	142	10.173
50	摩根士丹利华鑫	大摩量化多策略	普通股票型基金	203	192	8.527
50	摩根士丹利华鑫	大摩强收益债券	混合债券型一级基金	147	37	21.106
50	摩根士丹利华鑫	大摩多元收益 A	混合债券型二级基金	363	102	9.290

续表 2-2

整体投资回报能力排名	基金公司（简称）	基金名称	投资类型（二级分类）	样本基金数量	同类基金中排名	期间内规模（亿）
50	摩根士丹利华鑫	大摩多元收益 C	混合债券型二级基金	363	130	3.400
50	摩根士丹利华鑫	大摩新机遇	灵活配置型基金	1 248	1 144	1.013
50	摩根士丹利华鑫	大摩消费领航	灵活配置型基金	1 248	1 219	1.638
51	富安达	富安达优势成长	偏股混合型基金	508	210	15.104
51	富安达	富安达增强收益 A	混合债券型二级基金	363	284	0.309
51	富安达	富安达增强收益 C	混合债券型二级基金	363	296	0.726
51	富安达	富安达新动力	灵活配置型基金	1 248	139	2.162
51	富安达	富安达健康人生	灵活配置型基金	1 248	219	1.003
51	富安达	富安达策略精选	灵活配置型基金	1 248	223	3.390
51	富安达	富安达新兴成长	灵活配置型基金	1 248	584	1.209
51	富安达	富安达长盈	灵活配置型基金	1 248	924	2.112
51	富安达	富安达现金通货币 B	货币市场型基金	597	298	5.630
51	富安达	富安达现金通货币 A	货币市场型基金	597	488	0.485
52	信达澳银	信达澳银中小盘	偏股混合型基金	508	126	0.987
52	信达澳银	信达澳银领先增长	偏股混合型基金	508	222	12.606
52	信达澳银	信达澳银红利回报	偏股混合型基金	508	419	0.681
52	信达澳银	信达澳银消费优选	偏股混合型基金	508	436	0.644
52	信达澳银	信达澳银产业升级	偏股混合型基金	508	445	1.858
52	信达澳银	信达澳银新能源产业	普通股票型基金	203	1	12.334
52	信达澳银	信达澳银转型创新	普通股票型基金	203	148	6.110
52	信达澳银	信达澳银稳定 A	混合债券型一级基金	147	134	16.193
52	信达澳银	信达澳银稳定 B	混合债券型一级基金	147	138	0.056
52	信达澳银	信达澳银信用债 A	混合债券型二级基金	363	166	8.118
52	信达澳银	信达澳银信用债 C	混合债券型二级基金	363	194	0.086
52	信达澳银	信达澳银鑫安	混合债券型二级基金	363	276	3.557
52	信达澳银	信达澳银精华	灵活配置型基金	1 248	22	0.897

续表2-2

整体投资回报能力排名	基金公司（简称）	基金名称	投资类型（二级分类）	样本基金数量	同类基金中排名	期间内规模（亿）
52	信达澳银	信达澳银新目标	灵活配置型基金	1 248	114	1.871
52	信达澳银	信达澳银新财富	灵活配置型基金	1 248	125	1.880
52	信达澳银	信达澳银慧管家C	货币市场型基金	597	368	57.520
52	信达澳银	信达澳银慧管家A	货币市场型基金	597	501	4.481
52	信达澳银	信达澳银慧理财	货币市场型基金	597	547	0.152
52	信达澳银	信达澳银慧管家E	货币市场型基金	597	567	0.094
53	浙商资管	浙商汇金聚利一年A	中长期纯债型基金	660	26	1.580
53	浙商资管	浙商汇金聚利一年C	中长期纯债型基金	660	58	3.575
53	浙商资管	浙商汇金转型成长	灵活配置型基金	1 248	507	1.491
53	浙商资管	浙商汇金转型升级	灵活配置型基金	1 248	704	0.915
53	浙商资管	浙商汇金转型驱动	灵活配置型基金	1 248	778	4.094
53	浙商资管	浙商汇金鼎盈事件驱动	灵活配置型基金	1 248	797	1.243
53	浙商资管	浙商汇金中证转型成长	被动指数型基金	382	314	1.326
54	北信瑞丰	北信瑞丰稳定收益A	中长期纯债型基金	660	298	2.287
54	北信瑞丰	北信瑞丰稳定收益C	中长期纯债型基金	660	412	2.030
54	北信瑞丰	北信瑞丰丰利	偏债混合基金	115	106	1.944
54	北信瑞丰	北信瑞丰稳定增强	偏债混合型基金	115	109	1.689
54	北信瑞丰	北信瑞丰新成长	灵活配置型基金	1 248	1 011	1.113
54	北信瑞丰	北信瑞丰外延增长	灵活配置型基金	1 248	1 017	0.372
54	北信瑞丰	北信瑞丰健康生活主题	灵活配置型基金	1 248	1 157	6.441
54	北信瑞丰	北信瑞丰中国智造主题	灵活配置型基金	1 248	1 221	1.520
54	北信瑞丰	北信瑞丰平安中国	灵活配置型基金	1 248	1 232	0.793
54	北信瑞丰	北信瑞丰宜投宝B	货币市场型基金	597	110	53.605
54	北信瑞丰	北信瑞丰现金添利B	货币市场型基金	597	251	10.235
54	北信瑞丰	北信瑞丰宜投宝A	货币市场型基金	597	313	1.187
54	北信瑞丰	北信瑞丰现金添利A	货币市场型基金	597	449	1.049

续表 2-2

整体投资回报能力排名	基金公司（简称）	基金名称	投资类型（二级分类）	样本基金数量	同类基金中排名	期间内规模（亿）
55	国投瑞银	国投瑞银中高等级 A	中长期纯债型基金	660	213	1.361
55	国投瑞银	国投瑞银顺鑫	中长期纯债型基金	660	265	15.355
55	国投瑞银	国投瑞银中高等级 C	中长期纯债型基金	660	306	0.227
55	国投瑞银	国投瑞银岁增利 A	中长期纯债型基金	660	480	1.253
55	国投瑞银	国投瑞银岁增利 C	中长期纯债型基金	660	532	0.089
55	国投瑞银	国投瑞银新活力定开 A	偏债混合型基金	115	68	3.031
55	国投瑞银	国投瑞银新活力定开 C	偏债混合型基金	115	73	3.652
55	国投瑞银	国投瑞银融华债券	偏债混合型基金	115	114	3.616
55	国投瑞银	国投瑞银创新动力	偏股混合型基金	508	234	10.983
55	国投瑞银	国投瑞银核心企业	偏股混合型基金	508	257	11.976
55	国投瑞银	国投瑞银成长优选	偏股混合型基金	508	285	4.603
55	国投瑞银	国投瑞银白银期货	商品型基金	14	14	7.882
55	国投瑞银	国投瑞银景气行业	平衡混合型基金	31	13	8.226
55	国投瑞银	国投瑞银双债增利 A	混合债券型一级基金	147	8	1.513
55	国投瑞银	国投瑞银双债增利 C	混合债券型一级基金	147	15	0.254
55	国投瑞银	国投瑞银稳定增利	混合债券型一级基金	147	64	4.896
55	国投瑞银	国投瑞银优化增强 AB	混合债券型二级基金	363	74	14.874
55	国投瑞银	国投瑞银优化增强 C	混合债券型二级基金	363	84	1.937
55	国投瑞银	国投瑞银岁赢利	混合债券型二级基金	363	210	4.275
55	国投瑞银	国投瑞银境煊 A	灵活配置型基金	1 248	109	3.318
55	国投瑞银	国投瑞银境煊 C	灵活配置型基金	1 248	122	13.770
55	国投瑞银	国投瑞银瑞盈	灵活配置型基金	1 248	133	5.723
55	国投瑞银	国投瑞银美丽中国	灵活配置型基金	1 248	150	4.626
55	国投瑞银	国投瑞银新机遇 A	灵活配置型基金	1 248	154	2.988
55	国投瑞银	国投瑞银新兴产业	灵活配置型基金	1 248	157	2.450
55	国投瑞银	国投瑞银新机遇 C	灵活配置型基金	1 248	177	1.622

2 三年期公募基金管理公司整体投资回报能力评价

续表2-2

整体投资回报能力排名	基金公司（简称）	基金名称	投资类型（二级分类）	样本基金数量	同类基金中排名	期间内规模（亿）
55	国投瑞银	国投瑞银瑞利	灵活配置型基金	1 248	204	3.218
55	国投瑞银	国投瑞银瑞源	灵活配置型基金	1 248	212	8.083
55	国投瑞银	国投瑞银稳健增长	灵活配置型基金	1 248	316	5.352
55	国投瑞银	国投瑞银策略精选	灵活配置型基金	1 248	351	8.264
55	国投瑞银	国投瑞银新增长A	灵活配置型基金	1 248	412	4.397
55	国投瑞银	国投瑞银瑞祥	灵活配置型基金	1 248	450	7.253
55	国投瑞银	国投瑞银信息消费	灵活配置型基金	1 248	593	2.137
55	国投瑞银	国投瑞银医疗保健行业	灵活配置型基金	1 248	844	7.795
55	国投瑞银	国投瑞银精选收益	灵活配置型基金	1 248	1 071	8.780
55	国投瑞银	国投瑞银新丝路	灵活配置型基金	1 248	1 095	2.577
55	国投瑞银	国投瑞银锐意改革	灵活配置型基金	1 248	1 096	13.083
55	国投瑞银	国投瑞银瑞盛	灵活配置型基金	1 248	1 228	10.027
55	国投瑞银	国投瑞银国家安全	灵活配置型基金	1 248	1 236	8.903
55	国投瑞银	国投瑞银瑞和300	被动指数型基金	382	34	1.644
55	国投瑞银	国投瑞银沪深300金融地产ETF	被动指数型基金	382	45	4.396
55	国投瑞银	国投瑞银沪深300金融地产ETF联接	被动指数型基金	382	52	4.503
55	国投瑞银	国投瑞银中证下游	被动指数型基金	382	83	0.488
55	国投瑞银	国投瑞银瑞福深证100	被动指数型基金	382	128	5.166
55	国投瑞银	国投瑞银中证上游	被动指数型基金	382	203	1.320
55	国投瑞银	国投瑞银瑞泽中证创业成长	被动指数型基金	382	365	0.069
55	国投瑞银	国投瑞银钱多宝I	货币市场型基金	597	16	1.568
55	国投瑞银	国投瑞银钱多宝A	货币市场型基金	597	17	14.191
55	国投瑞银	国投瑞银货币B	货币市场型基金	597	208	203.288
55	国投瑞银	国投瑞银添利宝A	货币市场型基金	597	266	117.592

续表 2-2

整体投资回报能力排名	基金公司（简称）	基金名称	投资类型（二级分类）	样本基金数量	同类基金中排名	期间内规模（亿）
55	国投瑞银	国投瑞银添利宝 B	货币市场型基金	597	270	16.132
55	国投瑞银	国投瑞银增利宝 B	货币市场型基金	597	283	39.092
55	国投瑞银	国投瑞银增利宝 A	货币市场型基金	597	291	2.184
55	国投瑞银	国投瑞银货币 A	货币市场型基金	597	415	16.900
56	浦银安盛	浦银安盛盛元定开 A	中长期纯债型基金	660	48	77.675
56	浦银安盛	浦银安盛盛元定开 C	中长期纯债型基金	660	93	0.007
56	浦银安盛	浦银安盛盛达纯债 A	中长期纯债型基金	660	99	50.727
56	浦银安盛	浦银安盛盛鑫 A	中长期纯债型基金	660	137	3.366
56	浦银安盛	浦银安盛盛达纯债 C	中长期纯债型基金	660	179	0.001
56	浦银安盛	浦银安盛盛鑫 C	中长期纯债型基金	660	263	0.007
56	浦银安盛	浦银安盛盛泰 A	中长期纯债型基金	660	300	10.823
56	浦银安盛	浦银安盛盛泰 C	中长期纯债型基金	660	420	0.002
56	浦银安盛	浦银安盛 6 个月 A	中长期纯债型基金	660	467	0.469
56	浦银安盛	浦银安盛月月盈 A	中长期纯债型基金	660	508	0.670
56	浦银安盛	浦银安盛 6 个月 C	中长期纯债型基金	660	525	0.070
56	浦银安盛	浦银安盛幸福回报 A	中长期纯债型基金	660	533	8.761
56	浦银安盛	浦银安盛幸福聚利 A	中长期纯债型基金	660	553	15.219
56	浦银安盛	浦银安盛月月盈 C	中长期纯债型基金	660	560	0.040
56	浦银安盛	浦银安盛幸福回报 B	中长期纯债型基金	660	576	0.827
56	浦银安盛	浦银安盛季季添利 A	中长期纯债型基金	660	577	4.853
56	浦银安盛	浦银安盛幸福聚利 C	中长期纯债型基金	660	588	1.360
56	浦银安盛	浦银安盛幸福聚益 A	中长期纯债型基金	660	595	17.219
56	浦银安盛	浦银安盛季季添利 C	中长期纯债型基金	660	614	0.069
56	浦银安盛	浦银安盛幸福聚益 C	中长期纯债型基金	660	625	0.656
56	浦银安盛	浦银安盛红利精选	偏股混合型基金	508	174	0.923
56	浦银安盛	浦银安盛价值成长 A	偏股混合型基金	508	469	18.604

续表2-2

整体投资回报能力排名	基金公司（简称）	基金名称	投资类型（二级分类）	样本基金数量	同类基金中排名	期间内规模（亿）
56	浦银安盛	浦银安盛沪深300指数增强	增强指数型基金	57	9	2.209
56	浦银安盛	浦银安盛稳健增利C	混合债券型一级基金	147	93	24.369
56	浦银安盛	浦银安盛优化收益A	混合债券型二级基金	363	330	8.317
56	浦银安盛	浦银安盛优化收益C	混合债券型二级基金	363	339	0.115
56	浦银安盛	浦银安盛盛世精选A	灵活配置型基金	1 248	409	5.374
56	浦银安盛	浦银安盛医疗健康	灵活配置型基金	1 248	423	14.669
56	浦银安盛	浦银安盛盛世精选C	灵活配置型基金	1 248	442	2.229
56	浦银安盛	浦银安盛消费升级C	灵活配置型基金	1 248	932	0.012
56	浦银安盛	浦银安盛睿智精选A	灵活配置型基金	1 248	949	0.928
56	浦银安盛	浦银安盛消费升级A	灵活配置型基金	1 248	959	1.146
56	浦银安盛	浦银安盛睿智精选C	灵活配置型基金	1 248	1 013	0.632
56	浦银安盛	浦银安盛新经济结构	灵活配置型基金	1 248	1 059	1.456
56	浦银安盛	浦银安盛精致生活	灵活配置型基金	1 248	1 177	5.437
56	浦银安盛	浦银安盛增长动力	灵活配置型基金	1 248	1 196	19.197
56	浦银安盛	浦银安盛战略新兴产业	灵活配置型基金	1 248	1 209	7.322
56	浦银安盛	浦银安盛基本面400	被动指数型基金	382	291	0.525
56	浦银安盛	浦银安盛货币B	货币市场型基金	597	104	184.626
56	浦银安盛	浦银安盛日日鑫B	货币市场型基金	597	159	145.450
56	浦银安盛	浦银安盛日日丰B	货币市场型基金	597	182	16.702
56	浦银安盛	浦银安盛货币A	货币市场型基金	597	304	1.844
56	浦银安盛	浦银安盛货币E	货币市场型基金	597	306	0.030
56	浦银安盛	浦银安盛日日鑫A	货币市场型基金	597	374	0.401
56	浦银安盛	浦银安盛日日丰D	货币市场型基金	597	391	106.936
56	浦银安盛	浦银安盛日日丰A	货币市场型基金	597	393	0.413
56	浦银安盛	浦银安盛日日盈B	货币市场型基金	597	448	92.718

续表 2-2

整体投资回报能力排名	基金公司（简称）	基金名称	投资类型（二级分类）	样本基金数量	同类基金中排名	期间内规模（亿）
56	浦银安盛	浦银安盛日日盈 A	货币市场型基金	597	553	0.246
56	浦银安盛	浦银安盛日日盈 D	货币市场型基金	597	554	18.534
57	大成	大成惠利纯债	中长期纯债型基金	660	335	15.139
57	大成	大成景旭纯债 A	中长期纯债型基金	660	421	0.216
57	大成	大成惠益纯债	中长期纯债型基金	660	489	46.037
57	大成	大成景旭纯债 C	中长期纯债型基金	660	494	0.869
57	大成	大成景益平稳收益 A	偏债混合型基金	115	108	1.603
57	大成	大成财富管理2 020	偏债混合型基金	115	112	23.125
57	大成	大成中小盘	偏股混合型基金	508	69	5.509
57	大成	大成优选	偏股混合型基金	508	91	14.975
57	大成	大成精选增值	偏股混合型基金	508	130	13.446
57	大成	大成创新成长	偏股混合型基金	508	133	21.516
57	大成	大成互联网思维	偏股混合型基金	508	138	13.100
57	大成	大成行业轮动	偏股混合型基金	508	166	1.552
57	大成	大成内需增长 A	偏股混合型基金	508	176	5.002
57	大成	大成内需增长 H	偏股混合型基金	508	177	0.010
57	大成	大成景恒 A	偏股混合型基金	508	188	1.145
57	大成	大成积极成长	偏股混合型基金	508	196	11.562
57	大成	大成策略回报	偏股混合型基金	508	244	14.078
57	大成	大成蓝筹稳健	偏股混合型基金	508	248	35.764
57	大成	大成消费主题	偏股混合型基金	508	298	0.365
57	大成	大成新锐产业	偏股混合型基金	508	332	0.896
57	大成	大成核心双动力	偏股混合型基金	508	340	2.292
57	大成	大成健康产业	偏股混合型基金	508	398	0.279
57	大成	大成竞争优势	偏股混合型基金	508	430	9.152
57	大成	大成景阳领先	偏股混合型基金	508	448	12.467

续表2-2

整体投资回报能力排名	基金公司（简称）	基金名称	投资类型（二级分类）	样本基金数量	同类基金中排名	期间内规模（亿）
57	大成	大成价值增长	平衡混合型基金	31	27	26.626
57	大成	大成高新技术产业	普通股票型基金	203	21	4.857
57	大成	大成产业升级	普通股票型基金	203	104	2.774
57	大成	大成债券AB	混合债券型一级基金	147	18	12.996
57	大成	大成景兴信用债A	混合债券型一级基金	147	28	2.993
57	大成	大成债券C	混合债券型一级基金	147	31	3.902
57	大成	大成景兴信用债C	混合债券型一级基金	147	43	1.122
57	大成	大成景丰	混合债券型二级基金	363	315	6.673
57	大成	大成景盛一年A	混合债券型二级基金	363	320	5.959
57	大成	大成景荣A	混合债券型二级基金	363	329	10.798
57	大成	大成景荣C	混合债券型二级基金	363	331	0.046
57	大成	大成景盛一年C	混合债券型二级基金	363	333	0.282
57	大成	大成可转债增强	混合债券型二级基金	363	347	0.412
57	大成	大成正向回报	灵活配置型基金	1 248	427	1.702
57	大成	大成景尚A	灵活配置型基金	1 248	643	8.293
57	大成	大成景尚C	灵活配置型基金	1 248	661	0.001
57	大成	大成灵活配置	灵活配置型基金	1 248	774	4.653
57	大成	大成动态量化	灵活配置型基金	1 248	870	2.049
57	大成	大成多策略	灵活配置型基金	1 248	914	6.912
57	大成	大成睿景A	灵活配置型基金	1 248	926	9.129
57	大成	大成睿景C	灵活配置型基金	1 248	988	4.398
57	大成	大成国家安全	灵活配置型基金	1 248	1 070	0.828
57	大成	大成趋势回报	灵活配置型基金	1 248	1 111	1.323
57	大成	大成景禄A	灵活配置型基金	1 248	1 133	0.064
57	大成	大成景禄C	灵活配置型基金	1 248	1 138	4.936
57	大成	大成景安短融B	短期纯债型基金	19	1	2.825

续表 2-2

整体投资回报能力排名	基金公司（简称）	基金名称	投资类型（二级分类）	样本基金数量	同类基金中排名	期间内规模（亿）
57	大成	大成景安短融 E	短期纯债型基金	19	2	4.284
57	大成	大成景安短融 A	短期纯债型基金	19	4	3.578
57	大成	大成绝对收益 A	股票多空	18	17	0.268
57	大成	大成绝对收益 C	股票多空	18	18	0.644
57	大成	大成中证 100ETF	被动指数型基金	382	42	0.398
57	大成	大成中证红利 A	被动指数型基金	382	97	7.690
57	大成	大成沪深 300A	被动指数型基金	382	153	20.189
57	大成	大成深证成长 40ETF	被动指数型基金	382	214	1.536
57	大成	大成深证成份 ETF	被动指数型基金	382	218	3.434
57	大成	大成深证成长 40ETF 联接	被动指数型基金	382	222	1.565
57	大成	大成互联网＋大数据 A	被动指数型基金	382	289	1.072
57	大成	大成中证互联网金融	被动指数型基金	382	295	0.663
57	大成	大成中证 500 沪市 ETF	被动指数型基金	382	327	0.377
57	大成	大成中证 500 深市 ETF	被动指数型基金	382	343	0.338
57	大成	大成月月盈 B	货币市场型基金	597	18	84.536
57	大成	大成月添利理财 B	货币市场型基金	597	27	59.191
57	大成	大成添利宝 B	货币市场型基金	597	112	155.175
57	大成	大成月月盈 A	货币市场型基金	597	114	0.619
57	大成	大成月月盈 E	货币市场型基金	597	116	1.649
57	大成	大成月添利理财 A	货币市场型基金	597	176	1.002
57	大成	大成添益 B	货币市场型基金	597	177	0.117
57	大成	大成月添利理财 E	货币市场型基金	597	178	0.138
57	大成	大成丰财宝 B	货币市场型基金	597	204	85.389
57	大成	大成现金增利 B	货币市场型基金	597	214	1.174
57	大成	大成添利宝 E	货币市场型基金	597	244	19.606

续表 2-2

整体投资回报能力排名	基金公司（简称）	基金名称	投资类型（二级分类）	样本基金数量	同类基金中排名	期间内规模（亿）
57	大成	大成恒丰宝 B	货币市场型基金	597	246	25.579
57	大成	大成添利宝 A	货币市场型基金	597	317	0.330
57	大成	大成现金宝 B	货币市场型基金	597	327	3.073
57	大成	大成货币 B	货币市场型基金	597	333	108.115
57	大成	大成添益 A	货币市场型基金	597	388	1.067
57	大成	大成添益 E	货币市场型基金	597	390	26.158
57	大成	大成丰财宝 A	货币市场型基金	597	414	0.417
57	大成	大成慧成 B	货币市场型基金	597	416	5.250
57	大成	大成现金增利 A	货币市场型基金	597	419	166.646
57	大成	大成恒丰宝 E	货币市场型基金	597	445	0.752
57	大成	大成恒丰宝 A	货币市场型基金	597	446	0.061
57	大成	大成货币 A	货币市场型基金	597	502	3.169
57	大成	大成慧成 E	货币市场型基金	597	538	0.003
57	大成	大成慧成 A	货币市场型基金	597	539	0.050
57	大成	大成现金宝 A	货币市场型基金	597	576	5.577
58	浙商	浙商聚盈纯债 A	中长期纯债型基金	660	86	10.279
58	浙商	浙商聚盈纯债 C	中长期纯债型基金	660	129	0.015
58	浙商	浙商惠丰定期开放	中长期纯债型基金	660	215	5.314
58	浙商	浙商惠裕纯债	中长期纯债型基金	660	310	10.518
58	浙商	浙商惠南纯债	中长期纯债型基金	660	332	17.871
58	浙商	浙商惠享纯债	中长期纯债型基金	660	336	36.171
58	浙商	浙商惠利纯债	中长期纯债型基金	660	374	2.239
58	浙商	浙商惠盈纯债	中长期纯债型基金	660	597	0.353
58	浙商	浙商聚潮新思维	偏股混合型基金	508	237	9.577
58	浙商	浙商聚潮产业成长	偏股混合型基金	508	442	4.475
58	浙商	浙商中证 500A	增强指数型基金	57	53	5.092

续表 2-2

整体投资回报能力排名	基金公司（简称）	基金名称	投资类型（二级分类）	样本基金数量	同类基金中排名	期间内规模（亿）
58	浙商	浙商日添金 B	货币市场型基金	597	201	53.946
58	浙商	浙商日添金 A	货币市场型基金	597	407	0.001
58	浙商	浙商日添利 B	货币市场型基金	597	423	5.585
58	浙商	浙商日添利 A	货币市场型基金	597	544	0.442
59	融通	融通增益 AB	中长期纯债型基金	660	4	4.524
59	融通	融通通裕定期开放	中长期纯债型基金	660	14	25.801
59	融通	融通通宸	中长期纯债型基金	660	19	1.530
59	融通	融通债券 AB	中长期纯债型基金	660	40	6.309
59	融通	融通岁岁添利 A	中长期纯债型基金	660	78	6.409
59	融通	融通债券 C	中长期纯债型基金	660	81	1.679
59	融通	融通通安	中长期纯债型基金	660	110	7.074
59	融通	融通岁岁添利 B	中长期纯债型基金	660	151	1.244
59	融通	融通通祺	中长期纯债型基金	660	254	2.133
59	融通	融通通玺	中长期纯债型基金	660	353	6.121
59	融通	融通通和	中长期纯债型基金	660	385	20.980
59	融通	融通通优	中长期纯债型基金	660	441	20.577
59	融通	融通增鑫	中长期纯债型基金	660	465	15.631
59	融通	融通月月添利 A	中长期纯债型基金	660	518	9.147
59	融通	融通月月添利 B	中长期纯债型基金	660	566	0.446
59	融通	融通行业景气	偏股混合型基金	508	20	20.520
59	融通	融通内需驱动	偏股混合型基金	508	118	2.559
59	融通	融通领先成长	偏股混合型基金	508	127	38.699
59	融通	融通医疗保健行业 A	偏股混合型基金	508	327	12.381
59	融通	融通新蓝筹	偏股混合型基金	508	358	22.818
59	融通	融通动力先锋	偏股混合型基金	508	375	11.131
59	融通	融通巨潮 100AB	增强指数型基金	57	14	11.029

续表2-2

整体投资回报能力排名	基金公司（简称）	基金名称	投资类型（二级分类）	样本基金数量	同类基金中排名	期间内规模（亿）
59	融通	融通创业板指数增强AB	增强指数型基金	57	56	6.627
59	融通	融通通慧A	平衡混合型基金	31	12	1.814
59	融通	融通蓝筹成长	平衡混合型基金	31	16	7.966
59	融通	融通通福A	混合债券型一级基金	147	44	1.263
59	融通	融通四季添利	混合债券型一级基金	147	54	9.062
59	融通	融通通福C	混合债券型一级基金	147	55	0.074
59	融通	融通增祥三个月定期开放	混合债券型二级基金	363	192	2.554
59	融通	融通增强收益A	混合债券型二级基金	363	206	5.989
59	融通	融通增强收益C	混合债券型二级基金	363	273	0.127
59	融通	融通可转债A	混合债券型二级基金	363	292	0.148
59	融通	融通可转债C	混合债券型二级基金	363	309	0.590
59	融通	融通通瑞AB	混合债券型二级基金	363	324	9.165
59	融通	融通通瑞C	混合债券型二级基金	363	334	0.007
59	融通	融通转型三动力	灵活配置型基金	1 248	14	1.805
59	融通	融通中国风1号	灵活配置型基金	1 248	39	9.170
59	融通	融通跨界成长	灵活配置型基金	1 248	132	0.745
59	融通	融通新消费	灵活配置型基金	1 248	136	0.690
59	融通	融通健康产业	灵活配置型基金	1 248	160	1.518
59	融通	融通通乾研究精选	灵活配置型基金	1 248	192	7.738
59	融通	融通成长30	灵活配置型基金	1 248	217	2.821
59	融通	融通新能源	灵活配置型基金	1 248	236	10.552
59	融通	融通通盈	灵活配置型基金	1 248	281	5.499
59	融通	融通通鑫	灵活配置型基金	1 248	513	12.570
59	融通	融通新趋势	灵活配置型基金	1 248	545	3.202
59	融通	融通新机遇	灵活配置型基金	1 248	578	12.205
59	融通	融通新区域新经济	灵活配置型基金	1 248	831	9.038

续表 2-2

整体投资回报能力排名	基金公司（简称）	基金名称	投资类型（二级分类）	样本基金数量	同类基金中排名	期间内规模（亿）
59	融通	融通沪港深智慧生活	灵活配置型基金	1 248	965	2.973
59	融通	融通互联网传媒	灵活配置型基金	1 248	1 060	20.474
59	融通	融通通源短融 B	短期纯债型基金	19	9	8.110
59	融通	融通通源短融 A	短期纯债型基金	19	13	0.084
59	融通	融通深证 100AB	被动指数型基金	382	121	55.039
59	融通	融通深证成指 AB	被动指数型基金	382	188	1.534
59	融通	融通中证全指证券	被动指数型基金	382	260	0.551
59	融通	融通中证军工	被动指数型基金	382	361	0.622
59	融通	融通汇财宝 B	货币市场型基金	597	85	186.408
59	融通	融通汇财宝 A	货币市场型基金	597	269	4.691
59	融通	融通现金宝 A	货币市场型基金	597	280	2.188
59	融通	融通易支付货币 B	货币市场型基金	597	442	152.533
59	融通	融通易支付货币 A	货币市场型基金	597	550	139.756
59	融通	融通易支付货币 E	货币市场型基金	597	566	9.217
60	中信保诚	信诚优质纯债 A	中长期纯债型基金	660	20	1.316
60	中信保诚	信诚优质纯债 B	中长期纯债型基金	660	79	1.631
60	中信保诚	信诚稳健 C	中长期纯债型基金	660	126	0.002
60	中信保诚	信诚稳健 A	中长期纯债型基金	660	149	10.070
60	中信保诚	信诚景瑞 A	中长期纯债型基金	660	201	3.610
60	中信保诚	信诚景瑞 C	中长期纯债型基金	660	237	0.001
60	中信保诚	中信保诚稳利 C	中长期纯债型基金	660	245	0.001
60	中信保诚	信诚稳瑞 C	中长期纯债型基金	660	297	0.001
60	中信保诚	中信保诚稳利 A	中长期纯债型基金	660	317	15.100
60	中信保诚	中信保诚稳益 C	中长期纯债型基金	660	333	0.001
60	中信保诚	中信保诚稳益 A	中长期纯债型基金	660	341	15.130
60	中信保诚	信诚稳瑞 A	中长期纯债型基金	660	346	20.169

2 三年期公募基金管理公司整体投资回报能力评价

续表 2-2

整体投资回报能力排名	基金公司（简称）	基金名称	投资类型（二级分类）	样本基金数量	同类基金中排名	期间内规模（亿）
60	中信保诚	信诚新双盈	中长期纯债型基金	660	607	0.610
60	中信保诚	中信保诚盛世蓝筹	偏股混合型基金	508	175	12.065
60	中信保诚	信诚新机遇	偏股混合型基金	508	183	5.539
60	中信保诚	信诚周期轮动	偏股混合型基金	508	206	4.783
60	中信保诚	中信保诚精萃成长	偏股混合型基金	508	208	19.356
60	中信保诚	信诚中小盘	偏股混合型基金	508	223	0.552
60	中信保诚	信诚幸福消费	偏股混合型基金	508	295	0.133
60	中信保诚	信诚优胜精选	偏股混合型基金	508	297	18.861
60	中信保诚	信诚深度价值	偏股混合型基金	508	402	0.629
60	中信保诚	信诚四季红	偏股混合型基金	508	459	11.888
60	中信保诚	信诚新兴产业	偏股混合型基金	508	488	0.211
60	中信保诚	信诚双盈	混合债券型一级基金	147	72	27.237
60	中信保诚	信诚年年有余 A	混合债券型一级基金	147	118	2.587
60	中信保诚	信诚年年有余 B	混合债券型一级基金	147	126	0.027
60	中信保诚	信诚增强收益	混合债券型二级基金	363	155	2.570
60	中信保诚	信诚三得益债券 A	混合债券型二级基金	363	178	2.967
60	中信保诚	信诚三得益债券 B	混合债券型二级基金	363	213	21.467
60	中信保诚	信诚惠盈 A	混合债券型二级基金	363	257	5.007
60	中信保诚	信诚惠盈 C	混合债券型二级基金	363	265	0.129
60	中信保诚	信诚新悦回报 A	灵活配置型基金	1 248	280	0.149
60	中信保诚	信诚新悦回报 B	灵活配置型基金	1 248	313	2.155
60	中信保诚	信诚新旺回报 A	灵活配置型基金	1 248	515	2.350
60	中信保诚	信诚至瑞 A	灵活配置型基金	1 248	525	3.765
60	中信保诚	信诚至瑞 C	灵活配置型基金	1 248	540	1.430
60	中信保诚	信诚至选 A	灵活配置型基金	1 248	577	4.213
60	中信保诚	信诚至选 C	灵活配置型基金	1 248	586	0.060

续表 2-2

整体投资回报能力排名	基金公司（简称）	基金名称	投资类型（二级分类）	样本基金数量	同类基金中排名	期间内规模（亿）
60	中信保诚	信诚新旺回报 C	灵活配置型基金	1 248	703	2.094
60	中信保诚	信诚至利 A	灵活配置型基金	1 248	709	2.474
60	中信保诚	信诚至利 C	灵活配置型基金	1 248	711	0.010
60	中信保诚	信诚至裕 C	灵活配置型基金	1 248	762	4.957
60	中信保诚	信诚至裕 A	灵活配置型基金	1 248	783	0.828
60	中信保诚	信诚新锐回报 A	灵活配置型基金	1 248	998	1.165
60	中信保诚	信诚新锐回报 B	灵活配置型基金	1 248	1 008	1.686
60	中信保诚	信诚新选回报 A	灵活配置型基金	1 248	1 116	1.791
60	中信保诚	信诚新选回报 B	灵活配置型基金	1 248	1 120	2.990
60	中信保诚	信诚鼎利	灵活配置型基金	1 248	1 184	7.131
60	中信保诚	信诚沪深 300 分级	被动指数型基金	382	93	0.929
60	中信保诚	信诚中证 800 金融	被动指数型基金	382	119	1.296
60	中信保诚	信诚中证 800 医药	被动指数型基金	382	149	0.982
60	中信保诚	信诚中证 800 有色	被动指数型基金	382	247	0.834
60	中信保诚	信诚中证 TMT 产业	被动指数型基金	382	258	1.472
60	中信保诚	信诚中证信息安全	被动指数型基金	382	264	1.981
60	中信保诚	信诚中证 500 分级	被动指数型基金	382	267	1.657
60	中信保诚	信诚中证智能家居	被动指数型基金	382	287	0.618
60	中信保诚	信诚中证基建工程	被动指数型基金	382	379	1.630
60	中信保诚	信诚理财 7 日盈 B	货币市场型基金	597	9	13.785
60	中信保诚	信诚理财 7 日盈 A	货币市场型基金	597	54	0.290
60	中信保诚	信诚薪金宝	货币市场型基金	597	203	176.429
60	中信保诚	信诚货币 B	货币市场型基金	597	343	87.056
60	中信保诚	信诚货币 A	货币市场型基金	597	509	1.284
61	光大保德信	光大恒利纯债	中长期纯债型基金	660	468	82.749
61	光大保德信	光大岁末红利纯债 A	中长期纯债型基金	660	484	7.168

续表2-2

整体投资回报能力排名	基金公司（简称）	基金名称	投资类型（二级分类）	样本基金数量	同类基金中排名	期间内规模（亿）
61	光大保德信	光大岁末红利纯债C	中长期纯债型基金	660	543	0.047
61	光大保德信	光大新增长	偏股混合型基金	508	122	5.457
61	光大保德信	光大行业轮动	偏股混合型基金	508	132	2.529
61	光大保德信	光大银发商机主题	偏股混合型基金	508	150	2.595
61	光大保德信	光大精选	偏股混合型基金	508	310	1.566
61	光大保德信	光大中小盘	偏股混合型基金	508	409	6.426
61	光大保德信	光大优势	偏股混合型基金	508	415	31.162
61	光大保德信	光大一带一路	偏股混合型基金	508	422	6.135
61	光大保德信	光大红利	偏股混合型基金	508	468	14.172
61	光大保德信	光大风格轮动	偏股混合型基金	508	503	1.916
61	光大保德信	光大国企改革主题	普通股票型基金	203	69	14.297
61	光大保德信	光大核心	普通股票型基金	203	184	37.626
61	光大保德信	光大收益A	混合债券型一级基金	147	77	50.319
61	光大保德信	光大收益C	混合债券型一级基金	147	95	0.070
61	光大保德信	光大添益A	混合债券型二级基金	363	140	10.090
61	光大保德信	光大添益C	混合债券型二级基金	363	170	0.124
61	光大保德信	光大中国制造2 025	灵活配置型基金	1 248	205	6.548
61	光大保德信	光大铭鑫C	灵活配置型基金	1 248	496	0.311
61	光大保德信	光大吉鑫A	灵活配置型基金	1 248	533	6.944
61	光大保德信	光大铭鑫A	灵活配置型基金	1 248	557	3.714
61	光大保德信	光大吉鑫C	灵活配置型基金	1 248	613	0.515
61	光大保德信	光大永鑫C	灵活配置型基金	1 248	639	0.951
61	光大保德信	光大永鑫A	灵活配置型基金	1 248	640	6.788
61	光大保德信	光大产业新动力	灵活配置型基金	1 248	748	3.982
61	光大保德信	光大欣鑫A	灵活配置型基金	1 248	798	3.597
61	光大保德信	光大睿鑫A	灵活配置型基金	1 248	800	4.124

续表 2-2

整体投资回报能力排名	基金公司（简称）	基金名称	投资类型（二级分类）	样本基金数量	同类基金中排名	期间内规模（亿）
61	光大保德信	光大睿鑫 C	灵活配置型基金	1 248	817	2.201
61	光大保德信	光大欣鑫 C	灵活配置型基金	1 248	818	1.624
61	光大保德信	光大鼎鑫 A	灵活配置型基金	1 248	960	4.509
61	光大保德信	光大鼎鑫 C	灵活配置型基金	1 248	971	0.951
61	光大保德信	光大诚鑫 C	灵活配置型基金	1 248	978	2.114
61	光大保德信	光大诚鑫 A	灵活配置型基金	1 248	1 006	1.566
61	光大保德信	光大动态优选	灵活配置型基金	1 248	1 074	5.193
61	光大保德信	光大添天盈 B	货币市场型基金	597	5	157.607
61	光大保德信	光大添天盈 A	货币市场型基金	597	45	0.569
61	光大保德信	光大耀钱包 B	货币市场型基金	597	115	37.967
61	光大保德信	光大现金宝 B	货币市场型基金	597	293	87.302
61	光大保德信	光大耀钱包 A	货币市场型基金	597	316	16.350
61	光大保德信	光大现金宝 A	货币市场型基金	597	483	0.747
61	光大保德信	光大货币	货币市场型基金	597	531	57.407
62	德邦	德邦纯债一年定期 A	中长期纯债型基金	660	498	2.926
62	德邦	德邦纯债一年定期 C	中长期纯债型基金	660	561	0.620
62	德邦	德邦新添利 A	混合债券型二级基金	363	40	3.250
62	德邦	德邦新添利 C	混合债券型二级基金	363	52	2.982
62	德邦	德邦景颐 A	混合债券型二级基金	363	245	1.892
62	德邦	德邦景颐 C	混合债券型二级基金	363	247	0.000
62	德邦	德邦大健康	灵活配置型基金	1 248	43	3.437
62	德邦	德邦优化	灵活配置型基金	1 248	325	2.933
62	德邦	德邦鑫星价值 A	灵活配置型基金	1 248	575	1.699
62	德邦	德邦鑫星价值 C	灵活配置型基金	1 248	642	3.431
62	德邦	德邦福鑫 A	灵活配置型基金	1 248	1 165	1.829
62	德邦	德邦福鑫 C	灵活配置型基金	1 248	1 170	3.053

续表2-2

整体投资回报能力排名	基金公司（简称）	基金名称	投资类型（二级分类）	样本基金数量	同类基金中排名	期间内规模（亿）
62	德邦	德邦如意	货币市场型基金	597	155	13.781
62	德邦	德邦德利货币B	货币市场型基金	597	367	78.198
62	德邦	德邦德利货币A	货币市场型基金	597	519	1.320
63	中金	中金金利C	中长期纯债型基金	660	329	0.251
63	中金	中金金利A	中长期纯债型基金	660	330	3.667
63	中金	中金纯债A	中长期纯债型基金	660	397	1.485
63	中金	中金纯债C	中长期纯债型基金	660	488	0.644
63	中金	中金沪深300指数增强C	增强指数型基金	57	24	0.048
63	中金	中金沪深300指数增强A	增强指数型基金	57	28	0.457
63	中金	中金中证500指数增强C	增强指数型基金	57	45	0.197
63	中金	中金中证500指数增强A	增强指数型基金	57	46	0.439
63	中金	中金消费升级	普通股票型基金	203	173	2.584
63	中金	中金量化多策略	灵活配置型基金	1 248	644	1.871
63	中金	中金绝对收益策略	股票多空	18	15	2.972
63	中金	中金现金管家B	货币市场型基金	597	167	19.621
63	中金	中金现金管家A	货币市场型基金	597	379	1.698
64	金鹰	金鹰元祺信用债	中长期纯债型基金	660	37	4.033
64	金鹰	金鹰添益3个月定开	中长期纯债型基金	660	127	18.697
64	金鹰	金鹰添裕纯债	中长期纯债型基金	660	261	9.705
64	金鹰	金鹰元盛C	中长期纯债型基金	660	546	1.684
64	金鹰	金鹰元安C	偏债混合型基金	115	28	2.509
64	金鹰	金鹰元安A	偏债混合型基金	115	44	1.695
64	金鹰	金鹰主题优势	偏股混合型基金	508	110	4.599
64	金鹰	金鹰行业优势	偏股混合型基金	508	243	1.633
64	金鹰	金鹰中小盘精选	偏股混合型基金	508	342	4.607
64	金鹰	金鹰策略配置	偏股混合型基金	508	416	0.741

续表 2-2

整体投资回报能力排名	基金公司（简称）	基金名称	投资类型（二级分类）	样本基金数量	同类基金中排名	期间内规模（亿）
64	金鹰	金鹰稳健成长	偏股混合型基金	508	496	19.967
64	金鹰	金鹰核心资源	偏股混合型基金	508	504	15.929
64	金鹰	金鹰科技创新	普通股票型基金	203	165	6.707
64	金鹰	金鹰量化精选	普通股票型基金	203	202	0.140
64	金鹰	金鹰持久增利 C	混合债券型二级基金	363	227	0.617
64	金鹰	金鹰多元策略	灵活配置型基金	1 248	242	1.375
64	金鹰	金鹰灵活配置 A	灵活配置型基金	1 248	501	1.937
64	金鹰	金鹰灵活配置 C	灵活配置型基金	1 248	607	2.096
64	金鹰	金鹰民族新兴	灵活配置型基金	1 248	610	1.794
64	金鹰	金鹰智慧生活	灵活配置型基金	1 248	630	0.639
64	金鹰	金鹰鑫瑞 A	灵活配置型基金	1 248	814	2.749
64	金鹰	金鹰元和 A	灵活配置型基金	1 248	849	6.650
64	金鹰	金鹰鑫瑞 C	灵活配置型基金	1 248	850	3.128
64	金鹰	金鹰鑫益 C	灵活配置型基金	1 248	866	0.213
64	金鹰	金鹰鑫益 A	灵活配置型基金	1 248	882	0.910
64	金鹰	金鹰元和 C	灵活配置型基金	1 248	908	1.718
64	金鹰	金鹰产业整合	灵活配置型基金	1 248	1 000	3.282
64	金鹰	金鹰成份股优选	灵活配置型基金	1 248	1 045	4.274
64	金鹰	金鹰改革红利	灵活配置型基金	1 248	1 098	1.569
64	金鹰	金鹰红利价值	灵活配置型基金	1 248	1 180	1.726
64	金鹰	金鹰技术领先 C	灵活配置型基金	1 248	1 244	0.073
64	金鹰	金鹰技术领先 A	灵活配置型基金	1 248	1 246	1.825
64	金鹰	金鹰货币 B	货币市场型基金	597	51	108.038
64	金鹰	金鹰货币 A	货币市场型基金	597	211	1.589
65	汇安	汇安嘉汇	中长期纯债型基金	660	102	4.123
65	汇安	汇安嘉源纯债	中长期纯债型基金	660	352	4.629

续表2-2

整体投资回报能力排名	基金公司（简称）	基金名称	投资类型（二级分类）	样本基金数量	同类基金中排名	期间内规模（亿）
65	汇安	汇安嘉裕	中长期纯债型基金	660	380	9.600
65	汇安	汇安丰融A	灵活配置型基金	1 248	869	1.910
65	汇安	汇安丰利A	灵活配置型基金	1 248	892	1.476
65	汇安	汇安丰融C	灵活配置型基金	1 248	896	0.194
65	汇安	汇安丰利C	灵活配置型基金	1 248	942	0.421
66	嘉实	嘉实增强信用	中长期纯债型基金	660	23	7.173
66	嘉实	嘉实稳祥纯债A	中长期纯债型基金	660	50	7.045
66	嘉实	嘉实稳祥纯债C	中长期纯债型基金	660	139	1.231
66	嘉实	嘉实稳泽纯债	中长期纯债型基金	660	183	6.689
66	嘉实	嘉实稳荣	中长期纯债型基金	660	236	7.607
66	嘉实	嘉实丰安6个月定开	中长期纯债型基金	660	256	15.146
66	嘉实	嘉实丰益纯债	中长期纯债型基金	660	275	16.083
66	嘉实	嘉实纯债A	中长期纯债型基金	660	312	17.754
66	嘉实	嘉实如意宝AB	中长期纯债型基金	660	383	10.127
66	嘉实	嘉实纯债C	中长期纯债型基金	660	422	33.579
66	嘉实	嘉实如意宝C	中长期纯债型基金	660	464	0.322
66	嘉实	嘉实稳鑫	中长期纯债型基金	660	469	12.562
66	嘉实	嘉实稳瑞纯债	中长期纯债型基金	660	524	12.194
66	嘉实	嘉实丰益策略	中长期纯债型基金	660	601	6.295
66	嘉实	嘉实优化红利	偏股混合型基金	508	15	14.871
66	嘉实	嘉实价值优势	偏股混合型基金	508	79	17.178
66	嘉实	嘉实增长	偏股混合型基金	508	156	25.663
66	嘉实	嘉实主题新动力	偏股混合型基金	508	159	9.114
66	嘉实	嘉实优质企业	偏股混合型基金	508	205	21.780
66	嘉实	嘉实稳健	偏股混合型基金	508	254	33.940
66	嘉实	嘉实周期优选	偏股混合型基金	508	365	20.351

续表 2-2

整体投资回报能力排名	基金公司（简称）	基金名称	投资类型（二级分类）	样本基金数量	同类基金中排名	期间内规模（亿）
66	嘉实	嘉实策略增长	偏股混合型基金	508	394	40.126
66	嘉实	嘉实领先成长	偏股混合型基金	508	397	19.360
66	嘉实	嘉实研究精选 A	偏股混合型基金	508	413	38.234
66	嘉实	嘉实量化阿尔法	偏股混合型基金	508	441	3.214
66	嘉实	嘉实服务增值行业	偏股混合型基金	508	454	20.053
66	嘉实	嘉实主题精选	偏股混合型基金	508	484	34.126
66	嘉实	嘉实沪深 300 增强	增强指数型基金	57	12	7.100
66	嘉实	嘉实成长收益 H	平衡混合型基金	31	28	0.005
66	嘉实	嘉实成长收益 A	平衡混合型基金	31	29	43.965
66	嘉实	嘉实新兴产业	普通股票型基金	203	3	8.017
66	嘉实	嘉实新消费	普通股票型基金	203	20	21.368
66	嘉实	嘉实智能汽车	普通股票型基金	203	44	4.898
66	嘉实	嘉实物流产业 A	普通股票型基金	203	48	1.551
66	嘉实	嘉实物流产业 C	普通股票型基金	203	52	0.177
66	嘉实	嘉实沪港深精选	普通股票型基金	203	55	33.506
66	嘉实	嘉实研究阿尔法	普通股票型基金	203	71	7.497
66	嘉实	嘉实医疗保健	普通股票型基金	203	72	16.285
66	嘉实	嘉实环保低碳	普通股票型基金	203	82	23.778
66	嘉实	嘉实文体娱乐 A	普通股票型基金	203	93	5.253
66	嘉实	嘉实农业产业	普通股票型基金	203	98	8.210
66	嘉实	嘉实文体娱乐 C	普通股票型基金	203	100	0.946
66	嘉实	嘉实低价策略	普通股票型基金	203	101	2.902
66	嘉实	嘉实先进制造	普通股票型基金	203	106	19.443
66	嘉实	嘉实企业变革	普通股票型基金	203	109	19.475
66	嘉实	嘉实逆向策略	普通股票型基金	203	129	15.632
66	嘉实	嘉实腾讯自选股大数据	普通股票型基金	203	162	5.095

续表 2-2

整体投资回报能力排名	基金公司（简称）	基金名称	投资类型（二级分类）	样本基金数量	同类基金中排名	期间内规模（亿）
66	嘉实	嘉实事件驱动	普通股票型基金	203	179	70.577
66	嘉实	嘉实债券	混合债券型一级基金	147	48	30.055
66	嘉实	嘉实信用A	混合债券型一级基金	147	63	21.402
66	嘉实	嘉实信用C	混合债券型一级基金	147	83	3.954
66	嘉实	嘉实稳固收益	混合债券型二级基金	363	50	11.636
66	嘉实	嘉实稳盛	混合债券型二级基金	363	185	2.144
66	嘉实	嘉实多元收益A	混合债券型二级基金	363	207	2.263
66	嘉实	嘉实多元收益B	混合债券型二级基金	363	228	0.929
66	嘉实	嘉实多利分级	混合债券型二级基金	363	256	0.574
66	嘉实	嘉实泰和	灵活配置型基金	1 248	59	22.441
66	嘉实	嘉实回报灵活配置	灵活配置型基金	1 248	73	4.481
66	嘉实	嘉实惠泽	灵活配置型基金	1 248	410	17.361
66	嘉实	嘉实策略优选	灵活配置型基金	1 248	479	6.137
66	嘉实	嘉实新财富	灵活配置型基金	1 248	603	2.865
66	嘉实	嘉实新优选	灵活配置型基金	1 248	655	4.330
66	嘉实	嘉实新起航	灵活配置型基金	1 248	687	4.275
66	嘉实	嘉实研究增强	灵活配置型基金	1 248	691	5.341
66	嘉实	嘉实新趋势	灵活配置型基金	1 248	710	6.132
66	嘉实	嘉实安益	灵活配置型基金	1 248	726	7.667
66	嘉实	嘉实新思路	灵活配置型基金	1 248	752	4.204
66	嘉实	嘉实新收益	灵活配置型基金	1 248	777	12.812
66	嘉实	嘉实新起点A	灵活配置型基金	1 248	843	4.645
66	嘉实	嘉实新起点C	灵活配置型基金	1 248	894	0.080
66	嘉实	嘉实成长增强	灵活配置型基金	1 248	982	16.323
66	嘉实	嘉实创新成长	灵活配置型基金	1 248	1 162	1.119
66	嘉实	嘉实优势成长	灵活配置型基金	1 248	1 213	2.786

续表2-2

整体投资回报能力排名	基金公司（简称）	基金名称	投资类型（二级分类）	样本基金数量	同类基金中排名	期间内规模（亿）
66	嘉实	嘉实超短债	短期纯债型基金	19	5	72.572
66	嘉实	嘉实对冲套利	股票多空	18	11	1.702
66	嘉实	嘉实绝对收益策略	股票多空	18	12	1.874
66	嘉实	嘉实中证中期企业债A	被动指数型债券基金	28	18	3.163
66	嘉实	嘉实中证中期企业债C	被动指数型债券基金	28	19	0.127
66	嘉实	嘉实中证中期国债ETF	被动指数型债券基金	28	26	1.116
66	嘉实	嘉实中期国债ETF联接C	被动指数型债券基金	28	27	0.017
66	嘉实	嘉实中期国债ETF联接A	被动指数型债券基金	28	28	0.082
66	嘉实	嘉实中证主要消费ETF	被动指数型基金	382	6	0.153
66	嘉实	嘉实深证基本面120ETF	被动指数型基金	382	26	7.754
66	嘉实	嘉实深证基本面120ETF联接A	被动指数型基金	382	29	7.477
66	嘉实	嘉实基本面50指数(LOF)A	被动指数型基金	382	62	19.003
66	嘉实	嘉实沪深300ETF	被动指数型基金	382	101	221.041
66	嘉实	嘉实沪深300ETF联接(LOF)A	被动指数型基金	382	111	176.585
66	嘉实	嘉实中证金融地产ETF	被动指数型基金	382	118	0.562
66	嘉实	嘉实中证金融地产ETF联接A	被动指数型基金	382	136	0.557
66	嘉实	嘉实中证医药卫生ETF	被动指数型基金	382	217	0.202
66	嘉实	嘉实中证500ETF	被动指数型基金	382	318	21.972
66	嘉实	嘉实中证500ETF联接A	被动指数型基金	382	320	13.352
66	嘉实	嘉实中创400ETF联接A	被动指数型基金	382	356	1.373
66	嘉实	嘉实中创400ETF	被动指数型基金	382	358	1.363
66	嘉实	嘉实快线A	货币市场型基金	597	96	337.919
66	嘉实	嘉实货币B	货币市场型基金	597	142	200.982

续表2-2

整体投资回报能力排名	基金公司（简称）	基金名称	投资类型（二级分类）	样本基金数量	同类基金中排名	期间内规模（亿）
66	嘉实	嘉实活钱包E	货币市场型基金	597	157	25.158
66	嘉实	嘉实理财宝7天B	货币市场型基金	597	179	76.290
66	嘉实	嘉实活钱包A	货币市场型基金	597	181	100.380
66	嘉实	嘉实增益宝	货币市场型基金	597	217	37.398
66	嘉实	嘉实活期宝	货币市场型基金	597	234	152.663
66	嘉实	嘉实薪金宝	货币市场型基金	597	237	162.643
66	嘉实	嘉实货币E	货币市场型基金	597	352	0.877
66	嘉实	嘉实货币A	货币市场型基金	597	355	191.828
66	嘉实	嘉实快线H	货币市场型基金	597	385	4.115
66	嘉实	嘉实理财宝7天A	货币市场型基金	597	421	0.259
66	嘉实	嘉实保证金理财B	货币市场型基金	597	453	0.703
66	嘉实	嘉实安心货币B	货币市场型基金	597	512	18.091
66	嘉实	嘉实现金宝	货币市场型基金	597	526	17.429
66	嘉实	嘉实安心货币A	货币市场型基金	597	569	0.703
66	嘉实	嘉实保证金理财A	货币市场型基金	597	582	1.561
66	嘉实	嘉实1个月理财E	货币市场型基金	597	587	5.135
66	嘉实	嘉实1个月理财A	货币市场型基金	597	588	44.446
66	嘉实	嘉实快线C	货币市场型基金	597	589	42.554
66	嘉实	嘉实快线B	货币市场型基金	597	590	6.494
67	国开泰富	国开泰富开泰A	灵活配置型基金	1 248	667	0.054
67	国开泰富	国开泰富开泰C	灵活配置型基金	1 248	766	1.902
67	国开泰富	国开泰富货币B	货币市场型基金	597	196	2.607
67	国开泰富	国开泰富货币A	货币市场型基金	597	405	1.271
68	兴业	兴业添利	中长期纯债型基金	660	109	93.245
68	兴业	兴业定期开放A	中长期纯债型基金	660	121	52.164
68	兴业	兴业裕华	中长期纯债型基金	660	163	4.091

续表 2-2

整体投资回报能力排名	基金公司（简称）	基金名称	投资类型（二级分类）	样本基金数量	同类基金中排名	期间内规模（亿）
68	兴业	兴业天融	中长期纯债型基金	660	175	67.769
68	兴业	兴业定期开放 C	中长期纯债型基金	660	219	0.716
68	兴业	兴业年年利	中长期纯债型基金	660	295	39.777
68	兴业	兴业福益	中长期纯债型基金	660	471	14.950
68	兴业	兴业天禧	中长期纯债型基金	660	497	7.094
68	兴业	兴业启元一年 A	中长期纯债型基金	660	500	16.703
68	兴业	兴业稳固收益两年	中长期纯债型基金	660	515	26.632
68	兴业	兴业裕恒	中长期纯债型基金	660	521	53.585
68	兴业	兴业启元一年 C	中长期纯债型基金	660	563	1.770
68	兴业	兴业增益五年	中长期纯债型基金	660	580	20.522
68	兴业	兴业丰泰	中长期纯债型基金	660	605	47.191
68	兴业	兴业丰利	中长期纯债型基金	660	611	47.007
68	兴业	兴业稳固收益一年	中长期纯债型基金	660	660	0.000
68	兴业	兴业奕祥	平衡混合型基金	31	25	6.680
68	兴业	兴业收益增强 A	混合债券型二级基金	363	101	1.471
68	兴业	兴业收益增强 C	混合债券型二级基金	363	135	1.950
68	兴业	兴业国企改革	灵活配置型基金	1 248	146	2.871
68	兴业	兴业聚宝	灵活配置型基金	1 248	298	3.599
68	兴业	兴业成长动力	灵活配置型基金	1 248	395	0.594
68	兴业	兴业聚鑫 A	灵活配置型基金	1 248	631	4.896
68	兴业	兴业聚惠 A	灵活配置型基金	1 248	716	7.566
68	兴业	兴业聚惠 C	灵活配置型基金	1 248	734	0.403
68	兴业	兴业多策略	灵活配置型基金	1 248	759	6.736
68	兴业	兴业聚盈	灵活配置型基金	1 248	791	9.241
68	兴业	兴业聚丰	灵活配置型基金	1 248	868	9.610
68	兴业	兴业聚源	灵活配置型基金	1 248	928	6.443

续表2-2

整体投资回报能力排名	基金公司（简称）	基金名称	投资类型（二级分类）	样本基金数量	同类基金中排名	期间内规模（亿）
68	兴业	兴业聚利	灵活配置型基金	1 248	1 014	3.806
68	兴业	兴业短债A	短期纯债型基金	19	16	16.743
68	兴业	兴业短债C	短期纯债型基金	19	18	0.005
68	兴业	兴业中高等级信用债	被动指数型债券基金	28	1	39.467
68	兴业	兴业中债1—3年政策金融债A	被动指数型债券基金	28	7	15.379
68	兴业	兴业稳天盈货币A	货币市场型基金	597	124	21.597
68	兴业	兴业添天盈B	货币市场型基金	597	151	55.023
68	兴业	兴业14天理财B	货币市场型基金	597	175	45.894
68	兴业	兴业14天理财A	货币市场型基金	597	195	0.041
68	兴业	兴业鑫天盈B	货币市场型基金	597	360	111.697
68	兴业	兴业添天盈A	货币市场型基金	597	370	0.466
68	兴业	兴业货币B	货币市场型基金	597	402	193.908
68	兴业	兴业鑫天盈A	货币市场型基金	597	517	5.712
68	兴业	兴业货币A	货币市场型基金	597	533	12.292
69	鑫元	鑫元鸿利	中长期纯债型基金	660	103	13.448
69	鑫元	鑫元兴利	中长期纯债型基金	660	158	8.886
69	鑫元	鑫元汇利	中长期纯债型基金	660	180	23.820
69	鑫元	鑫元裕利	中长期纯债型基金	660	286	10.268
69	鑫元	鑫元招利	中长期纯债型基金	660	293	5.633
69	鑫元	鑫元聚利	中长期纯债型基金	660	316	20.469
69	鑫元	鑫元得利	中长期纯债型基金	660	408	6.228
69	鑫元	鑫元合丰纯债A	中长期纯债型基金	660	472	8.310
69	鑫元	鑫元合丰纯债C	中长期纯债型基金	660	503	0.052
69	鑫元	鑫元稳利	中长期纯债型基金	660	593	19.358
69	鑫元	鑫元聚鑫收益增强A	混合债券型二级基金	363	167	0.461

续表 2-2

整体投资回报能力排名	基金公司（简称）	基金名称	投资类型（二级分类）	样本基金数量	同类基金中排名	期间内规模（亿）
69	鑫元	鑫元聚鑫收益增强 C	混合债券型二级基金	363	201	0.144
69	鑫元	鑫元双债增强 A	混合债券型二级基金	363	268	7.593
69	鑫元	鑫元双债增强 C	混合债券型二级基金	363	281	0.001
69	鑫元	鑫元恒鑫收益增强 A	混合债券型二级基金	363	308	0.686
69	鑫元	鑫元恒鑫收益增强 C	混合债券型二级基金	363	321	0.160
69	鑫元	鑫元鑫新收益 A	灵活配置型基金	1 248	1 050	1.521
69	鑫元	鑫元鑫新收益 C	灵活配置型基金	1 248	1 078	2.861
69	鑫元	鑫元安鑫宝货币 B	货币市场型基金	597	287	6.422
69	鑫元	鑫元货币 B	货币市场型基金	597	299	69.138
69	鑫元	鑫元安鑫宝货币 A	货币市场型基金	597	424	14.518
69	鑫元	鑫元货币 A	货币市场型基金	597	489	4.006
70	博时	博时裕瑞纯债	中长期纯债型基金	660	52	6.372
70	博时	博时裕腾	中长期纯债型基金	660	64	4.109
70	博时	博时裕创纯债	中长期纯债型基金	660	76	7.826
70	博时	博时裕盈三个月	中长期纯债型基金	660	82	19.647
70	博时	博时富华纯债	中长期纯债型基金	660	87	10.330
70	博时	博时富发纯债	中长期纯债型基金	660	97	3.098
70	博时	博时裕泰纯债	中长期纯债型基金	660	104	10.604
70	博时	博时裕顺纯债	中长期纯债型基金	660	111	5.308
70	博时	博时安弘一年定开 A	中长期纯债型基金	660	125	5.535
70	博时	博时裕恒纯债	中长期纯债型基金	660	145	18.006
70	博时	博时裕安纯债	中长期纯债型基金	660	146	5.233
70	博时	博时裕盛纯债	中长期纯债型基金	660	148	3.576
70	博时	博时信用债纯债 A	中长期纯债型基金	660	159	18.914
70	博时	博时裕达纯债	中长期纯债型基金	660	173	18.065
70	博时	博时聚盈纯债	中长期纯债型基金	660	189	10.834

续表2-2

整体投资回报能力排名	基金公司（简称）	基金名称	投资类型（二级分类）	样本基金数量	同类基金中排名	期间内规模（亿）
70	博时	博时裕利纯债	中长期纯债型基金	660	195	60.670
70	博时	博时双月薪	中长期纯债型基金	660	204	15.233
70	博时	博时裕鹏纯债	中长期纯债型基金	660	214	6.328
70	博时	博时裕嘉三个月	中长期纯债型基金	660	224	16.589
70	博时	博时安弘一年定开C	中长期纯债型基金	660	234	0.006
70	博时	博时裕丰3个月	中长期纯债型基金	660	238	19.477
70	博时	博时慧选纯债3个月	中长期纯债型基金	660	252	38.782
70	博时	博时智臻纯债	中长期纯债型基金	660	253	10.299
70	博时	博时聚瑞纯债6个月	中长期纯债型基金	660	257	2.589
70	博时	博时富益纯债	中长期纯债型基金	660	259	15.305
70	博时	博时利发纯债	中长期纯债型基金	660	260	22.497
70	博时	博时月月薪	中长期纯债型基金	660	266	4.848
70	博时	博时聚利纯债	中长期纯债型基金	660	272	52.403
70	博时	博时安瑞18个月A	中长期纯债型基金	660	282	21.148
70	博时	博时裕新纯债	中长期纯债型基金	660	292	32.713
70	博时	博时民丰纯债A	中长期纯债型基金	660	299	10.090
70	博时	博时景兴纯债	中长期纯债型基金	660	309	7.421
70	博时	博时富宁纯债	中长期纯债型基金	660	314	25.706
70	博时	博时裕坤纯债3个月	中长期纯债型基金	660	345	71.833
70	博时	博时裕景纯债	中长期纯债型基金	660	349	38.140
70	博时	博时裕荣纯债	中长期纯债型基金	660	354	41.824
70	博时	博时信用债纯债C	中长期纯债型基金	660	360	7.997
70	博时	博时安泰18个月A	中长期纯债型基金	660	373	9.494
70	博时	博时裕乾A	中长期纯债型基金	660	391	7.345
70	博时	博时裕诚纯债	中长期纯债型基金	660	393	10.035
70	博时	博时安仁一年定开A	中长期纯债型基金	660	395	5.147

续表 2-2

整体投资回报能力排名	基金公司（简称）	基金名称	投资类型（二级分类）	样本基金数量	同类基金中排名	期间内规模（亿）
70	博时	博时裕康纯债	中长期纯债型基金	660	398	10.363
70	博时	博时裕泉纯债	中长期纯债型基金	660	401	30.474
70	博时	博时裕昂纯债	中长期纯债型基金	660	405	8.991
70	博时	博时岁岁增利	中长期纯债型基金	660	411	10.332
70	博时	博时富祥纯债	中长期纯债型基金	660	426	1.265
70	博时	博时丰达纯债 6 个月	中长期纯债型基金	660	433	50.182
70	博时	博时民丰纯债 C	中长期纯债型基金	660	434	0.002
70	博时	博时安瑞 18 个月 C	中长期纯债型基金	660	439	2.866
70	博时	博时臻选纯债	中长期纯债型基金	660	443	5.018
70	博时	博时安丰 18 个月 A	中长期纯债型基金	660	444	73.258
70	博时	博时悦楚纯债	中长期纯债型基金	660	482	165.204
70	博时	博时裕乾 C	中长期纯债型基金	660	491	3.496
70	博时	博时裕通纯债 3 个月 C	中长期纯债型基金	660	505	0.052
70	博时	博时安泰 18 个月 C	中长期纯债型基金	660	512	1.121
70	博时	博时裕发纯债	中长期纯债型基金	660	517	7.585
70	博时	博时安仁一年定开 C	中长期纯债型基金	660	519	0.003
70	博时	博时聚润纯债	中长期纯债型基金	660	523	20.214
70	博时	博时裕弘纯债	中长期纯债型基金	660	537	10.486
70	博时	博时安心收益 A	中长期纯债型基金	660	539	13.252
70	博时	博时安丰 18 个月 C	中长期纯债型基金	660	555	1.538
70	博时	博时富鑫纯债	中长期纯债型基金	660	564	48.988
70	博时	博时裕通纯债 3 个月 A	中长期纯债型基金	660	569	5.143
70	博时	博时安诚 3 个月 A	中长期纯债型基金	660	570	7.692
70	博时	博时安怡 6 个月	中长期纯债型基金	660	579	16.908
70	博时	博时安心收益 C	中长期纯债型基金	660	583	4.388
70	博时	博时安誉 18 个月	中长期纯债型基金	660	592	14.101

续表 2-2

整体投资回报能力排名	基金公司（简称）	基金名称	投资类型（二级分类）	样本基金数量	同类基金中排名	期间内规模（亿）
70	博时	博时安祺 6 个月定开 A	中长期纯债型基金	660	600	9.596
70	博时	博时景发纯债	中长期纯债型基金	660	603	7.418
70	博时	博时安诚 3 个月 C	中长期纯债型基金	660	616	0.430
70	博时	博时安祺 6 个月定开 C	中长期纯债型基金	660	634	0.610
70	博时	博时弘泰	偏债混合型基金	115	9	6.562
70	博时	博时乐臻	偏债混合型基金	115	15	4.274
70	博时	博时颐泰 A	偏债混合型基金	115	32	15.294
70	博时	博时颐泰 C	偏债混合型基金	115	38	0.743
70	博时	博时弘盈 A	偏债混合型基金	115	88	10.447
70	博时	博时弘盈 C	偏债混合型基金	115	100	6.452
70	博时	博时医疗保健行业 A	偏股混合型基金	508	62	20.678
70	博时	博时特许价值 A	偏股混合型基金	508	145	4.651
70	博时	博时主题行业	偏股混合型基金	508	148	100.013
70	博时	博时行业轮动	偏股混合型基金	508	235	2.435
70	博时	博时精选 A	偏股混合型基金	508	333	36.946
70	博时	博时新兴成长	偏股混合型基金	508	338	37.207
70	博时	博时创业成长 A	偏股混合型基金	508	353	3.577
70	博时	博时创业成长 C	偏股混合型基金	508	362	0.128
70	博时	博时第三产业成长	偏股混合型基金	508	465	18.933
70	博时	博时卓越品牌	偏股混合型基金	508	494	8.255
70	博时	博时特许价值 R	偏股混合型基金	508	501	0.000
70	博时	博时黄金 ETF D	商品型基金	14	1	0.368
70	博时	博时黄金 ETF I	商品型基金	14	3	25.221
70	博时	博时黄金 ETF	商品型基金	14	5	24.926
70	博时	博时黄金 ETF 联接 A	商品型基金	14	7	2.135
70	博时	博时黄金 ETF 联接 C	商品型基金	14	11	22.577

续表 2-2

整体投资回报能力排名	基金公司（简称）	基金名称	投资类型（二级分类）	样本基金数量	同类基金中排名	期间内规模（亿）
70	博时	博时平衡配置	平衡混合型基金	31	15	5.620
70	博时	博时价值增长	平衡混合型基金	31	19	45.449
70	博时	博时价值增长 2 号	平衡混合型基金	31	21	17.076
70	博时	博时工业4.0	普通股票型基金	203	64	0.559
70	博时	博时丝路主题 A	普通股票型基金	203	73	13.215
70	博时	博时丝路主题 C	普通股票型基金	203	80	0.031
70	博时	博时国企改革主题	普通股票型基金	203	178	14.518
70	博时	博时稳定价值 A	混合债券型一级基金	147	103	2.420
70	博时	博时稳定价值 B	混合债券型一级基金	147	113	15.108
70	博时	博时稳健回报 A	混合债券型一级基金	147	125	14.771
70	博时	博时稳健回报 C	混合债券型一级基金	147	131	1.009
70	博时	博时天颐 A	混合债券型二级基金	363	10	7.110
70	博时	博时宏观回报 AB	混合债券型二级基金	363	16	3.696
70	博时	博时信用债券 B	混合债券型二级基金	363	18	18.932
70	博时	博时信用债券 A	混合债券型二级基金	363	19	18.932
70	博时	博时天颐 C	混合债券型二级基金	363	20	0.387
70	博时	博时宏观回报 C	混合债券型二级基金	363	25	0.689
70	博时	博时信用债券 C	混合债券型二级基金	363	29	9.177
70	博时	博时转债增强 A	混合债券型二级基金	363	179	3.679
70	博时	博时转债增强 C	混合债券型二级基金	363	209	3.481
70	博时	博时信用债券 R	混合债券型二级基金	363	326	0.000
70	博时	博时新起点 C	灵活配置型基金	1 248	37	2.934
70	博时	博时新起点 A	灵活配置型基金	1 248	42	1.697
70	博时	博时鑫瑞 A	灵活配置型基金	1 248	64	1.879
70	博时	博时鑫源 A	灵活配置型基金	1 248	65	4.186
70	博时	博时鑫瑞 C	灵活配置型基金	1 248	68	2.515

续表 2-2

整体投资回报能力排名	基金公司（简称）	基金名称	投资类型（二级分类）	样本基金数量	同类基金中排名	期间内规模（亿）
70	博时	博时外延增长主题	灵活配置型基金	1 248	77	1.449
70	博时	博时鑫源 C	灵活配置型基金	1 248	88	0.123
70	博时	博时沪港深优质企业 A	灵活配置型基金	1 248	97	9.136
70	博时	博时沪港深优质企业 C	灵活配置型基金	1 248	108	6.096
70	博时	博时产业新动力 A	灵活配置型基金	1 248	112	4.179
70	博时	博时回报灵活配置	灵活配置型基金	1 248	128	19.962
70	博时	博时鑫泽 A	灵活配置型基金	1 248	155	4.220
70	博时	博时鑫泽 C	灵活配置型基金	1 248	158	0.003
70	博时	博时裕隆	灵活配置型基金	1 248	189	15.466
70	博时	博时鑫泰 A	灵活配置型基金	1 248	199	1.008
70	博时	博时鑫泰 C	灵活配置型基金	1 248	208	1.120
70	博时	博时新收益 A	灵活配置型基金	1 248	209	4.741
70	博时	博时新收益 C	灵活配置型基金	1 248	215	1.630
70	博时	博时裕益灵活配置	灵活配置型基金	1 248	218	3.827
70	博时	博时互联网主题	灵活配置型基金	1 248	269	16.832
70	博时	博时鑫润 C	灵活配置型基金	1 248	371	1.153
70	博时	博时鑫润 A	灵活配置型基金	1 248	372	1.007
70	博时	博时睿远事件驱动	灵活配置型基金	1 248	383	12.909
70	博时	博时策略灵活配置	灵活配置型基金	1 248	411	4.458
70	博时	博时睿利事件驱动	灵活配置型基金	1 248	419	3.659
70	博时	博时新策略 A	灵活配置型基金	1 248	434	3.537
70	博时	博时新策略 C	灵活配置型基金	1 248	547	0.553
70	博时	博时沪港深成长企业	灵活配置型基金	1 248	597	2.529
70	博时	博时内需增长灵活配置	灵活配置型基金	1 248	802	2.579
70	博时	博时睿益事件驱动	灵活配置型基金	1 248	961	4.080
70	博时	博时安盈 A	短期纯债型基金	19	7	9.357

续表 2-2

整体投资回报能力排名	基金公司（简称）	基金名称	投资类型（二级分类）	样本基金数量	同类基金中排名	期间内规模（亿）
70	博时	博时安盈 C	短期纯债型基金	19	11	57.626
70	博时	博时上证 50ETF	被动指数型基金	382	25	4.439
70	博时	博时上证 50ETF 联接 A	被动指数型基金	382	41	1.551
70	博时	博时中证银行	被动指数型基金	382	51	1.079
70	博时	博时裕富沪深 300A	被动指数型基金	382	69	56.238
70	博时	博时裕富沪深 300C	被动指数型基金	382	75	1.359
70	博时	博时超大盘 ETF	被动指数型基金	382	86	2.345
70	博时	博时创业板 ETF	被动指数型基金	382	108	0.727
70	博时	博时超大盘 ETF 联接	被动指数型基金	382	126	2.143
70	博时	博时银智大数据 100A	被动指数型基金	382	129	0.895
70	博时	博时创业板 ETF 联接 A	被动指数型基金	382	143	0.577
70	博时	博时中证 800 证券保险	被动指数型基金	382	157	1.838
70	博时	博时淘金大数据 100A	被动指数型基金	382	204	13.316
70	博时	博时淘金大数据 100I	被动指数型基金	382	205	2.377
70	博时	博时裕富沪深 300R	被动指数型基金	382	250	0.000
70	博时	博时自然资源 ETF 联接	被动指数型基金	382	271	0.387
70	博时	博时自然资源 ETF	被动指数型基金	382	278	0.971
70	博时	博时现金宝 B	货币市场型基金	597	101	60.381
70	博时	博时外服货币	货币市场型基金	597	131	126.646
70	博时	博时现金宝 C	货币市场型基金	597	148	31.313
70	博时	博时合鑫货币	货币市场型基金	597	187	137.187
70	博时	博时现金宝 A	货币市场型基金	597	192	63.890
70	博时	博时合利货币 B	货币市场型基金	597	289	1.342
70	博时	博时现金收益 B	货币市场型基金	597	296	345.203
70	博时	博时兴盛 B	货币市场型基金	597	314	1.307
70	博时	博时天天增利 B	货币市场型基金	597	470	64.680

续表 2-2

整体投资回报能力排名	基金公司（简称）	基金名称	投资类型（二级分类）	样本基金数量	同类基金中排名	期间内规模（亿）
70	博时	博时现金收益 A	货币市场型基金	597	486	856.417
70	博时	博时保证金	货币市场型基金	597	556	39.163
70	博时	博时天天增利 A	货币市场型基金	597	559	20.791
71	红塔红土	红塔红土长益 A	混合债券型二级基金	363	200	1.981
71	红塔红土	红塔红土长益 C	混合债券型二级基金	363	230	0.100
71	红塔红土	红塔红土盛隆 C	灵活配置型基金	1 248	406	0.130
71	红塔红土	红塔红土盛隆 A	灵活配置型基金	1 248	407	1.989
71	红塔红土	红塔红土盛金新动力 A	灵活配置型基金	1 248	657	1.061
71	红塔红土	红塔红土盛金新动力 C	灵活配置型基金	1 248	702	0.674
71	红塔红土	红塔红土盛世普益	灵活配置型基金	1 248	1 129	2.141
71	红塔红土	红塔红土人人宝 B	货币市场型基金	597	307	25.620
71	红塔红土	红塔红土人人宝 A	货币市场型基金	597	492	0.408
72	国泰	国泰安康定期支付 A	偏债混合型基金	115	40	2.280
72	国泰	国泰安康定期支付 C	偏债混合型基金	115	42	2.221
72	国泰	国泰金马稳健回报	偏股混合型基金	508	45	13.844
72	国泰	国泰事件驱动	偏股混合型基金	508	113	1.235
72	国泰	国泰金鹿	偏股混合型基金	508	129	10.854
72	国泰	国泰区位优势	偏股混合型基金	508	171	2.069
72	国泰	国泰金牛创新成长	偏股混合型基金	508	228	15.491
72	国泰	国泰金鹏蓝筹价值	偏股混合型基金	508	273	5.421
72	国泰	国泰成长优选	偏股混合型基金	508	290	16.013
72	国泰	国泰金鼎价值精选	偏股混合型基金	508	323	11.388
72	国泰	国泰估值优势	偏股混合型基金	508	387	19.797
72	国泰	国泰金龙行业精选	偏股混合型基金	508	388	23.558
72	国泰	国泰中小盘成长	偏股混合型基金	508	417	15.809
72	国泰	国泰量化策略收益	偏股混合型基金	508	446	0.467

续表 2-2

整体投资回报能力排名	基金公司（简称）	基金名称	投资类型（二级分类）	样本基金数量	同类基金中排名	期间内规模（亿）
72	国泰	国泰黄金 ETF	商品型基金	14	4	9.612
72	国泰	国泰黄金 ETF 联接 A	商品型基金	14	10	1.700
72	国泰	国泰沪深 300 指数增强 A	增强指数型基金	57	36	7.568
72	国泰	国泰沪深 300 指数增强 C	增强指数型基金	57	37	0.269
72	国泰	国泰大健康	普通股票型基金	203	12	3.604
72	国泰	国泰互联网＋	普通股票型基金	203	38	12.999
72	国泰	国泰央企改革	普通股票型基金	203	74	1.603
72	国泰	国泰金鑫	普通股票型基金	203	132	8.639
72	国泰	国泰信用互利分级	混合债券型一级基金	147	50	2.099
72	国泰	国泰金龙债券 A	混合债券型一级基金	147	128	31.179
72	国泰	国泰金龙债券 C	混合债券型一级基金	147	133	0.238
72	国泰	国泰双利债券 A	混合债券型二级基金	363	186	1.501
72	国泰	国泰双利债券 C	混合债券型二级基金	363	217	0.686
72	国泰	国泰民安增利 A	混合债券型二级基金	363	236	0.123
72	国泰	国泰民安增利 C	混合债券型二级基金	363	258	11.759
72	国泰	国泰新经济	灵活配置型基金	1 248	188	21.953
72	国泰	国泰价值经典	灵活配置型基金	1 248	248	13.162
72	国泰	国泰金鹰增长	灵活配置型基金	1 248	255	31.370
72	国泰	国泰聚信价值优势 A	灵活配置型基金	1 248	257	5.866
72	国泰	国泰聚信价值优势 C	灵活配置型基金	1 248	286	3.097
72	国泰	国泰安益 A	灵活配置型基金	1 248	401	2.309
72	国泰	国泰普益 A	灵活配置型基金	1 248	470	0.765
72	国泰	国泰普益 C	灵活配置型基金	1 248	491	1.512
72	国泰	国泰金泰 A	灵活配置型基金	1 248	602	1.719
72	国泰	国泰兴益 A	灵活配置型基金	1 248	634	1.496
72	国泰	国泰兴益 C	灵活配置型基金	1 248	666	3.207

续表2-2

整体投资回报能力排名	基金公司（简称）	基金名称	投资类型（二级分类）	样本基金数量	同类基金中排名	期间内规模（亿）
72	国泰	国泰多策略收益灵活	灵活配置型基金	1 248	679	11.820
72	国泰	国泰民福策略价值	灵活配置型基金	1 248	751	6.412
72	国泰	国泰金泰C	灵活配置型基金	1 248	816	0.744
72	国泰	国泰鑫策略价值灵活	灵活配置型基金	1 248	881	9.175
72	国泰	国泰民利策略收益	灵活配置型基金	1 248	944	16.731
72	国泰	国泰民益A	灵活配置型基金	1 248	984	1.832
72	国泰	国泰民益C	灵活配置型基金	1 248	990	0.662
72	国泰	国泰浓益A	灵活配置型基金	1 248	1 029	1.398
72	国泰	国泰浓益C	灵活配置型基金	1 248	1 036	3.079
72	国泰	国泰国策驱动C	灵活配置型基金	1 248	1 091	1.373
72	国泰	国泰睿吉A	灵活配置型基金	1 248	1 093	0.814
72	国泰	国泰国策驱动A	灵活配置型基金	1 248	1 105	2.029
72	国泰	国泰睿吉C	灵活配置型基金	1 248	1 110	2.616
72	国泰	国泰融丰外延增长	灵活配置型基金	1 248	1 206	7.107
72	国泰	国泰上证5年期国债ETF	被动指数型债券基金	28	22	5.373
72	国泰	国泰国证食品饮料	被动指数型基金	382	2	13.504
72	国泰	国泰上证180金融ETF	被动指数型基金	382	63	41.254
72	国泰	国泰上证180金融ETF联接	被动指数型基金	382	71	11.352
72	国泰	国泰沪深300A	被动指数型基金	382	102	20.985
72	国泰	国泰国证医药卫生	被动指数型基金	382	151	6.358
72	国泰	国泰深证TMT50	被动指数型基金	382	181	2.318
72	国泰	国泰国证房地产	被动指数型基金	382	238	2.573
72	国泰	国泰中证全指证券公司ETF	被动指数型基金	382	251	70.574
72	国泰	国泰国证新能源汽车	被动指数型基金	382	274	2.740
72	国泰	国泰创业板	被动指数型基金	382	284	0.952

续表 2-2

整体投资回报能力排名	基金公司（简称）	基金名称	投资类型（二级分类）	样本基金数量	同类基金中排名	期间内规模（亿）
72	国泰	国泰国证有色金属行业	被动指数型基金	382	333	3.161
72	国泰	国泰中证军工 ETF	被动指数型基金	382	353	12.991
72	国泰	国泰利是宝	货币市场型基金	597	324	619.051
72	国泰	国泰货币	货币市场型基金	597	507	53.835
72	国泰	国泰现金管理 B	货币市场型基金	597	579	4.645
72	国泰	国泰现金管理 A	货币市场型基金	597	583	7.483
73	银河	银河领先债券	中长期纯债型基金	660	83	30.502
73	银河	银河君怡纯债	中长期纯债型基金	660	351	24.904
73	银河	银河久益回报 6 个月定开 A	中长期纯债型基金	660	535	17.539
73	银河	银河久益回报 6 个月定开 C	中长期纯债型基金	660	581	1.453
73	银河	银河泰利 A	中长期纯债型基金	660	606	5.819
73	银河	银河泰利 I	中长期纯债型基金	660	649	8.736
73	银河	银河银泰理财分红	偏债混合型基金	115	43	12.678
73	银河	银河收益	偏债混合型基金	115	72	4.635
73	银河	银河创新成长	偏股混合型基金	508	11	4.933
73	银河	银河蓝筹精选	偏股混合型基金	508	26	2.149
73	银河	银河美丽优萃 A	偏股混合型基金	508	40	6.757
73	银河	银河美丽优萃 C	偏股混合型基金	508	51	1.256
73	银河	银河竞争优势成长	偏股混合型基金	508	173	2.764
73	银河	银河稳健	偏股混合型基金	508	239	12.085
73	银河	银河主题策略	偏股混合型基金	508	251	8.587
73	银河	银河消费驱动	偏股混合型基金	508	263	0.674
73	银河	银河行业优选	偏股混合型基金	508	331	15.092
73	银河	银河康乐	普通股票型基金	203	62	5.978
73	银河	银河银信添利 A	混合债券型一级基金	147	56	0.963

续表 2-2

整体投资回报能力排名	基金公司（简称）	基金名称	投资类型（二级分类）	样本基金数量	同类基金中排名	期间内规模（亿）
73	银河	银河通利	混合债券型一级基金	147	69	6.913
73	银河	银河银信添利B	混合债券型一级基金	147	74	0.821
73	银河	银河通利C	混合债券型一级基金	147	79	0.133
73	银河	银河增利A	混合债券型二级基金	363	161	5.737
73	银河	银河强化收益	混合债券型二级基金	363	182	24.670
73	银河	银河增利C	混合债券型二级基金	363	195	0.318
73	银河	银河智联主题	灵活配置型基金	1 248	84	2.494
73	银河	银河大国智造主题	灵活配置型基金	1 248	100	0.985
73	银河	银河君荣A	灵活配置型基金	1 248	193	4.089
73	银河	银河君荣C	灵活配置型基金	1 248	211	0.268
73	银河	银河君荣I	灵活配置型基金	1 248	358	0.719
73	银河	银河现代服务主题	灵活配置型基金	1 248	361	19.124
73	银河	银河君盛A	灵活配置型基金	1 248	387	0.088
73	银河	银河君盛C	灵活配置型基金	1 248	403	5.240
73	银河	银河睿利A	灵活配置型基金	1 248	454	0.414
73	银河	银河灵活配置A	灵活配置型基金	1 248	460	0.848
73	银河	银河睿利C	灵活配置型基金	1 248	472	2.215
73	银河	银河灵活配置C	灵活配置型基金	1 248	565	0.777
73	银河	银河君润C	灵活配置型基金	1 248	567	0.152
73	银河	银河君信A	灵活配置型基金	1 248	592	8.941
73	银河	银河君润A	灵活配置型基金	1 248	620	4.283
73	银河	银河君信C	灵活配置型基金	1 248	653	0.226
73	银河	银河转型增长	灵活配置型基金	1 248	669	12.459
73	银河	银河鑫利A	灵活配置型基金	1 248	785	3.674
73	银河	银河君耀A	灵活配置型基金	1 248	807	2.781
73	银河	银河君耀C	灵活配置型基金	1 248	824	3.317

续表 2-2

整体投资回报能力排名	基金公司（简称）	基金名称	投资类型（二级分类）	样本基金数量	同类基金中排名	期间内规模（亿）
73	银河	银河鸿利 A	灵活配置型基金	1 248	840	0.527
73	银河	银河鸿利 I	灵活配置型基金	1 248	845	8.412
73	银河	银河鑫利 C	灵活配置型基金	1 248	851	0.275
73	银河	银河旺利 A	灵活配置型基金	1 248	861	0.313
73	银河	银河旺利 I	灵活配置型基金	1 248	888	9.465
73	银河	银河鸿利 C	灵活配置型基金	1 248	891	0.058
73	银河	银河旺利 C	灵活配置型基金	1 248	917	0.022
73	银河	银河鑫利 I	灵活配置型基金	1 248	972	1.266
73	银河	银河君尚 A	灵活配置型基金	1 248	980	0.604
73	银河	银河君尚 C	灵活配置型基金	1 248	1 022	0.355
73	银河	银河君尚 I	灵活配置型基金	1 248	1 065	4.514
73	银河	银河君信 I	灵活配置型基金	1 248	1 142	0.000
73	银河	银河沪深 300 价值	被动指数型基金	382	28	11.579
73	银河	银河定投宝	被动指数型基金	382	269	5.824
73	银河	银河银富货币 B	货币市场型基金	597	309	135.048
73	银河	银河银富货币 A	货币市场型基金	597	493	98.837
74	兴银	兴银长乐半年定期	中长期纯债型基金	660	72	50.907
74	兴银	兴银朝阳	中长期纯债型基金	660	90	6.481
74	兴银	兴银稳健	中长期纯债型基金	660	481	29.947
74	兴银	兴银瑞益纯债	中长期纯债型基金	660	540	43.907
74	兴银	兴银收益增强	混合债券型二级基金	363	307	1.640
74	兴银	兴银丰盈	灵活配置型基金	1 248	357	0.415
74	兴银	兴银鼎新	灵活配置型基金	1 248	1 113	1.085
74	兴银	兴银大健康	灵活配置型基金	1 248	1 186	1.690
74	兴银	兴银现金收益	货币市场型基金	597	92	45.885
74	兴银	兴银现金添利	货币市场型基金	597	284	2.500

续表2-2

整体投资回报能力排名	基金公司（简称）	基金名称	投资类型（二级分类）	样本基金数量	同类基金中排名	期间内规模（亿）
74	兴银	兴银现金增利	货币市场型基金	597	322	48.749
74	兴银	兴银货币B	货币市场型基金	597	455	178.057
74	兴银	兴银货币A	货币市场型基金	597	545	0.181
75	华润元大	华润元大润鑫A	中长期纯债型基金	660	399	2.021
75	华润元大	华润元大稳健收益A	中长期纯债型基金	660	644	0.227
75	华润元大	华润元大稳健收益C	中长期纯债型基金	660	646	0.179
75	华润元大	华润元大信息传媒科技	偏股混合型基金	508	370	0.614
75	华润元大	华润元大量化优选A	偏股混合型基金	508	460	0.966
75	华润元大	华润元大安鑫A	灵活配置型基金	1 248	790	0.251
75	华润元大	华润元大富时中国A50	被动指数型基金	382	15	1.948
75	华润元大	华润元大现金通B	货币市场型基金	597	132	1.134
75	华润元大	华润元大现金通A	货币市场型基金	597	257	1.229
75	华润元大	华润元大现金收益B	货币市场型基金	597	440	10.518
75	华润元大	华润元大现金收益A	货币市场型基金	597	548	0.809
76	太平	太平灵活配置	灵活配置型基金	1 248	947	14.800
76	太平	太平日日金B	货币市场型基金	597	335	81.004
76	太平	太平日日金A	货币市场型基金	597	506	0.553
77	汇丰晋信	汇丰晋信龙腾	偏股混合型基金	508	271	11.078
77	汇丰晋信	汇丰晋信新动力	偏股混合型基金	508	280	3.059
77	汇丰晋信	汇丰晋信2 026	平衡混合型基金	31	2	1.464
77	汇丰晋信	汇丰晋信消费红利	普通股票型基金	203	25	1.984
77	汇丰晋信	汇丰晋信大盘A	普通股票型基金	203	58	28.653
77	汇丰晋信	汇丰晋信大盘H	普通股票型基金	203	59	1.170
77	汇丰晋信	汇丰晋信沪港深A	普通股票型基金	203	77	8.615
77	汇丰晋信	汇丰晋信智造先锋A	普通股票型基金	203	87	1.239
77	汇丰晋信	汇丰晋信沪港深C	普通股票型基金	203	89	1.973

续表 2-2

整体投资回报能力排名	基金公司（简称）	基金名称	投资类型（二级分类）	样本基金数量	同类基金中排名	期间内规模（亿）
77	汇丰晋信	汇丰晋信智造先锋 C	普通股票型基金	203	95	0.281
77	汇丰晋信	汇丰晋信中小盘	普通股票型基金	203	128	0.815
77	汇丰晋信	汇丰晋信大盘波动精选 A	普通股票型基金	203	134	0.755
77	汇丰晋信	汇丰晋信大盘波动精选 C	普通股票型基金	203	135	0.091
77	汇丰晋信	汇丰晋信科技先锋	普通股票型基金	203	146	7.068
77	汇丰晋信	汇丰晋信低碳先锋	普通股票型基金	203	195	3.712
77	汇丰晋信	汇丰晋信平稳增利 A	混合债券型一级基金	147	117	2.296
77	汇丰晋信	汇丰晋信平稳增利 C	混合债券型一级基金	147	124	0.531
77	汇丰晋信	汇丰晋信 2 016	混合债券型二级基金	363	183	2.993
77	汇丰晋信	汇丰晋信动态策略 H	灵活配置型基金	1 248	283	0.007
77	汇丰晋信	汇丰晋信动态策略 A	灵活配置型基金	1 248	289	9.418
77	汇丰晋信	汇丰晋信双核策略 A	灵活配置型基金	1 248	461	37.878
77	汇丰晋信	汇丰晋信双核策略 C	灵活配置型基金	1 248	522	2.944
77	汇丰晋信	汇丰晋信恒生 A 股 A	被动指数型基金	382	18	1.636
77	汇丰晋信	汇丰晋信恒生 A 股 C	被动指数型基金	382	20	0.054
77	汇丰晋信	汇丰晋信货币 B	货币市场型基金	597	508	80.795
77	汇丰晋信	汇丰晋信货币 A	货币市场型基金	597	565	0.148
78	天弘	天弘稳利 A	中长期纯债型基金	660	62	3.785
78	天弘	天弘稳利 B	中长期纯债型基金	660	140	0.686
78	天弘	天弘信利 A	中长期纯债型基金	660	366	8.625
78	天弘	天弘信利 C	中长期纯债型基金	660	429	0.045
78	天弘	天弘同利	中长期纯债型基金	660	458	3.415
78	天弘	天弘安康颐养	偏债混合型基金	115	51	10.153
78	天弘	天弘医疗健康 A	偏股混合型基金	508	147	0.325
78	天弘	天弘医疗健康 C	偏股混合型基金	508	155	0.576
78	天弘	天弘周期策略	偏股混合型基金	508	256	1.198

续表 2-2

整体投资回报能力排名	基金公司（简称）	基金名称	投资类型（二级分类）	样本基金数量	同类基金中排名	期间内规模（亿）
78	天弘	天弘永定成长	偏股混合型基金	508	366	9.142
78	天弘	天弘中证 500 指数增强 A	增强指数型基金	57	44	0.174
78	天弘	天弘中证 500 指数增强 C	增强指数型基金	57	47	0.327
78	天弘	天弘添利	混合债券型一级基金	147	32	6.518
78	天弘	天弘丰利	混合债券型一级基金	147	47	6.345
78	天弘	天弘永利债券 E	混合债券型二级基金	363	111	0.737
78	天弘	天弘永利债券 B	混合债券型二级基金	363	117	10.131
78	天弘	天弘永利债券 A	混合债券型二级基金	363	144	4.104
78	天弘	天弘债券型发起式 A	混合债券型二级基金	363	214	1.746
78	天弘	天弘债券型发起式 B	混合债券型二级基金	363	240	3.063
78	天弘	天弘弘利	混合债券型二级基金	363	263	11.412
78	天弘	天弘互联网	灵活配置型基金	1 248	147	11.497
78	天弘	天弘精选	灵活配置型基金	1 248	299	12.836
78	天弘	天弘云端生活优选	灵活配置型基金	1 248	379	3.601
78	天弘	天弘惠利	灵活配置型基金	1 248	532	12.153
78	天弘	天弘新活力	灵活配置型基金	1 248	694	6.560
78	天弘	天弘通利	灵活配置型基金	1 248	698	9.534
78	天弘	天弘新价值	灵活配置型基金	1 248	729	2.395
78	天弘	天弘裕利 A	灵活配置型基金	1 248	808	0.458
78	天弘	天弘价值精选	灵活配置型基金	1 248	952	4.801
78	天弘	天弘中证食品饮料 A	被动指数型基金	382	8	1.541
78	天弘	天弘中证食品饮料 C	被动指数型基金	382	9	2.397
78	天弘	天弘上证 50A	被动指数型基金	382	31	3.873
78	天弘	天弘上证 50C	被动指数型基金	382	33	2.436
78	天弘	天弘中证银行 A	被动指数型基金	382	79	2.819
78	天弘	天弘中证银行 C	被动指数型基金	382	89	6.347

续表 2-2

整体投资回报能力排名	基金公司（简称）	基金名称	投资类型（二级分类）	样本基金数量	同类基金中排名	期间内规模（亿）
78	天弘	天弘沪深300ETF联接A	被动指数型基金	382	104	15.521
78	天弘	天弘中证证券保险A	被动指数型基金	382	114	1.763
78	天弘	天弘中证证券保险C	被动指数型基金	382	123	3.674
78	天弘	天弘中证电子A	被动指数型基金	382	132	1.215
78	天弘	天弘中证800A	被动指数型基金	382	134	0.606
78	天弘	天弘中证电子C	被动指数型基金	382	138	3.838
78	天弘	天弘中证800C	被动指数型基金	382	139	0.437
78	天弘	天弘中证计算机A	被动指数型基金	382	202	1.335
78	天弘	天弘中证计算机C	被动指数型基金	382	208	6.649
78	天弘	天弘中证医药100A	被动指数型基金	382	225	2.818
78	天弘	天弘中证医药100C	被动指数型基金	382	230	1.481
78	天弘	天弘创业板ETF联接A	被动指数型基金	382	301	6.893
78	天弘	天弘创业板ETF联接C	被动指数型基金	382	305	11.110
78	天弘	天弘中证500A	被动指数型基金	382	309	10.987
78	天弘	天弘现金B	货币市场型基金	597	223	13.727
78	天弘	天弘弘运宝A	货币市场型基金	597	229	2.128
78	天弘	天弘云商宝	货币市场型基金	597	278	482.718
78	天弘	天弘现金C	货币市场型基金	597	397	4.129
78	天弘	天弘弘运宝B	货币市场型基金	597	398	79.774
78	天弘	天弘余额宝	货币市场型基金	597	400	9 315.580
78	天弘	天弘现金E	货币市场型基金	597	429	56.794
78	天弘	天弘现金A	货币市场型基金	597	430	1.391
78	天弘	天弘现金D	货币市场型基金	597	431	1.000
79	农银汇理	农银汇理金泰一年定期	中长期纯债型基金	660	136	2.788
79	农银汇理	农银汇理金丰一年定期	中长期纯债型基金	660	417	15.474
79	农银汇理	农银汇理金利一年定期	中长期纯债型基金	660	501	5.394

续表2-2

整体投资回报能力排名	基金公司（简称）	基金名称	投资类型（二级分类）	样本基金数量	同类基金中排名	期间内规模（亿）
79	农银汇理	农银汇理金穗3个月	中长期纯债型基金	660	507	540.764
79	农银汇理	农银汇理策略精选	偏股混合型基金	508	67	9.709
79	农银汇理	农银汇理行业领先	偏股混合型基金	508	114	11.613
79	农银汇理	农银汇理平衡双利	偏股混合型基金	508	184	3.477
79	农银汇理	农银汇理策略价值	偏股混合型基金	508	185	3.667
79	农银汇理	农银汇理行业轮动	偏股混合型基金	508	221	2.746
79	农银汇理	农银汇理大盘蓝筹	偏股混合型基金	508	258	2.580
79	农银汇理	农银汇理低估值高增长	偏股混合型基金	508	339	4.462
79	农银汇理	农银汇理消费主题A	偏股混合型基金	508	385	10.477
79	农银汇理	农银汇理中小盘	偏股混合型基金	508	393	10.421
79	农银汇理	农银汇理行业成长A	偏股混合型基金	508	412	21.818
79	农银汇理	农银汇理医疗保健主题	普通股票型基金	203	51	19.025
79	农银汇理	农银汇理信息传媒	普通股票型基金	203	137	20.538
79	农银汇理	农银汇理恒久增利A	混合债券型一级基金	147	65	1.289
79	农银汇理	农银汇理恒久增利C	混合债券型一级基金	147	78	0.313
79	农银汇理	农银汇理信用添利	混合债券型一级基金	147	87	0.434
79	农银汇理	农银汇理增强收益A	混合债券型二级基金	363	193	0.387
79	农银汇理	农银汇理增强收益C	混合债券型二级基金	363	219	0.253
79	农银汇理	农银汇理国企改革	灵活配置型基金	1 248	107	1.231
79	农银汇理	农银汇理物联网	灵活配置型基金	1 248	203	1.238
79	农银汇理	农银汇理区间收益	灵活配置型基金	1 248	247	4.006
79	农银汇理	农银汇理工业4.0	灵活配置型基金	1 248	322	1.588
79	农银汇理	农银汇理主题轮动	灵活配置型基金	1 248	381	6.190
79	农银汇理	农银汇理现代农业加	灵活配置型基金	1 248	417	1.596
79	农银汇理	农银汇理新能源主题	灵活配置型基金	1 248	1 019	1.334
79	农银汇理	农银汇理研究精选	灵活配置型基金	1 248	1 100	3.021

续表2-2

整体投资回报能力排名	基金公司（简称）	基金名称	投资类型（二级分类）	样本基金数量	同类基金中排名	期间内规模（亿）
79	农银汇理	农银汇理沪深300A	被动指数型基金	382	99	8.719
79	农银汇理	农银汇理中证500	被动指数型基金	382	336	0.963
79	农银汇理	农银汇理红利B	货币市场型基金	597	169	185.272
79	农银汇理	农银汇理日日鑫A	货币市场型基金	597	184	73.492
79	农银汇理	农银汇理货币B	货币市场型基金	597	227	95.371
79	农银汇理	农银汇理天天利B	货币市场型基金	597	272	5.235
79	农银汇理	农银汇理7天理财A	货币市场型基金	597	311	6.661
79	农银汇理	农银汇理红利A	货币市场型基金	597	381	303.057
79	农银汇理	农银汇理14天理财A	货币市场型基金	597	395	2.167
79	农银汇理	农银汇理货币A	货币市场型基金	597	432	57.917
79	农银汇理	农银汇理天天利A	货币市场型基金	597	465	3.758
79	农银汇理	农银汇理7天理财B	货币市场型基金	597	536	5.493
79	农银汇理	农银汇理14天理财B	货币市场型基金	597	540	1.193
80	诺安	诺安纯债A	中长期纯债型基金	660	96	2.501
80	诺安	诺安泰鑫一年A	中长期纯债型基金	660	131	2.849
80	诺安	诺安纯债C	中长期纯债型基金	660	191	0.468
80	诺安	诺安聚利A	中长期纯债型基金	660	193	23.736
80	诺安	诺安稳固收益	中长期纯债型基金	660	200	15.059
80	诺安	诺安聚利C	中长期纯债型基金	660	321	0.260
80	诺安	诺安泰鑫一年C	中长期纯债型基金	660	325	0.371
80	诺安	诺安主题精选	偏股混合型基金	508	90	2.031
80	诺安	诺安平衡	偏股混合型基金	508	240	15.693
80	诺安	诺安鸿鑫	偏股混合型基金	508	296	11.734
80	诺安	诺安中小盘精选	偏股混合型基金	508	315	9.080
80	诺安	诺安成长	偏股混合型基金	508	347	19.571
80	诺安	诺安先锋	偏股混合型基金	508	392	36.681

续表2-2

整体投资回报能力排名	基金公司（简称）	基金名称	投资类型（二级分类）	样本基金数量	同类基金中排名	期间内规模（亿）
80	诺安	诺安价值增长	偏股混合型基金	508	421	20.063
80	诺安	诺安多策略	偏股混合型基金	508	431	0.756
80	诺安	诺安沪深300指数增强	增强指数型基金	57	38	1.681
80	诺安	诺安中证500指数增强	增强指数型基金	57	57	1.380
80	诺安	诺安低碳经济	普通股票型基金	203	18	13.001
80	诺安	诺安研究精选	普通股票型基金	203	53	7.094
80	诺安	诺安先进制造	普通股票型基金	203	67	2.686
80	诺安	诺安策略精选	普通股票型基金	203	70	10.809
80	诺安	诺安新经济	普通股票型基金	203	175	7.378
80	诺安	诺安优化收益	混合债券型一级基金	147	6	4.430
80	诺安	诺安双利	混合债券型二级基金	363	1	5.257
80	诺安	诺安增利A	混合债券型二级基金	363	302	1.578
80	诺安	诺安增利B	混合债券型二级基金	363	322	0.181
80	诺安	诺安积极回报	灵活配置型基金	1 248	179	6.177
80	诺安	诺安新动力	灵活配置型基金	1 248	241	0.516
80	诺安	诺安精选回报	灵活配置型基金	1 248	335	5.878
80	诺安	诺安优选回报	灵活配置型基金	1 248	394	5.167
80	诺安	诺安利鑫	灵活配置型基金	1 248	504	22.365
80	诺安	诺安安鑫	灵活配置型基金	1 248	529	23.589
80	诺安	诺安稳健回报A	灵活配置型基金	1 248	897	0.185
80	诺安	诺安稳健回报C	灵活配置型基金	1 248	910	12.322
80	诺安	诺安创新驱动A	灵活配置型基金	1 248	963	1.146
80	诺安	诺安创新驱动C	灵活配置型基金	1 248	968	7.720
80	诺安	诺安益鑫	灵活配置型基金	1 248	986	19.373
80	诺安	诺安进取回报	灵活配置型基金	1 248	1 037	3.238
80	诺安	诺安景鑫	灵活配置型基金	1 248	1 044	18.986

续表 2-2

整体投资回报能力排名	基金公司（简称）	基金名称	投资类型（二级分类）	样本基金数量	同类基金中排名	期间内规模（亿）
80	诺安	诺安和鑫	灵活配置型基金	1 248	1 048	27.722
80	诺安	诺安优势行业 C	灵活配置型基金	1 248	1 080	0.000
80	诺安	诺安优势行业 A	灵活配置型基金	1 248	1 081	4.686
80	诺安	诺安灵活配置	灵活配置型基金	1 248	1 137	29.903
80	诺安	诺安中证 100	被动指数型基金	382	16	1.965
80	诺安	诺安理财宝 A	货币市场型基金	597	160	0.874
80	诺安	诺安理财宝 B	货币市场型基金	597	161	70.672
80	诺安	诺安理财宝 C	货币市场型基金	597	162	0.026
80	诺安	诺安天天宝 E	货币市场型基金	597	213	1.434
80	诺安	诺安天天宝 B	货币市场型基金	597	218	2.730
80	诺安	诺安聚鑫宝 C	货币市场型基金	597	288	0.502
80	诺安	诺安天天宝 C	货币市场型基金	597	321	0.011
80	诺安	诺安货币 B	货币市场型基金	597	349	35.746
80	诺安	诺安天天宝 A	货币市场型基金	597	382	219.140
80	诺安	诺安聚鑫宝 D	货币市场型基金	597	472	13.953
80	诺安	诺安聚鑫宝 B	货币市场型基金	597	479	27.314
80	诺安	诺安聚鑫宝 A	货币市场型基金	597	480	57.704
80	诺安	诺安货币 A	货币市场型基金	597	513	1.701
81	长城	长城久稳	中长期纯债型基金	660	461	11.435
81	长城	长城增强收益 A	中长期纯债型基金	660	618	55.316
81	长城	长城增强收益 C	中长期纯债型基金	660	636	2.055
81	长城	长城新优选 A	偏债混合型基金	115	14	5.631
81	长城	长城新优选 C	偏债混合型基金	115	18	3.156
81	长城	长城医疗保健	偏股混合型基金	508	50	1.683
81	长城	长城品牌优选	偏股混合型基金	508	80	46.970
81	长城	长城中小盘成长	偏股混合型基金	508	94	1.320

续表 2-2

整体投资回报能力排名	基金公司（简称）	基金名称	投资类型（二级分类）	样本基金数量	同类基金中排名	期间内规模（亿）
81	长城	长城优化升级	偏股混合型基金	508	154	1.057
81	长城	长城久富	偏股混合型基金	508	232	8.448
81	长城	长城消费增值	偏股混合型基金	508	270	12.599
81	长城	长城双动力	偏股混合型基金	508	452	7.514
81	长城	长城久泰沪深300A	增强指数型基金	57	20	7.878
81	长城	长城积极增利A	混合债券型一级基金	147	115	19.557
81	长城	长城积极增利C	混合债券型一级基金	147	123	5.657
81	长城	长城稳固收益A	混合债券型二级基金	363	238	24.786
81	长城	长城久信	混合债券型二级基金	363	241	19.284
81	长城	长城稳固收益C	混合债券型二级基金	363	255	0.140
81	长城	长城稳健增利	混合债券型二级基金	363	299	8.097
81	长城	长城稳健成长灵活配置	灵活配置型基金	1 248	260	8.315
81	长城	长城环保主题	灵活配置型基金	1 248	317	12.331
81	长城	长城安心回报	灵活配置型基金	1 248	505	20.470
81	长城	长城久祥	灵活配置型基金	1 248	535	12.916
81	长城	长城核心优选	灵活配置型基金	1 248	561	23.064
81	长城	长城久鑫	灵活配置型基金	1 248	612	11.152
81	长城	长城新兴产业	灵活配置型基金	1 248	649	4.594
81	长城	长城久鼎	灵活配置型基金	1 248	660	19.844
81	长城	长城行业轮动	灵活配置型基金	1 248	675	14.424
81	长城	长城久源	灵活配置型基金	1 248	681	10.115
81	长城	长城久润	灵活配置型基金	1 248	860	12.666
81	长城	长城久益灵活配置A	灵活配置型基金	1 248	873	12.853
81	长城	长城久惠	灵活配置型基金	1 248	921	12.987
81	长城	长城久益灵活配置C	灵活配置型基金	1 248	937	2.829
81	长城	长城久恒	灵活配置型基金	1 248	973	1.711

续表 2-2

整体投资回报能力排名	基金公司（简称）	基金名称	投资类型（二级分类）	样本基金数量	同类基金中排名	期间内规模（亿）
81	长城	长城改革红利	灵活配置型基金	1 248	1 204	9.400
81	长城	长城景气行业龙头	灵活配置型基金	1 248	1 214	0.931
81	长城	长城货币 B	货币市场型基金	597	221	132.954
81	长城	长城货币 E	货币市场型基金	597	292	5.850
81	长城	长城工资宝 A	货币市场型基金	597	346	0.466
81	长城	长城货币 A	货币市场型基金	597	428	288.287
82	华富	华富恒稳纯债 A	中长期纯债型基金	660	340	7.258
82	华富	华富恒稳纯债 C	中长期纯债型基金	660	459	0.144
82	华富	华富竞争力优选	偏股混合型基金	508	304	5.706
82	华富	华富成长趋势	偏股混合型基金	508	325	6.443
82	华富	华富量子生命力	偏股混合型基金	508	471	0.714
82	华富	华富中小板指数增强	增强指数型基金	57	54	0.202
82	华富	华富强化回报	混合债券型一级基金	147	20	5.427
82	华富	华富收益增强 A	混合债券型一级基金	147	80	20.928
82	华富	华富收益增强 B	混合债券型一级基金	147	96	1.063
82	华富	华富安享	混合债券型二级基金	363	59	6.169
82	华富	华富安鑫	混合债券型二级基金	363	224	3.912
82	华富	华富安福	混合债券型二级基金	363	261	1.681
82	华富	华富恒利 A	混合债券型二级基金	363	264	3.004
82	华富	华富恒利 C	混合债券型二级基金	363	285	0.466
82	华富	华富益鑫 A	灵活配置型基金	1 248	186	0.898
82	华富	华富益鑫 C	灵活配置型基金	1 248	213	2.134
82	华富	华富价值增长	灵活配置型基金	1 248	262	1.921
82	华富	华富健康文娱	灵活配置型基金	1 248	364	0.556
82	华富	华富国泰民安	灵活配置型基金	1 248	757	1.411
82	华富	华富弘鑫 A	灵活配置型基金	1 248	852	1.643

2 三年期公募基金管理公司整体投资回报能力评价

续表2-2

整体投资回报能力排名	基金公司（简称）	基金名称	投资类型（二级分类）	样本基金数量	同类基金中排名	期间内规模（亿）
82	华富	华富弘鑫C	灵活配置型基金	1 248	876	1.252
82	华富	华富华鑫A	灵活配置型基金	1 248	913	1.763
82	华富	华富华鑫C	灵活配置型基金	1 248	930	0.972
82	华富	华富物联世界	灵活配置型基金	1 248	1 064	3.601
82	华富	华富永鑫A	灵活配置型基金	1 248	1 073	0.021
82	华富	华富永鑫C	灵活配置型基金	1 248	1 079	3.314
82	华富	华富灵活配置	灵活配置型基金	1 248	1 145	1.802
82	华富	华富策略精选	灵活配置型基金	1 248	1 164	0.674
82	华富	华富天鑫A	灵活配置型基金	1 248	1 182	2.087
82	华富	华富天鑫C	灵活配置型基金	1 248	1 197	0.779
82	华富	华富智慧城市	灵活配置型基金	1 248	1 202	1.170
82	华富	华富中证100	被动指数型基金	382	14	1.565
82	华富	华富货币A	货币市场型基金	597	490	15.122
83	华宝	华宝医药生物	偏股混合型基金	508	58	4.223
83	华宝	华宝创新优选	偏股混合型基金	508	66	2.497
83	华宝	华宝宝康消费品	偏股混合型基金	508	195	11.993
83	华宝	华宝资源优选	偏股混合型基金	508	204	3.510
83	华宝	华宝大盘精选	偏股混合型基金	508	216	1.016
83	华宝	华宝生态中国	偏股混合型基金	508	289	8.944
83	华宝	华宝先进成长	偏股混合型基金	508	324	11.645
83	华宝	华宝服务优选	偏股混合型基金	508	335	15.604
83	华宝	华宝多策略	偏股混合型基金	508	357	18.462
83	华宝	华宝新兴产业	偏股混合型基金	508	373	5.701
83	华宝	华宝事件驱动	偏股混合型基金	508	439	26.381
83	华宝	华宝动力组合	偏股混合型基金	508	461	14.333
83	华宝	华宝国策导向	偏股混合型基金	508	466	11.564

续表 2-2

整体投资回报能力排名	基金公司（简称）	基金名称	投资类型（二级分类）	样本基金数量	同类基金中排名	期间内规模（亿）
83	华宝	华宝收益增长	偏股混合型基金	508	467	12.328
83	华宝	华宝行业精选	偏股混合型基金	508	475	23.191
83	华宝	华宝沪深 300 指数增强 A	增强指数型基金	57	7	1.970
83	华宝	华宝品质生活	普通股票型基金	203	39	2.302
83	华宝	华宝高端制造	普通股票型基金	203	181	6.634
83	华宝	华宝可转债	混合债券型一级基金	147	27	0.764
83	华宝	华宝宝康债券 A	混合债券型一级基金	147	61	38.064
83	华宝	华宝增强收益 A	混合债券型二级基金	363	216	2.439
83	华宝	华宝增强收益 B	混合债券型二级基金	363	237	0.139
83	华宝	华宝核心优势	灵活配置型基金	1 248	194	1.319
83	华宝	华宝新活力	灵活配置型基金	1 248	250	4.915
83	华宝	华宝宝康灵活	灵活配置型基金	1 248	399	3.664
83	华宝	华宝万物互联	灵活配置型基金	1 248	526	3.875
83	华宝	华宝新机遇 A	灵活配置型基金	1 248	550	1.343
83	华宝	华宝新机遇 C	灵活配置型基金	1 248	562	4.715
83	华宝	华宝新价值	灵活配置型基金	1 248	583	6.869
83	华宝	华宝新起点	灵活配置型基金	1 248	753	2.329
83	华宝	华宝转型升级	灵活配置型基金	1 248	1 130	2.226
83	华宝	华宝未来主导产业	灵活配置型基金	1 248	1 148	1.735
83	华宝	华宝稳健回报	灵活配置型基金	1 248	1 171	4.846
83	华宝	华宝量化对冲 A	股票多空	18	6	3.325
83	华宝	华宝量化对冲 C	股票多空	18	9	2.778
83	华宝	华宝中证 100A	被动指数型基金	382	24	6.118
83	华宝	华宝上证 180 价值 ETF	被动指数型基金	382	46	1.557
83	华宝	华宝上证 180 价值 ETF 联接	被动指数型基金	382	56	1.307

续表 2-2

整体投资回报能力排名	基金公司（简称）	基金名称	投资类型（二级分类）	样本基金数量	同类基金中排名	期间内规模（亿）
83	华宝	华宝中证银行 ETF 联接 A	被动指数型基金	382	77	0.683
83	华宝	华宝中证医疗	被动指数型基金	382	168	3.269
83	华宝	华宝中证全指证券 ETF	被动指数型基金	382	246	29.156
83	华宝	华宝中证军工 ETF	被动指数型基金	382	347	1.252
83	华宝	华宝中证1 000	被动指数型基金	382	371	0.652
83	华宝	华宝现金宝 E	货币市场型基金	597	134	31.163
83	华宝	华宝现金宝 B	货币市场型基金	597	135	3.163
83	华宝	华宝现金添益 B	货币市场型基金	597	232	201.723
83	华宝	华宝现金宝 A	货币市场型基金	597	341	20.534
83	华宝	华宝现金添益 A	货币市场型基金	597	422	630.197
84	中银国际证券	中银证券安进 A	中长期纯债型基金	660	413	320.410
84	中银国际证券	中银证券安进 C	中长期纯债型基金	660	414	0.013
84	中银国际证券	中银证券价值精选	灵活配置型基金	1 248	1 004	24.165
84	中银国际证券	中银证券健康产业	灵活配置型基金	1 248	1 150	2.765
84	中银国际证券	中银证券现金管家 B	货币市场型基金	597	241	22.623
84	中银国际证券	中银证券现金管家 A	货币市场型基金	597	436	16.509
85	创金合信	创金合信尊盛	中长期纯债型基金	660	116	7.714
85	创金合信	创金合信尊享	中长期纯债型基金	660	160	33.373
85	创金合信	创金合信尊丰纯债	中长期纯债型基金	660	202	8.223
85	创金合信	创金合信尊泰纯债	中长期纯债型基金	660	648	2.490
85	创金合信	创金合信尊盈纯债	中长期纯债型基金	660	650	2.488
85	创金合信	创金合信沪深 300 指数增强 C	增强指数型基金	57	15	1.043
85	创金合信	创金合信沪深 300 指数增强 A	增强指数型基金	57	16	1.247
85	创金合信	创金合信中证 500 指数增强 C	增强指数型基金	57	40	0.866

续表 2-2

整体投资回报能力排名	基金公司（简称）	基金名称	投资类型（二级分类）	样本基金数量	同类基金中排名	期间内规模（亿）
85	创金合信	创金合信中证 500 指数增强 A	增强指数型基金	57	42	2.589
85	创金合信	创金合信中证 1 000 增强 A	增强指数型基金	57	49	0.287
85	创金合信	创金合信中证 1 000 增强 C	增强指数型基金	57	50	0.248
85	创金合信	创金合信消费主题 A	普通股票型基金	203	30	2.675
85	创金合信	创金合信消费主题 C	普通股票型基金	203	34	0.373
85	创金合信	创金合信医疗保健行业 A	普通股票型基金	203	61	4.013
85	创金合信	创金合信医疗保健行业 C	普通股票型基金	203	63	0.064
85	创金合信	创金合信资源主题 A	普通股票型基金	203	152	0.382
85	创金合信	创金合信金融地产 C	普通股票型基金	203	154	0.021
85	创金合信	创金合信金融地产 A	普通股票型基金	203	155	4.008
85	创金合信	创金合信资源主题 C	普通股票型基金	203	157	0.326
85	创金合信	创金合信量化多因子 A	普通股票型基金	203	182	12.268
85	创金合信	创金合信转债精选 A	混合债券型二级基金	363	116	0.010
85	创金合信	创金合信转债精选 C	混合债券型二级基金	363	287	2.907
85	创金合信	创金合信聚利 A	混合债券型二级基金	363	295	0.524
85	创金合信	创金合信聚利 C	混合债券型二级基金	363	312	0.114
85	创金合信	创金合信鑫收益 A	灵活配置型基金	1 248	940	0.951
85	创金合信	创金合信沪港深研究精选	灵活配置型基金	1 248	1 033	2.792
85	创金合信	创金合信鑫收益 C	灵活配置型基金	1 248	1 056	0.117
85	创金合信	创金合信量化发现 A	灵活配置型基金	1 248	1 176	5.419
85	创金合信	创金合信量化发现 C	灵活配置型基金	1 248	1 191	2.813
85	创金合信	创金合信货币 A	货币市场型基金	597	242	16.916
86	宝盈	宝盈祥泰 A	偏债混合型基金	115	67	5.186
86	宝盈	宝盈祥瑞 A	偏债混合型基金	115	110	3.905

续表2-2

整体投资回报能力排名	基金公司（简称）	基金名称	投资类型（二级分类）	样本基金数量	同类基金中排名	期间内规模（亿）
86	宝盈	宝盈泛沿海增长	偏股混合型基金	508	389	13.202
86	宝盈	宝盈策略增长	偏股混合型基金	508	483	24.962
86	宝盈	宝盈资源优选	偏股混合型基金	508	491	32.131
86	宝盈	宝盈中证100指数增强A	增强指数型基金	57	2	1.822
86	宝盈	宝盈医疗健康沪港深	普通股票型基金	203	96	2.439
86	宝盈	宝盈国家安全战略沪港深	普通股票型基金	203	198	1.316
86	宝盈	宝盈增强收益AB	混合债券型二级基金	363	260	1.713
86	宝盈	宝盈增强收益C	混合债券型二级基金	363	280	0.330
86	宝盈	宝盈鸿利收益A	灵活配置型基金	1 248	15	4.513
86	宝盈	宝盈新锐A	灵活配置型基金	1 248	20	2.593
86	宝盈	宝盈互联网沪港深	灵活配置型基金	1 248	24	1.083
86	宝盈	宝盈优势产业	灵活配置型基金	1 248	86	1.157
86	宝盈	宝盈先进制造A	灵活配置型基金	1 248	111	8.989
86	宝盈	宝盈科技30	灵活配置型基金	1 248	232	28.625
86	宝盈	宝盈核心优势A	灵活配置型基金	1 248	321	14.622
86	宝盈	宝盈核心优势C	灵活配置型基金	1 248	449	0.228
86	宝盈	宝盈新价值A	灵活配置型基金	1 248	827	16.953
86	宝盈	宝盈睿丰创新AB	灵活配置型基金	1 248	994	0.928
86	宝盈	宝盈睿丰创新C	灵活配置型基金	1 248	1 041	2.592
86	宝盈	宝盈转型动力	灵活配置型基金	1 248	1 109	25.535
86	宝盈	宝盈新兴产业	灵活配置型基金	1 248	1 139	18.981
86	宝盈	宝盈货币B	货币市场型基金	597	185	84.266
86	宝盈	宝盈货币A	货币市场型基金	597	396	19.797
87	东吴	东吴鼎利	中长期纯债型基金	660	651	2.983
87	东吴	东吴新产业精选	偏股混合型基金	508	286	2.727
87	东吴	东吴价值成长	偏股混合型基金	508	447	3.645

续表 2-2

整体投资回报能力排名	基金公司（简称）	基金名称	投资类型（二级分类）	样本基金数量	同类基金中排名	期间内规模（亿）
87	东吴	东吴嘉禾优势	偏股混合型基金	508	450	5.756
87	东吴	东吴新经济	偏股混合型基金	508	463	0.299
87	东吴	东吴行业轮动	偏股混合型基金	508	473	4.804
87	东吴	东吴增利 A	混合债券型一级基金	147	7	16.334
87	东吴	东吴增利 C	混合债券型一级基金	147	14	0.837
87	东吴	东吴优信稳健 A	混合债券型二级基金	363	353	0.206
87	东吴	东吴优信稳健 C	混合债券型二级基金	363	354	0.005
87	东吴	东吴鼎元双债 A	混合债券型二级基金	363	357	0.186
87	东吴	东吴鼎元双债 C	混合债券型二级基金	363	358	0.095
87	东吴	东吴多策略	灵活配置型基金	1 248	143	1.095
87	东吴	东吴安享量化	灵活配置型基金	1 248	277	1.093
87	东吴	东吴安鑫量化	灵活配置型基金	1 248	345	0.861
87	东吴	东吴配置优化	灵活配置型基金	1 248	502	1.860
87	东吴	东吴阿尔法	灵活配置型基金	1 248	601	0.638
87	东吴	东吴进取策略	灵活配置型基金	1 248	712	1.494
87	东吴	东吴移动互联 A	灵活配置型基金	1 248	1 097	2.195
87	东吴	东吴移动互联 C	灵活配置型基金	1 248	1 112	0.384
87	东吴	东吴安盈量化	灵活配置型基金	1 248	1 173	3.876
87	东吴	东吴智慧医疗量化策略	灵活配置型基金	1 248	1 174	2.562
87	东吴	东吴国企改革	灵活配置型基金	1 248	1 229	0.748
87	东吴	东吴新趋势价值线	灵活配置型基金	1 248	1 234	3.747
87	东吴	东吴中证可转换债券	被动指数型债券基金	28	10	0.101
87	东吴	东吴沪深 300A	被动指数型基金	382	191	0.073
87	东吴	东吴中证新兴产业	被动指数型基金	382	227	1.014
87	东吴	东吴增鑫宝 B	货币市场型基金	597	274	37.761
87	东吴	东吴货币 B	货币市场型基金	597	344	37.723

续表2-2

整体投资回报能力排名	基金公司（简称）	基金名称	投资类型（二级分类）	样本基金数量	同类基金中排名	期间内规模（亿）
87	东吴	东吴增鑫宝A	货币市场型基金	597	468	0.133
87	东吴	东吴货币A	货币市场型基金	597	510	2.943
88	国联安	国联安睿利定期开放	偏债混合基金	115	62	1.361
88	国联安	国联安安心成长	偏债混合型基金	115	111	8.278
88	国联安	国联安主题驱动	偏股混合型基金	508	162	1.519
88	国联安	国联安优势	偏股混合型基金	508	230	4.002
88	国联安	国联安优选行业	偏股混合型基金	508	246	10.531
88	国联安	国联安精选	偏股混合型基金	508	293	11.641
88	国联安	国联安小盘精选	偏股混合型基金	508	391	11.789
88	国联安	国联安红利	偏股混合型基金	508	472	0.981
88	国联安	国联安稳健	平衡混合型基金	31	11	2.057
88	国联安	国联安科技动力	普通股票型基金	203	105	2.240
88	国联安	国联安双佳信用	混合债券型一级基金	147	91	5.488
88	国联安	国联安信心增益	混合债券型一级基金	147	104	0.796
88	国联安	国联安增利债券A	混合债券型一级基金	147	119	3.091
88	国联安	国联安增利债券B	混合债券型一级基金	147	127	0.298
88	国联安	国联安添利增长A	混合债券型二级基金	363	87	3.674
88	国联安	国联安添利增长C	混合债券型二级基金	363	108	0.828
88	国联安	国联安信心增长A	混合债券型二级基金	363	250	5.503
88	国联安	国联安信心增长B	混合债券型二级基金	363	266	0.024
88	国联安	国联安鑫安	灵活配置型基金	1 248	271	4.211
88	国联安	国联安睿祺	灵活配置型基金	1 248	456	4.126
88	国联安	国联安安泰灵活配置	灵活配置型基金	1 248	517	1.403
88	国联安	国联安添鑫A	灵活配置型基金	1 248	656	0.439
88	国联安	国联安添鑫C	灵活配置型基金	1 248	740	4.380
88	国联安	国联安通盈A	灵活配置型基金	1 248	838	3.271

续表 2-2

整体投资回报能力排名	基金公司（简称）	基金名称	投资类型（二级分类）	样本基金数量	同类基金中排名	期间内规模（亿）
88	国联安	国联安通盈 C	灵活配置型基金	1 248	920	4.642
88	国联安	国联安安稳	灵活配置型基金	1 248	935	17.647
88	国联安	国联安鑫享 A	灵活配置型基金	1 248	1 089	2.455
88	国联安	国联安新精选	灵活配置型基金	1 248	1 117	5.364
88	国联安	国联安鑫享 C	灵活配置型基金	1 248	1 128	1.686
88	国联安	国联安双禧中证 100	被动指数型基金	382	39	0.904
88	国联安	国联安上证商品 ETF	被动指数型基金	382	239	1.347
88	国联安	国联安上证商品 ETF 联接	被动指数型基金	382	243	1.165
88	国联安	国联安中证医药 100A	被动指数型基金	382	266	19.170
88	国联安	国联安双力中小板	被动指数型基金	382	334	0.207
88	国联安	国联安货币 B	货币市场型基金	597	372	114.512
88	国联安	国联安货币 A	货币市场型基金	597	521	0.986
89	天治	天治鑫利 A	中长期纯债型基金	660	639	2.137
89	天治	天治鑫利 C	中长期纯债型基金	660	641	0.078
89	天治	天治财富增长	偏债混合型基金	115	2	0.811
89	天治	天治核心成长	偏股混合型基金	508	427	5.816
89	天治	天治可转债增强 A	混合债券型二级基金	363	42	0.997
89	天治	天治可转债增强 C	混合债券型二级基金	363	57	1.405
89	天治	天治稳健双盈	混合债券型二级基金	363	189	5.958
89	天治	天治中国制造 2 025	灵活配置型基金	1 248	90	0.345
89	天治	天治研究驱动 A	灵活配置型基金	1 248	274	0.478
89	天治	天治研究驱动 C	灵活配置型基金	1 248	296	0.234
89	天治	天治新消费	灵活配置型基金	1 248	879	0.208
89	天治	天治趋势精选	灵活配置型基金	1 248	898	0.681
89	天治	天治低碳经济	灵活配置型基金	1 248	987	0.788
89	天治	天治天得利货币	货币市场型基金	597	529	4.900

2 三年期公募基金管理公司整体投资回报能力评价

续表2-2

整体投资回报能力排名	基金公司（简称）	基金名称	投资类型（二级分类）	样本基金数量	同类基金中排名	期间内规模（亿）
90	华融	华融新锐	灵活配置型基金	1 248	794	2.051
90	华融	华融新利	灵活配置型基金	1 248	1 188	0.442
90	华融	华融现金增利B	货币市场型基金	597	294	3.053
90	华融	华融现金增利A	货币市场型基金	597	464	0.112
90	华融	华融现金增利C	货币市场型基金	597	477	5.163
91	东方	东方永兴18个月A	中长期纯债型基金	660	5	3.299
91	东方	东方永兴18个月C	中长期纯债型基金	660	10	0.460
91	东方	东方臻享纯债C	中长期纯债型基金	660	39	0.007
91	东方	东方臻享纯债A	中长期纯债型基金	660	150	24.897
91	东方	东方添益	中长期纯债型基金	660	556	9.307
91	东方	东方策略成长	偏股混合型基金	508	312	4.490
91	东方	东方核心动力	偏股混合型基金	508	429	0.396
91	东方	东方区域发展	偏股混合型基金	508	474	1.048
91	东方	东方新能源汽车主题	偏股混合型基金	508	477	0.295
91	东方	东方主题精选	偏股混合型基金	508	486	2.011
91	东方	东方精选	偏股混合型基金	508	493	23.498
91	东方	东方互联网嘉	偏股混合型基金	508	507	1.014
91	东方	东方新价值A	平衡混合型基金	31	20	3.049
91	东方	东方新价值C	平衡混合型基金	31	22	0.983
91	东方	东方成长回报	平衡混合型基金	31	24	9.201
91	东方	东方稳健回报	混合债券型一级基金	147	101	1.769
91	东方	东方强化收益	混合债券型二级基金	363	156	3.568
91	东方	东方永熙18个月A	混合债券型二级基金	363	159	1.144
91	东方	东方永熙18个月C	混合债券型二级基金	363	190	0.014
91	东方	东方双债添利A	混合债券型二级基金	363	289	2.036
91	东方	东方双债添利C	混合债券型二级基金	363	301	0.494

续表 2-2

整体投资回报能力排名	基金公司（简称）	基金名称	投资类型（二级分类）	样本基金数量	同类基金中排名	期间内规模（亿）
91	东方	东方新兴成长	灵活配置型基金	1 248	79	1.764
91	东方	东方岳	灵活配置型基金	1 248	285	5.279
91	东方	东方鼎新 C	灵活配置型基金	1 248	415	1.445
91	东方	东方鼎新 A	灵活配置型基金	1 248	445	3.249
91	东方	东方盛世	灵活配置型基金	1 248	654	5.404
91	东方	东方创新科技	灵活配置型基金	1 248	847	0.406
91	东方	东方新思路 A	灵活配置型基金	1 248	1 007	3.019
91	东方	东方多策略 A	灵活配置型基金	1 248	1 009	3.599
91	东方	东方多策略 C	灵活配置型基金	1 248	1 028	2.749
91	东方	东方新思路 C	灵活配置型基金	1 248	1 031	2.270
91	东方	东方睿鑫热点挖掘 A	灵活配置型基金	1 248	1 062	0.248
91	东方	东方惠新 A	灵活配置型基金	1 248	1 088	2.702
91	东方	东方新策略 C	灵活配置型基金	1 248	1 118	1.187
91	东方	东方睿鑫热点挖掘 C	灵活配置型基金	1 248	1 126	1.591
91	东方	东方惠新 C	灵活配置型基金	1 248	1 143	4.132
91	东方	东方新策略 A	灵活配置型基金	1 248	1 151	3.779
91	东方	东方龙	灵活配置型基金	1 248	1 158	7.521
91	东方	东方金账簿货币 B	货币市场型基金	597	220	42.781
91	东方	东方金元宝	货币市场型基金	597	233	3.714
91	东方	东方金账簿货币 A	货币市场型基金	597	427	2.179
91	东方	东方金证通	货币市场型基金	597	456	3.541
92	申万菱信	申万菱信安鑫精选 C	偏债混合型基金	115	54	0.004
92	申万菱信	申万菱信安鑫精选 A	偏债混合型基金	115	55	4.295
92	申万菱信	申万菱信安鑫优选 A	偏债混合型基金	115	66	3.918
92	申万菱信	申万菱信安鑫优选 C	偏债混合型基金	115	70	0.304
92	申万菱信	申万菱信消费增长	偏股混合型基金	508	22	1.266

续表 2-2

整体投资回报能力排名	基金公司（简称）	基金名称	投资类型（二级分类）	样本基金数量	同类基金中排名	期间内规模（亿）
92	申万菱信	申万菱信盛利精选	偏股混合型基金	508	131	6.989
92	申万菱信	申万菱信竞争优势	偏股混合型基金	508	231	0.568
92	申万菱信	申万菱信新经济	偏股混合型基金	508	276	9.565
92	申万菱信	申万菱信新动力	偏股混合型基金	508	303	9.170
92	申万菱信	申万菱信沪深 300 指数增强 A	增强指数型基金	57	21	4.528
92	申万菱信	申万菱信中证 500 指数增强 A	增强指数型基金	57	41	1.721
92	申万菱信	申万菱信量化小盘	普通股票型基金	203	169	18.506
92	申万菱信	申万菱信稳益宝	混合债券型二级基金	363	196	1.564
92	申万菱信	申万菱信可转债	混合债券型二级基金	363	274	0.726
92	申万菱信	申万菱信新能源汽车	灵活配置型基金	1 248	453	5.056
92	申万菱信	申万菱信安鑫回报 A	灵活配置型基金	1 248	813	3.312
92	申万菱信	申万菱信安鑫回报 C	灵活配置型基金	1 248	837	2.438
92	申万菱信	申万菱信多策略 A	灵活配置型基金	1 248	900	4.398
92	申万菱信	申万菱信多策略 C	灵活配置型基金	1 248	989	1.500
92	申万菱信	申万菱信沪深 300 价值 A	被动指数型基金	382	30	12.388
92	申万菱信	申万菱信电子行业	被动指数型基金	382	150	1.681
92	申万菱信	申万菱信医药生物	被动指数型基金	382	164	6.281
92	申万菱信	申万菱信深证成指分级	被动指数型基金	382	244	1.012
92	申万菱信	申万菱信中证申万证券	被动指数型基金	382	275	22.350
92	申万菱信	申万菱信新兴健康 A	被动指数型基金	382	285	0.768
92	申万菱信	申万菱信中证环保产业	被动指数型基金	382	346	3.775
92	申万菱信	申万菱信中证军工	被动指数型基金	382	362	15.583
92	申万菱信	申万菱信货币 B	货币市场型基金	597	443	69.119
92	申万菱信	申万菱信货币 A	货币市场型基金	597	551	1.492

续表 2-2

整体投资回报能力排名	基金公司（简称）	基金名称	投资类型（二级分类）	样本基金数量	同类基金中排名	期间内规模（亿）
93	中信建投	中信建投稳裕定开 A	中长期纯债型基金	660	155	11.938
93	中信建投	中信建投睿溢 A	偏债混合型基金	115	60	4.825
93	中信建投	中信建投稳利 A	偏债混合型基金	115	81	6.367
93	中信建投	中信建投聚利 A	偏债混合型基金	115	113	7.666
93	中信建投	中信建投智信物联网 A	灵活配置型基金	1 248	245	0.664
93	中信建投	中信建投医改 A	灵活配置型基金	1 248	365	0.333
93	中信建投	中信建投睿利 A	灵活配置型基金	1 248	821	0.332
93	中信建投	中信建投睿信 A	灵活配置型基金	1 248	1 238	0.736
93	中信建投	中信建投景和中短债 A	短期纯债型基金	19	15	4.855
93	中信建投	中信建投景和中短债 C	短期纯债型基金	19	17	0.757
93	中信建投	中信建投凤凰 A	货币市场型基金	597	418	3.312
93	中信建投	中信建投添鑫宝	货币市场型基金	597	447	66.072
93	中信建投	中信建投货币 A	货币市场型基金	597	570	0.397
94	中科沃土	中科沃土沃鑫成长精选	灵活配置型基金	1 248	1 163	1.785
94	中科沃土	中科沃土货币 B	货币市场型基金	597	357	5.604
94	中科沃土	中科沃土货币 A	货币市场型基金	597	515	0.306
95	长盛	长盛盛景纯债 C	中长期纯债型基金	660	415	0.040
95	长盛	长盛盛景纯债 A	中长期纯债型基金	660	493	14.784
95	长盛	长盛盛裕纯债 A	中长期纯债型基金	660	496	14.786
95	长盛	长盛盛裕纯债 C	中长期纯债型基金	660	530	0.004
95	长盛	长盛盛琪一年期 A	中长期纯债型基金	660	565	12.340
95	长盛	长盛盛和 A	中长期纯债型基金	660	568	14.711
95	长盛	长盛盛和 C	中长期纯债型基金	660	575	0.004
95	长盛	长盛盛琪一年期 C	中长期纯债型基金	660	596	0.139
95	长盛	长盛年年收益 A	中长期纯债型基金	660	637	1.079
95	长盛	长盛年年收益 C	中长期纯债型基金	660	640	0.093

续表2-2

整体投资回报能力排名	基金公司（简称）	基金名称	投资类型（二级分类）	样本基金数量	同类基金中排名	期间内规模（亿）
95	长盛	长盛盛辉C	偏债混合型基金	115	59	0.505
95	长盛	长盛盛辉A	偏债混合型基金	115	64	4.710
95	长盛	长盛量化红利策略	偏股混合型基金	508	190	10.691
95	长盛	长盛成长价值	偏股混合型基金	508	278	4.698
95	长盛	长盛同鑫行业配置	偏股混合型基金	508	359	0.712
95	长盛	长盛动态精选	偏股混合型基金	508	383	4.570
95	长盛	长盛同德	偏股混合型基金	508	396	14.451
95	长盛	长盛城镇化主题	偏股混合型基金	508	423	1.111
95	长盛	长盛电子信息产业A	偏股混合型基金	508	440	22.639
95	长盛	长盛同智	偏股混合型基金	508	449	6.500
95	长盛	长盛中小盘精选	偏股混合型基金	508	479	0.373
95	长盛	长盛医疗行业	普通股票型基金	203	115	0.614
95	长盛	长盛可转债C	混合债券型二级基金	363	13	0.782
95	长盛	长盛可转债A	混合债券型二级基金	363	28	1.012
95	长盛	长盛积极配置	混合债券型二级基金	363	153	5.722
95	长盛	长盛同享A	灵活配置型基金	1 248	229	23.616
95	长盛	长盛同享C	灵活配置型基金	1 248	341	0.311
95	长盛	长盛创新先锋	灵活配置型基金	1 248	444	2.127
95	长盛	长盛生态环境主题	灵活配置型基金	1 248	576	2.754
95	长盛	长盛盛崇A	灵活配置型基金	1 248	619	0.003
95	长盛	长盛盛崇C	灵活配置型基金	1 248	731	3.403
95	长盛	长盛转型升级主题	灵活配置型基金	1 248	736	27.619
95	长盛	长盛盛丰A	灵活配置型基金	1 248	771	0.000
95	长盛	长盛新兴成长	灵活配置型基金	1 248	775	5.327
95	长盛	长盛互联网＋	灵活配置型基金	1 248	822	2.281
95	长盛	长盛高端装备制造	灵活配置型基金	1 248	833	4.220

续表 2-2

整体投资回报能力排名	基金公司（简称）	基金名称	投资类型（二级分类）	样本基金数量	同类基金中排名	期间内规模（亿）
95	长盛	长盛同益成长回报	灵活配置型基金	1 248	862	2.197
95	长盛	长盛沪港深优势精选	灵活配置型基金	1 248	880	0.984
95	长盛	长盛盛丰 C	灵活配置型基金	1 248	895	4.455
95	长盛	长盛盛世 A	灵活配置型基金	1 248	933	1.599
95	长盛	长盛盛世 C	灵活配置型基金	1 248	954	4.300
95	长盛	长盛养老健康产业	灵活配置型基金	1 248	1 058	0.721
95	长盛	长盛同盛成长优选	灵活配置型基金	1 248	1 092	2.197
95	长盛	长盛战略新兴产业 A	灵活配置型基金	1 248	1 115	2.609
95	长盛	长盛国企改革主题	灵活配置型基金	1 248	1 152	9.842
95	长盛	长盛战略新兴产业 C	灵活配置型基金	1 248	1 207	1.106
95	长盛	长盛航天海工装备	灵活配置型基金	1 248	1 216	1.310
95	长盛	长盛电子信息主题	灵活配置型基金	1 248	1 225	12.909
95	长盛	长盛上证 50	被动指数型基金	382	23	0.902
95	长盛	长盛中证 100	被动指数型基金	382	36	3.888
95	长盛	长盛中证金融地产	被动指数型基金	382	61	2.387
95	长盛	长盛同庆中证 800	被动指数型基金	382	112	2.683
95	长盛	长盛沪深 300	被动指数型基金	382	113	1.319
95	长盛	长盛同瑞中证 200	被动指数型基金	382	255	0.095
95	长盛	长盛中证申万一带一路	被动指数型基金	382	256	8.992
95	长盛	长盛中证全指证券	被动指数型基金	382	268	0.856
95	长盛	长盛添利宝 B	货币市场型基金	597	380	123.008
95	长盛	长盛货币 A	货币市场型基金	597	417	32.957
95	长盛	长盛添利宝 A	货币市场型基金	597	524	25.622
96	上投摩根	上投摩根纯债添利 A	中长期纯债型基金	660	446	28.614
96	上投摩根	上投摩根纯债 A	中长期纯债型基金	660	478	8.051
96	上投摩根	上投摩根纯债 B	中长期纯债型基金	660	544	0.387

续表2-2

整体投资回报能力排名	基金公司（简称）	基金名称	投资类型（二级分类）	样本基金数量	同类基金中排名	期间内规模（亿）
96	上投摩根	上投摩根纯债丰利A	中长期纯债型基金	660	612	11.185
96	上投摩根	上投摩根纯债丰利C	中长期纯债型基金	660	620	0.061
96	上投摩根	上投摩根纯债添利C	中长期纯债型基金	660	626	0.057
96	上投摩根	上投摩根安鑫回报A	偏债混合型基金	115	76	2.799
96	上投摩根	上投摩根安鑫回报C	偏债混合型基金	115	83	0.557
96	上投摩根	上投摩根稳进回报	偏债混合型基金	115	90	1.161
96	上投摩根	上投摩根红利回报A	偏债混合型基金	115	96	0.574
96	上投摩根	上投摩根红利回报C	偏债混合型基金	115	103	2.707
96	上投摩根	上投摩根新兴动力H	偏股混合型基金	508	63	0.090
96	上投摩根	上投摩根新兴动力A	偏股混合型基金	508	64	21.498
96	上投摩根	上投摩根成长先锋	偏股混合型基金	508	81	14.467
96	上投摩根	上投摩根核心优选	偏股混合型基金	508	84	9.019
96	上投摩根	上投摩根智选30	偏股混合型基金	508	143	4.655
96	上投摩根	上投摩根双核平衡	偏股混合型基金	508	160	2.658
96	上投摩根	上投摩根行业轮动H	偏股混合型基金	508	168	0.096
96	上投摩根	上投摩根行业轮动A	偏股混合型基金	508	169	7.223
96	上投摩根	上投摩根中小盘	偏股混合型基金	508	191	4.862
96	上投摩根	上投摩根内需动力	偏股混合型基金	508	262	27.313
96	上投摩根	上投摩根中国优势	偏股混合型基金	508	266	12.716
96	上投摩根	上投摩根健康品质生活	偏股混合型基金	508	314	1.278
96	上投摩根	上投摩根阿尔法	偏股混合型基金	508	384	18.577
96	上投摩根	上投摩根双息平衡H	平衡混合型基金	31	30	0.003
96	上投摩根	上投摩根双息平衡A	平衡混合型基金	31	31	17.843
96	上投摩根	上投摩根医疗健康	普通股票型基金	203	11	3.171
96	上投摩根	上投摩根大盘蓝筹	普通股票型基金	203	43	2.594
96	上投摩根	上投摩根安全战略	普通股票型基金	203	75	9.347

续表 2-2

整体投资回报能力排名	基金公司（简称）	基金名称	投资类型（二级分类）	样本基金数量	同类基金中排名	期间内规模（亿）
96	上投摩根	上投摩根新兴服务	普通股票型基金	203	81	0.887
96	上投摩根	上投摩根卓越制造	普通股票型基金	203	99	17.937
96	上投摩根	上投摩根智慧互联	普通股票型基金	203	125	17.368
96	上投摩根	上投摩根核心成长	普通股票型基金	203	149	21.929
96	上投摩根	上投摩根民生需求	普通股票型基金	203	168	8.707
96	上投摩根	上投摩根分红添利 A	混合债券型一级基金	147	122	0.900
96	上投摩根	上投摩根分红添利 B	混合债券型一级基金	147	132	0.065
96	上投摩根	上投摩根强化回报 A	混合债券型二级基金	363	248	0.077
96	上投摩根	上投摩根强化回报 B	混合债券型二级基金	363	270	0.051
96	上投摩根	上投摩根双债增利 A	混合债券型二级基金	363	286	3.182
96	上投摩根	上投摩根优信增利 A	混合债券型二级基金	363	300	0.223
96	上投摩根	上投摩根双债增利 C	混合债券型二级基金	363	303	0.659
96	上投摩根	上投摩根优信增利 C	混合债券型二级基金	363	318	0.106
96	上投摩根	上投摩根科技前沿	灵活配置型基金	1 248	61	1.607
96	上投摩根	上投摩根成长动力	灵活配置型基金	1 248	180	2.365
96	上投摩根	上投摩根转型动力	灵活配置型基金	1 248	482	6.952
96	上投摩根	上投摩根文体休闲	灵活配置型基金	1 248	539	1.241
96	上投摩根	上投摩根整合驱动	灵活配置型基金	1 248	1 083	11.808
96	上投摩根	上投摩根策略精选	灵活配置型基金	1 248	1 153	1.371
96	上投摩根	上投摩根动态多因子	灵活配置型基金	1 248	1 211	10.570
96	上投摩根	上投摩根中证消费	被动指数型基金	382	84	0.273
96	上投摩根	上投摩根天添宝 B	货币市场型基金	597	420	6.674
96	上投摩根	上投摩根天添盈 E	货币市场型基金	597	450	1.150
96	上投摩根	上投摩根货币 B	货币市场型基金	597	478	860.010
96	上投摩根	上投摩根天添盈 A	货币市场型基金	597	527	44.253
96	上投摩根	上投摩根天添宝 A	货币市场型基金	597	543	0.107

续表 2-2

整体投资回报能力排名	基金公司（简称）	基金名称	投资类型（二级分类）	样本基金数量	同类基金中排名	期间内规模（亿）
96	上投摩根	上投摩根货币 A	货币市场型基金	597	560	1.084
96	上投摩根	上投摩根天添盈 B	货币市场型基金	597	585	1.794
97	长信	长信纯债一年 A	中长期纯债型基金	660	46	6.993
97	长信	长信纯债一年 C	中长期纯债型基金	660	105	3.104
97	长信	长信利率债 A	中长期纯债型基金	660	117	2.192
97	长信	长信金葵纯债一年 A	中长期纯债型基金	660	134	4.912
97	长信	长信富全纯债一年 A	中长期纯债型基金	660	174	4.841
97	长信	长信富安纯债半年 A	中长期纯债型基金	660	221	10.834
97	长信	长信利率债 C	中长期纯债型基金	660	232	3.326
97	长信	长信金葵纯债一年 C	中长期纯债型基金	660	239	1.338
97	长信	长信富全纯债一年 C	中长期纯债型基金	660	294	4.688
97	长信	长信富平纯债一年 A	中长期纯债型基金	660	331	8.987
97	长信	长信富安纯债半年 C	中长期纯债型基金	660	355	2.334
97	长信	长信富海纯债一年 C	中长期纯债型基金	660	371	15.711
97	长信	长信稳健纯债 A	中长期纯债型基金	660	379	2.687
97	长信	长信纯债壹号 A	中长期纯债型基金	660	404	23.680
97	长信	长信富平纯债一年 C	中长期纯债型基金	660	453	0.604
97	长信	长信稳益	中长期纯债型基金	660	542	49.612
97	长信	长信富民纯债一年 C	中长期纯债型基金	660	594	7.229
97	长信	长信先利半年 A	偏债混合型基金	115	84	6.019
97	长信	长信易进 A	偏债混合型基金	115	85	0.702
97	长信	长信易进 C	偏债混合型基金	115	91	0.341
97	长信	长信内需成长 A	偏股混合型基金	508	76	11.842
97	长信	长信双利优选 A	偏股混合型基金	508	167	7.355
97	长信	长信银利精选	偏股混合型基金	508	181	8.080
97	长信	长信恒利优势	偏股混合型基金	508	279	0.316

续表 2-2

整体投资回报能力排名	基金公司（简称）	基金名称	投资类型（二级分类）	样本基金数量	同类基金中排名	期间内规模（亿）
97	长信	长信金利趋势	偏股混合型基金	508	395	19.561
97	长信	长信增利策略	偏股混合型基金	508	443	10.424
97	长信	长信量化先锋 A	偏股混合型基金	508	500	66.725
97	长信	长信创新驱动	普通股票型基金	203	112	0.689
97	长信	长信量化多策略 A	普通股票型基金	203	177	1.744
97	长信	长信量化中小盘	普通股票型基金	203	199	23.489
97	长信	长信利众 A	混合债券型一级基金	147	26	1.187
97	长信	长信利众 C	混合债券型一级基金	147	41	6.687
97	长信	长信利鑫 C	混合债券型一级基金	147	71	1.536
97	长信	长信可转债 A	混合债券型二级基金	363	62	13.461
97	长信	长信可转债 C	混合债券型二级基金	363	89	7.325
97	长信	长信先锐	混合债券型二级基金	363	148	1.138
97	长信	长信利富	混合债券型二级基金	363	198	5.001
97	长信	长信利发	混合债券型二级基金	363	205	6.029
97	长信	长信利丰 C	混合债券型二级基金	363	282	26.676
97	长信	长信利保 A	混合债券型二级基金	363	306	3.248
97	长信	长信多利	灵活配置型基金	1 248	56	7.146
97	长信	长信利广 A	灵活配置型基金	1 248	240	3.635
97	长信	长信改革红利	灵活配置型基金	1 248	311	4.890
97	长信	长信新利	灵活配置型基金	1 248	333	4.570
97	长信	长信利泰 A	灵活配置型基金	1 248	353	4.865
97	长信	长信利广 C	灵活配置型基金	1 248	359	0.129
97	长信	长信利信 A	灵活配置型基金	1 248	676	1.487
97	长信	长信利盈 A	灵活配置型基金	1 248	705	12.470
97	长信	长信利盈 C	灵活配置型基金	1 248	724	0.000
97	长信	长信医疗保健行业	灵活配置型基金	1 248	755	1.273

续表 2-2

整体投资回报能力排名	基金公司（简称）	基金名称	投资类型（二级分类）	样本基金数量	同类基金中排名	期间内规模（亿）
97	长信	长信睿进 A	灵活配置型基金	1 248	1 132	0.070
97	长信	长信睿进 C	灵活配置型基金	1 248	1 168	3.491
97	长信	长信电子信息行业量化	灵活配置型基金	1 248	1 189	6.001
97	长信	长信利息收益 B	货币市场型基金	597	279	28.823
97	长信	长信利息收益 A	货币市场型基金	597	458	74.555
98	财通	财通纯债 A	中长期纯债型基金	660	440	5.222
98	财通	财通可持续发展主题	偏股混合型基金	508	125	1.248
98	财通	财通多策略福瑞	偏股混合型基金	508	428	19.000
98	财通	财通中证 100 指数增强 A	增强指数型基金	57	25	4.904
98	财通	财通稳健增长 A	混合债券型二级基金	363	327	0.350
98	财通	财通收益增强 A	混合债券型二级基金	363	336	2.191
98	财通	财通价值动量	灵活配置型基金	1 248	96	12.705
98	财通	财通成长优选	灵活配置型基金	1 248	113	14.029
98	财通	财通多策略精选	灵活配置型基金	1 248	925	15.310
98	财通	财通多策略福享	灵活配置型基金	1 248	1 190	30.572
98	财通	财通多策略升级	灵活配置型基金	1 248	1 217	29.961
98	财通	财通财通宝 B	货币市场型基金	597	345	45.495
98	财通	财通财通宝 A	货币市场型基金	597	511	2.272
99	金信	金信智能中国 2 025	灵活配置型基金	1 248	142	0.608
99	金信	金信深圳成长	灵活配置型基金	1 248	510	0.574
99	金信	金信行业优选	灵活配置型基金	1 248	1 087	0.212
99	金信	金信转型创新成长	灵活配置型基金	1 248	1 224	1.866
99	金信	金信量化精选	灵活配置型基金	1 248	1 227	0.587
99	金信	金信民发货币 B	货币市场型基金	597	193	2.131
99	金信	金信民发货币 A	货币市场型基金	597	410	0.070
100	九泰	九泰锐富事件驱动	偏股混合型基金	508	329	6.977

续表 2-2

整体投资回报能力排名	基金公司（简称）	基金名称	投资类型（二级分类）	样本基金数量	同类基金中排名	期间内规模（亿）
100	九泰	九泰锐丰(LOF)A	灵活配置型基金	1 248	291	5.003
100	九泰	九泰泰富定增	灵活配置型基金	1 248	825	3.599
100	九泰	九泰锐智定增	灵活配置型基金	1 248	858	4.304
100	九泰	九泰锐益定增	灵活配置型基金	1 248	923	23.594
100	九泰	九泰久盛量化先锋A	灵活配置型基金	1 248	955	2.922
100	九泰	九泰天宝A	灵活配置型基金	1 248	1 025	0.031
100	九泰	九泰天宝C	灵活配置型基金	1 248	1 040	5.122
100	九泰	九泰天富改革新动力	灵活配置型基金	1 248	1 106	8.030
100	九泰	九泰盈华量化A	灵活配置型基金	1 248	1 125	0.391
100	九泰	九泰久稳A	灵活配置型基金	1 248	1 135	4.594
100	九泰	九泰盈华量化C	灵活配置型基金	1 248	1 147	3.165
100	九泰	九泰久稳C	灵活配置型基金	1 248	1 161	1.418
100	九泰	九泰日添金B	货币市场型基金	597	261	1.563
100	九泰	九泰日添金A	货币市场型基金	597	459	2.512
101	先锋	先锋精一A	灵活配置型基金	1 248	1 223	0.002
101	先锋	先锋精一C	灵活配置型基金	1 248	1 230	1.123
101	先锋	先锋现金宝	货币市场型基金	597	485	8.441
102	长江资管	长江收益增强	混合债券型二级基金	363	171	3.287
102	长江资管	长江乐享B	货币市场型基金	597	315	10.443
102	长江资管	长江乐享A	货币市场型基金	597	494	0.267
102	长江资管	长江乐享C	货币市场型基金	597	564	32.746
103	东海	东海祥瑞A	中长期纯债型基金	660	462	1.725
103	东海	东海祥瑞C	中长期纯债型基金	660	541	0.227
103	东海	东海祥龙	灵活配置型基金	1 248	1 035	5.393
103	东海	东海美丽中国	灵活配置型基金	1 248	1 094	0.184
103	东海	东海中证社会发展安全	被动指数型基金	382	332	0.676

续表 2-2

整体投资回报能力排名	基金公司（简称）	基金名称	投资类型（二级分类）	样本基金数量	同类基金中排名	期间内规模（亿）
104	益民	益民红利成长	偏股混合型基金	508	379	4.186
104	益民	益民创新优势	偏股混合型基金	508	414	7.849
104	益民	益民服务领先	灵活配置型基金	1 248	587	1.157
104	益民	益民核心增长	灵活配置型基金	1 248	782	0.239
104	益民	益民品质升级	灵活配置型基金	1 248	916	2.409
104	益民	益民货币	货币市场型基金	597	584	0.902
105	中邮	中邮定期开放 A	中长期纯债型基金	660	190	15.797
105	中邮	中邮定期开放 C	中长期纯债型基金	660	244	1.050
105	中邮	中邮纯债聚利 A	中长期纯债型基金	660	304	2.514
105	中邮	中邮稳定收益 A	中长期纯债型基金	660	308	63.628
105	中邮	中邮纯债聚利 C	中长期纯债型基金	660	378	0.037
105	中邮	中邮稳定收益 C	中长期纯债型基金	660	435	1.947
105	中邮	中邮核心优选	偏股混合型基金	508	425	28.692
105	中邮	中邮核心主题	偏股混合型基金	508	444	12.073
105	中邮	中邮战略新兴产业	偏股混合型基金	508	470	43.332
105	中邮	中邮核心成长	偏股混合型基金	508	480	62.407
105	中邮	中邮睿信增强	混合债券型二级基金	363	66	2.317
105	中邮	中邮增力	混合债券型二级基金	363	348	0.347
105	中邮	中邮新思路	灵活配置型基金	1 248	51	1.140
105	中邮	中邮乐享收益	灵活配置型基金	1 248	230	4.215
105	中邮	中邮医药健康	灵活配置型基金	1 248	416	3.642
105	中邮	中邮稳健添利	灵活配置型基金	1 248	598	7.129
105	中邮	中邮消费升级	灵活配置型基金	1 248	646	2.731
105	中邮	中邮中小盘灵活配置	灵活配置型基金	1 248	769	6.870
105	中邮	中邮多策略	灵活配置型基金	1 248	776	2.237
105	中邮	中邮风格轮动	灵活配置型基金	1 248	809	1.876

续表 2-2

整体投资回报能力排名	基金公司（简称）	基金名称	投资类型（二级分类）	样本基金数量	同类基金中排名	期间内规模（亿）
105	中邮	中邮核心科技创新	灵活配置型基金	1 248	911	2.385
105	中邮	中邮景泰 A	灵活配置型基金	1 248	941	2.526
105	中邮	中邮景泰 C	灵活配置型基金	1 248	975	0.068
105	中邮	中邮信息产业	灵活配置型基金	1 248	1 066	43.856
105	中邮	中邮低碳经济	灵活配置型基金	1 248	1 208	2.705
105	中邮	中邮创新优势	灵活配置型基金	1 248	1 233	7.044
105	中邮	中邮趋势精选	灵活配置型基金	1 248	1 239	25.446
105	中邮	中邮核心竞争力	灵活配置型基金	1 248	1 241	14.523
105	中邮	中邮核心优势	灵活配置型基金	1 248	1 242	7.735
105	中邮	中邮绝对收益策略	股票多空	18	16	4.297
105	中邮	中邮现金驿站 C	货币市场型基金	597	263	23.241
105	中邮	中邮现金驿站 B	货币市场型基金	597	297	0.256
105	中邮	中邮货币 B	货币市场型基金	597	337	40.254
105	中邮	中邮现金驿站 A	货币市场型基金	597	348	0.084
105	中邮	中邮货币 A	货币市场型基金	597	503	3.116
106	泰信	泰信鑫益 A	中长期纯债型基金	660	483	0.894
106	泰信	泰信鑫益 C	中长期纯债型基金	660	554	0.374
106	泰信	泰信发展主题	偏股混合型基金	508	253	0.689
106	泰信	泰信中小盘精选	偏股混合型基金	508	344	0.783
106	泰信	泰信现代服务业	偏股混合型基金	508	390	0.567
106	泰信	泰信先行策略	偏股混合型基金	508	420	11.038
106	泰信	泰信优质生活	偏股混合型基金	508	497	6.105
106	泰信	泰信蓝筹精选	偏股混合型基金	508	498	1.752
106	泰信	泰信周期回报	混合债券型一级基金	147	111	0.867
106	泰信	泰信增强收益 A	混合债券型一级基金	147	130	0.038
106	泰信	泰信增强收益 C	混合债券型一级基金	147	136	0.070

续表2-2

整体投资回报能力排名	基金公司（简称）	基金名称	投资类型（二级分类）	样本基金数量	同类基金中排名	期间内规模（亿）
106	泰信	泰信双息双利	混合债券型二级基金	363	277	0.350
106	泰信	泰信行业精选C	灵活配置型基金	1 248	225	0.197
106	泰信	泰信行业精选A	灵活配置型基金	1 248	226	2.077
106	泰信	泰信互联网＋	灵活配置型基金	1 248	536	0.577
106	泰信	泰信鑫选A	灵活配置型基金	1 248	1 046	0.452
106	泰信	泰信鑫选C	灵活配置型基金	1 248	1 057	0.158
106	泰信	泰信国策驱动	灵活配置型基金	1 248	1 124	1.856
106	泰信	泰信优势增长	灵活配置型基金	1 248	1 195	0.745
106	泰信	泰信智选成长	灵活配置型基金	1 248	1 240	2.005
106	泰信	泰信中证200	被动指数型基金	382	248	0.533
106	泰信	泰信基本面400	被动指数型基金	382	323	0.387
106	泰信	泰信天天收益B	货币市场型基金	597	412	10.851
106	泰信	泰信天天收益A	货币市场型基金	597	535	0.980
106	泰信	泰信天天收益E	货币市场型基金	597	541	0.000
107	江信	江信洪福纯债	中长期纯债型基金	660	166	3.690
107	江信	江信添福C	中长期纯债型基金	660	545	0.099
107	江信	江信添福A	中长期纯债型基金	660	619	1.823
107	江信	江信聚福	中长期纯债型基金	660	623	7.410
107	江信	江信汇福	中长期纯债型基金	660	642	4.656
107	江信	江信祺福A	混合债券型二级基金	363	107	2.698
107	江信	江信祺福C	混合债券型二级基金	363	131	0.050
107	江信	江信同福A	灵活配置型基金	1 248	1 082	3.719
107	江信	江信同福C	灵活配置型基金	1 248	1 102	0.068
108	华商	华商稳固添利A	中长期纯债型基金	660	652	0.608
108	华商	华商稳固添利C	中长期纯债型基金	660	653	0.185
108	华商	华商双翼	偏债混合型基金	115	105	4.235

续表 2-2

整体投资回报能力排名	基金公司（简称）	基金名称	投资类型（二级分类）	样本基金数量	同类基金中排名	期间内规模（亿）
108	华商	华商回报1号	偏债混合型基金	115	115	13.211
108	华商	华商产业升级	偏股混合型基金	508	356	1.883
108	华商	华商盛世成长	偏股混合型基金	508	361	33.640
108	华商	华商价值精选	偏股混合型基金	508	458	17.205
108	华商	华商领先企业	偏股混合型基金	508	476	26.216
108	华商	华商主题精选	偏股混合型基金	508	490	16.080
108	华商	华商未来主题	偏股混合型基金	508	508	15.602
108	华商	华商收益增强A	混合债券型一级基金	147	146	4.958
108	华商	华商收益增强B	混合债券型一级基金	147	147	1.754
108	华商	华商稳定增利A	混合债券型二级基金	363	22	2.117
108	华商	华商稳定增利C	混合债券型二级基金	363	36	0.859
108	华商	华商瑞鑫定期开放	混合债券型二级基金	363	63	5.374
108	华商	华商稳健双利A	混合债券型二级基金	363	136	1.009
108	华商	华商稳健双利B	混合债券型二级基金	363	165	0.950
108	华商	华商丰利增强定开A	混合债券型二级基金	363	355	0.914
108	华商	华商丰利增强定开C	混合债券型二级基金	363	356	1.118
108	华商	华商信用增强A	混合债券型二级基金	363	359	0.855
108	华商	华商信用增强C	混合债券型二级基金	363	360	0.491
108	华商	华商双债丰利A	混合债券型二级基金	363	361	28.940
108	华商	华商双债丰利C	混合债券型二级基金	363	362	8.542
108	华商	华商新趋势优选	灵活配置型基金	1 248	58	1.327
108	华商	华商优势行业	灵活配置型基金	1 248	115	7.953
108	华商	华商策略精选	灵活配置型基金	1 248	301	17.739
108	华商	华商量化进取	灵活配置型基金	1 248	369	24.590
108	华商	华商新量化	灵活配置型基金	1 248	421	4.873
108	华商	华商红利优选	灵活配置型基金	1 248	700	3.948

2 三年期公募基金管理公司整体投资回报能力评价

续表2-2

整体投资回报能力排名	基金公司（简称）	基金名称	投资类型（二级分类）	样本基金数量	同类基金中排名	期间内规模（亿）
108	华商	华商价值共享灵活配置	灵活配置型基金	1 248	715	5.257
108	华商	华商智能生活	灵活配置型基金	1 248	739	3.655
108	华商	华商双驱优选	灵活配置型基金	1 248	780	7.870
108	华商	华商健康生活	灵活配置型基金	1 248	915	11.172
108	华商	华商乐享互联网	灵活配置型基金	1 248	1 016	2.446
108	华商	华商万众创新	灵活配置型基金	1 248	1 023	2.051
108	华商	华商新兴活力	灵活配置型基金	1 248	1 122	1.173
108	华商	华商创新成长	灵活配置型基金	1 248	1 140	9.351
108	华商	华商大盘量化精选	灵活配置型基金	1 248	1 179	8.449
108	华商	华商新常态	灵活配置型基金	1 248	1 183	5.916
108	华商	华商新锐产业	灵活配置型基金	1 248	1 199	31.688
108	华商	华商动态阿尔法	灵活配置型基金	1 248	1 237	14.505
108	华商	华商新动力	灵活配置型基金	1 248	1 243	1.346
108	华商	华商现金增利B	货币市场型基金	597	537	4.299
108	华商	华商现金增利A	货币市场型基金	597	574	1.595
109	山西证券	山西证券裕利	中长期纯债型基金	660	281	9.119
109	山西证券	山西证券策略精选	灵活配置型基金	1 248	1 172	2.777
109	山西证券	山西证券日日添利B	货币市场型基金	597	310	6.051
109	山西证券	山西证券日日添利A	货币市场型基金	597	495	0.163
109	山西证券	山西证券日日添利C	货币市场型基金	597	586	23.837

3 五年期公募基金管理公司整体投资回报能力评价

3.1 数据来源与样本说明

五年期的数据区间为2014年12月31日至2019年12月31日。所有公募基金数据来源于 Wind 金融资讯终端。从 Wind 上我们获得的数据变量有：基金名称、基金管理公司、投资类型（二级分类）、投资风格、复权单位净值增长率（20141231—20191231）、单位净值（20141231）、单位净值（20191231）、基金份额（20141231）、基金份额（20191231）。

我们删除国际（QDII）类基金、同期样本数少于10的类别，再删除同期旗下样本基金数少于3只的基金管理公司，最后的样本基金数为1 961只，样本基金管理公司总共84家。

投资类型包括：偏股混合型基金（442只）、混合债券型二级基金（207只）、灵活配置型基金（231只）、被动指数型基金（205只）、偏债混合型基金（24只）、增强指数型基金（30只）、普通股票型基金（54只）、混合债券型一级基金（128只）、货币市场型基金（361只）、中长期纯债型基金（234只）、短期纯债型基金（10只）、平衡混合型基金（23只）、被动指数型债券基金（12只）。

我们按第1部分介绍的计算方法，计算出样本中每家基金公司的整体投资回报能力分数，依高分到低分进行排序。

3.2 五年期整体投资回报能力评价结果

满足五年期的整体投资回报能力评价数据要求的共有84家基金管理公司，排名靠前的基金公司仍然是样本基金数量偏少的公司，如第1名的东证资管有3只样本基金，第2名的中欧有11只样本基金，第3名的国金有3只样本基金。见表3-1。

表 3-1 五年期整体投资回报能力评价

整体投资回报能力排名	基金公司（简称）	整体投资回报能力得分	样本基金数量
1	东证资管	2.398	3
2	中欧	0.928	11
3	国金	0.867	3
4	交银施罗德	0.839	43
5	兴全	0.803	13
6	中加	0.728	4
7	金元顺安	0.717	8
8	易方达	0.716	71
9	中融	0.705	5
10	民生加银	0.671	31
11	安信	0.662	11
12	诺德	0.614	8
13	摩根士丹利华鑫	0.575	21
14	国海富兰克林	0.574	19
15	汇添富	0.555	55
16	方正富邦	0.511	5
17	财通	0.507	4
18	英大	0.411	4
19	富国	0.385	57
20	广发	0.383	60
21	平安	0.376	8
22	景顺长城	0.374	41
23	富安达	0.373	7
24	金鹰	0.340	11
25	国泰	0.316	40
26	建信	0.300	58

续表 3-1

整体投资回报能力排名	基金公司(简称)	整体投资回报能力得分	样本基金数量
27	上银	0.269	3
28	招商	0.264	47
29	大成	0.261	52
30	国寿安保	0.253	8
31	工银瑞信	0.250	58
32	南方	0.247	65
33	万家	0.225	21
34	中银	0.217	42
35	农银汇理	0.167	27
36	银河	0.165	29
37	海富通	0.145	28
38	华安	0.138	50
39	浦银安盛	0.138	26
40	中信保诚	0.138	29
41	兴业	0.134	3
42	嘉实	0.123	66
43	鹏华	0.120	52
44	长安	0.119	5
45	光大保德信	0.111	20
46	华夏	0.101	51
47	国投瑞银	0.088	32
48	长信	0.070	17
49	华润元大	0.067	6
50	德邦	0.056	3
51	新华	0.034	21
52	长城	0.018	22

续表 3-1

整体投资回报能力排名	基金公司(简称)	整体投资回报能力得分	样本基金数量
53	华泰柏瑞	0.015	25
54	北信瑞丰	0.003	4
55	鑫元	−0.026	8
56	天弘	−0.046	17
57	汇丰晋信	−0.083	16
58	博时	−0.114	53
59	中金	−0.145	4
60	国联安	−0.155	22
61	华富	−0.177	16
62	银华	−0.216	38
63	东方	−0.254	15
64	诺安	−0.261	35
65	宝盈	−0.276	17
66	华融	−0.316	3
67	融通	−0.335	27
68	华宝	−0.340	27
69	中信建投	−0.370	4
70	中海	−0.380	22
71	长盛	−0.470	26
72	天治	−0.512	11
73	上投摩根	−0.543	40
74	泰达宏利	−0.543	22
75	信达澳银	−0.603	13
76	申万菱信	−0.699	16
77	东吴	−0.792	18
78	华商	−0.800	25

续表 3-1

整体投资回报能力排名	基金公司(简称)	整体投资回报能力得分	样本基金数量
79	中邮	−0.936	17
80	西部利得	−0.951	4
81	泰信	−1.163	16
82	前海开源	−1.180	7
83	浙商	−1.258	4
84	益民	−1.371	5

3.3 五年期整体投资回报能力评价详细说明

从表3-2可以看出五年期的整体投资回报能力评价中,为什么有的基金公司会排在前面,有的则排在后面。如第1名的东证资管基金公司旗下的2只规模较大的样本基金东方红睿丰、东方红产业升级在同期231只灵活配置型基金中分别排到第2、第7,这是东证资管基金公司在五年期整体投资回报能力评价中排名第1的重要原因。

表3-2　五年期排名中所有样本基金详细情况

整体投资回报能力排名	基金公司(简称)	基金名称	投资类型(二级分类)	样本基金数量	同类基金中排名	期间内规模(亿)
1	东证资管	东方红睿丰	灵活配置型基金	231	2	63.222
1	东证资管	东方红产业升级	灵活配置型基金	231	7	47.886
1	东证资管	东方红新动力	灵活配置型基金	231	56	21.072
2	中欧	中欧睿达定期开放	偏债混合型基金	24	17	14.464
2	中欧	中欧新趋势A	偏股混合型基金	442	31	28.221
2	中欧	中欧新动力A	偏股混合型基金	442	33	17.532
2	中欧	中欧行业成长A	偏股混合型基金	442	46	34.552
2	中欧	中欧价值发现A	偏股混合型基金	442	74	36.839
2	中欧	中欧增强回报A	混合债券型一级基金	128	25	34.831

续表 3-2

整体投资回报能力排名	基金公司（简称）	基金名称	投资类型（二级分类）	样本基金数量	同类基金中排名	期间内规模（亿）
2	中欧	中欧新蓝筹 A	灵活配置型基金	231	18	37.032
2	中欧	中欧价值智选回报 A	灵活配置型基金	231	57	7.731
2	中欧	中欧成长优选回报 A	灵活配置型基金	231	154	7.310
2	中欧	中欧货币 B	货币市场型基金	361	196	32.989
2	中欧	中欧货币 A	货币市场型基金	361	299	1.625
3	国金	国金国鑫灵活配置	灵活配置型基金	231	38	2.170
3	国金	国金金腾通 A	货币市场型基金	361	23	97.129
3	国金	国金鑫盈货币	货币市场型基金	361	333	1.714
4	交银施罗德	交银丰润收益 A	中长期纯债型基金	234	83	11.835
4	交银施罗德	交银丰盈收益 A	中长期纯债型基金	234	123	2.812
4	交银施罗德	交银双轮动 AB	中长期纯债型基金	234	132	5.501
4	交银施罗德	交银双轮动 C	中长期纯债型基金	234	170	1.090
4	交银施罗德	交银纯债 AB	中长期纯债型基金	234	179	4.112
4	交银施罗德	交银丰润收益 C	中长期纯债型基金	234	180	0.119
4	交银施罗德	交银纯债 C	中长期纯债型基金	234	209	0.428
4	交银施罗德	交银新成长	偏股混合型基金	442	2	20.295
4	交银施罗德	交银先进制造	偏股混合型基金	442	3	12.236
4	交银施罗德	交银精选	偏股混合型基金	442	14	47.255
4	交银施罗德	交银趋势优先	偏股混合型基金	442	19	5.489
4	交银施罗德	交银阿尔法	偏股混合型基金	442	25	23.039
4	交银施罗德	交银成长 30	偏股混合型基金	442	82	12.326
4	交银施罗德	交银蓝筹	偏股混合型基金	442	111	44.983
4	交银施罗德	交银成长 A	偏股混合型基金	442	203	37.748
4	交银施罗德	交银先锋	偏股混合型基金	442	310	8.409
4	交银施罗德	交银定期支付双息平衡	平衡混合型基金	23	1	10.347
4	交银施罗德	交银信用添利	混合债券型一级基金	128	27	11.493

续表 3-2

整体投资回报能力排名	基金公司（简称）	基金名称	投资类型（二级分类）	样本基金数量	同类基金中排名	期间内规模（亿）
4	交银施罗德	交银增利债券 A	混合债券型一级基金	128	73	7.598
4	交银施罗德	交银增利债券 B	混合债券型一级基金	128	74	7.598
4	交银施罗德	交银增利债券 C	混合债券型一级基金	128	90	2.151
4	交银施罗德	交银定期支付月月丰 A	混合债券型二级基金	207	82	0.480
4	交银施罗德	交银稳固收益	混合债券型二级基金	207	90	2.061
4	交银施罗德	交银定期支付月月丰 C	混合债券型二级基金	207	103	0.256
4	交银施罗德	交银强化回报 AB	混合债券型二级基金	207	129	0.928
4	交银施罗德	交银强化回报 C	混合债券型二级基金	207	143	0.136
4	交银施罗德	交银双利 AB	混合债券型二级基金	207	174	1.296
4	交银施罗德	交银双利 C	混合债券型二级基金	207	179	0.485
4	交银施罗德	交银优势行业	灵活配置型基金	231	1	19.433
4	交银施罗德	交银主题优选	灵活配置型基金	231	15	11.187
4	交银施罗德	交银稳健配置 A	灵活配置型基金	231	35	34.685
4	交银施罗德	交银周期回报 A	灵活配置型基金	231	125	3.468
4	交银施罗德	交银深证 300 价值 ETF	被动指数型基金	205	21	0.644
4	交银施罗德	交银深证 300 价值 ETF 联接	被动指数型基金	205	32	0.640
4	交银施罗德	交银 180 治理 ETF 联接	被动指数型基金	205	124	12.159
4	交银施罗德	交银 180 治理 ETF	被动指数型基金	205	126	11.890
4	交银施罗德	交银理财 21 天 B	货币市场型基金	361	51	78.401
4	交银施罗德	交银理财 60 天 B	货币市场型基金	361	104	40.178
4	交银施罗德	交银理财 21 天 A	货币市场型基金	361	110	0.191
4	交银施罗德	交银理财 60 天 A	货币市场型基金	361	202	0.126
4	交银施罗德	交银货币 B	货币市场型基金	361	272	17.919
4	交银施罗德	交银现金宝 A	货币市场型基金	361	292	49.894
4	交银施罗德	交银货币 A	货币市场型基金	361	332	7.693

续表 3-2

整体投资回报能力排名	基金公司（简称）	基金名称	投资类型（二级分类）	样本基金数量	同类基金中排名	期间内规模（亿）
5	兴全	兴全可转债	偏债混合型基金	24	11	46.296
5	兴全	兴全轻资产	偏股混合型基金	442	10	34.900
5	兴全	兴全合润分级	偏股混合型基金	442	12	35.207
5	兴全	兴全商业模式优选	偏股混合型基金	442	20	15.858
5	兴全	兴全社会责任	偏股混合型基金	442	57	53.336
5	兴全	兴全绿色投资	偏股混合型基金	442	248	19.271
5	兴全	兴全沪深300指数增强A	增强指数型基金	30	3	30.505
5	兴全	兴全全球视野	普通股票型基金	54	31	30.580
5	兴全	兴全磐稳增利债券	混合债券型一级基金	128	15	15.437
5	兴全	兴全有机增长	灵活配置型基金	231	27	26.251
5	兴全	兴全趋势投资	灵活配置型基金	231	34	150.472
5	兴全	兴全货币A	货币市场型基金	361	46	22.172
5	兴全	兴全添利宝	货币市场型基金	361	65	649.793
6	中加	中加纯债一年A	中长期纯债型基金	234	7	6.265
6	中加	中加纯债一年C	中长期纯债型基金	234	10	0.939
6	中加	中加货币C	货币市场型基金	361	57	59.141
6	中加	中加货币A	货币市场型基金	361	158	13.405
7	金元顺安	金元顺安宝石动力	偏股混合型基金	442	390	2.156
7	金元顺安	金元顺安消费主题	偏股混合型基金	442	404	0.291
7	金元顺安	金元顺安价值增长	偏股混合型基金	442	441	0.617
7	金元顺安	金元顺安丰利	混合债券型二级基金	207	109	14.474
7	金元顺安	金元顺安优质精选A	灵活配置型基金	231	209	0.282
7	金元顺安	金元顺安成长动力	灵活配置型基金	231	213	0.551
7	金元顺安	金元顺安金元宝B	货币市场型基金	361	19	65.504
7	金元顺安	金元顺安金元宝A	货币市场型基金	361	89	0.791

续表 3-2

整体投资回报能力排名	基金公司（简称）	基金名称	投资类型（二级分类）	样本基金数量	同类基金中排名	期间内规模（亿）
8	易方达	易方达永旭添利	中长期纯债型基金	234	22	10.293
8	易方达	易方达信用债 A	中长期纯债型基金	234	50	18.181
8	易方达	易方达投资级信用债 A	中长期纯债型基金	234	65	11.023
8	易方达	易方达信用债 C	中长期纯债型基金	234	78	5.310
8	易方达	易方达纯债 A	中长期纯债型基金	234	80	18.657
8	易方达	易方达纯债 1 年 A	中长期纯债型基金	234	81	12.868
8	易方达	易方达投资级信用债 C	中长期纯债型基金	234	85	2.602
8	易方达	易方达纯债 1 年 C	中长期纯债型基金	234	108	1.322
8	易方达	易方达恒久添利 1 年 A	中长期纯债型基金	234	112	7.164
8	易方达	易方达纯债 C	中长期纯债型基金	234	117	6.777
8	易方达	易方达高等级信用债 A	中长期纯债型基金	234	119	42.103
8	易方达	易方达高等级信用债 C	中长期纯债型基金	234	120	9.867
8	易方达	易方达恒久添利 1 年 C	中长期纯债型基金	234	149	1.346
8	易方达	易方达裕惠回报	偏债混合型基金	24	2	27.969
8	易方达	易方达中小盘	偏股混合型基金	442	7	90.059
8	易方达	易方达科翔	偏股混合型基金	442	22	22.733
8	易方达	易方达行业领先	偏股混合型基金	442	30	8.321
8	易方达	易方达价值精选	偏股混合型基金	442	150	31.042
8	易方达	易方达医疗保健	偏股混合型基金	442	159	21.902
8	易方达	易方达积极成长	偏股混合型基金	442	269	30.141
8	易方达	易方达科讯	偏股混合型基金	442	271	46.128
8	易方达	易方达资源行业	偏股混合型基金	442	410	4.023
8	易方达	易方达策略 2 号	偏股混合型基金	442	424	22.849
8	易方达	易方达策略成长	偏股混合型基金	442	427	25.063
8	易方达	易方达上证 50 指数 A	增强指数型基金	30	1	181.952

续表3-2

整体投资回报能力排名	基金公司（简称）	基金名称	投资类型（二级分类）	样本基金数量	同类基金中排名	期间内规模（亿）
8	易方达	易方达沪深300量化增强	增强指数型基金	30	12	8.873
8	易方达	易方达平稳增长	平衡混合型基金	23	2	22.142
8	易方达	易方达消费行业	普通股票型基金	54	2	111.282
8	易方达	易方达增强回报A	混合债券型一级基金	128	1	34.460
8	易方达	易方达增强回报B	混合债券型一级基金	128	2	14.564
8	易方达	易方达岁丰添利	混合债券型一级基金	128	3	1.566
8	易方达	易方达双债增强A	混合债券型一级基金	128	8	14.634
8	易方达	易方达双债增强C	混合债券型一级基金	128	14	0.507
8	易方达	易方达安心回报A	混合债券型二级基金	207	2	51.732
8	易方达	易方达安心回报B	混合债券型二级基金	207	3	27.335
8	易方达	易方达裕丰回报	混合债券型二级基金	207	4	34.243
8	易方达	易方达稳健收益B	混合债券型二级基金	207	7	62.559
8	易方达	易方达稳健收益A	混合债券型二级基金	207	8	16.516
8	易方达	易方达新兴成长	灵活配置型基金	231	17	15.939
8	易方达	易方达价值成长	灵活配置型基金	231	86	85.264
8	易方达	易方达科汇	灵活配置型基金	231	147	5.938
8	易方达	易方达中债新综合A	被动指数型债券基金	12	1	1.340
8	易方达	易方达中债新综合C	被动指数型债券基金	12	3	0.905
8	易方达	易方达沪深300医药卫生ETF	被动指数型基金	205	9	6.980
8	易方达	易方达深证100ETF	被动指数型基金	205	46	83.905
8	易方达	易方达深证100ETF联接A	被动指数型基金	205	50	36.313
8	易方达	易方达沪深300ETF联接A	被动指数型基金	205	79	71.964
8	易方达	易方达沪深300ETF	被动指数型基金	205	80	78.781
8	易方达	易方达创业板ETF	被动指数型基金	205	112	87.017

续表 3-2

整体投资回报能力排名	基金公司（简称）	基金名称	投资类型（二级分类）	样本基金数量	同类基金中排名	期间内规模（亿）
8	易方达	易方达上证中盘 ETF	被动指数型基金	205	132	4.938
8	易方达	易方达上证中盘 ETF 联接 A	被动指数型基金	205	134	4.022
8	易方达	易方达创业板 ETF 联接 A	被动指数型基金	205	160	25.322
8	易方达	易方达沪深 300 非银 ETF	被动指数型基金	205	174	14.221
8	易方达	易方达月月利 B	货币市场型基金	361	3	118.738
8	易方达	易方达财富快线 B	货币市场型基金	361	18	28.309
8	易方达	易方达月月利 A	货币市场型基金	361	24	5.232
8	易方达	易方达龙宝 B	货币市场型基金	361	32	2.489
8	易方达	易方达天天 R	货币市场型基金	361	35	18.642
8	易方达	易方达天天增利 B	货币市场型基金	361	36	3.080
8	易方达	易方达天天 B	货币市场型基金	361	41	146.238
8	易方达	易方达易理财	货币市场型基金	361	54	833.147
8	易方达	易方达财富快线 Y	货币市场型基金	361	85	74.694
8	易方达	易方达财富快线 A	货币市场型基金	361	87	41.574
8	易方达	易方达龙宝 A	货币市场型基金	361	120	5.029
8	易方达	易方达天天增利 A	货币市场型基金	361	132	12.592
8	易方达	易方达天天 A	货币市场型基金	361	137	245.411
8	易方达	易方达保证金 B	货币市场型基金	361	254	6.720
8	易方达	易方达货币 B	货币市场型基金	361	258	369.703
8	易方达	易方达货币 A	货币市场型基金	361	325	38.079
8	易方达	易方达保证金 A	货币市场型基金	361	326	5.442
8	易方达	易方达货币 E	货币市场型基金	361	327	3.439
9	中融	中融增鑫一年 A	混合债券型一级基金	128	95	0.392
9	中融	中融增鑫一年 C	混合债券型一级基金	128	102	0.284

续表3-2

整体投资回报能力排名	基金公司（简称）	基金名称	投资类型（二级分类）	样本基金数量	同类基金中排名	期间内规模（亿）
9	中融	中融国企改革	灵活配置型基金	231	207	3.801
9	中融	中融货币C	货币市场型基金	361	43	125.553
9	中融	中融货币A	货币市场型基金	361	140	0.559
10	民生加银	民生加银平稳添利A	中长期纯债型基金	234	23	17.974
10	民生加银	民生加银岁岁增利A	中长期纯债型基金	234	27	8.596
10	民生加银	民生加银平稳添利C	中长期纯债型基金	234	41	0.576
10	民生加银	民生加银平稳增利A	中长期纯债型基金	234	43	18.114
10	民生加银	民生加银岁岁增利C	中长期纯债型基金	234	48	0.715
10	民生加银	民生加银平稳增利C	中长期纯债型基金	234	66	3.394
10	民生加银	民生加银景气行业	偏股混合型基金	442	26	8.437
10	民生加银	民生加银内需增长	偏股混合型基金	442	55	3.324
10	民生加银	民生加银稳健成长	偏股混合型基金	442	110	0.856
10	民生加银	民生加银精选	偏股混合型基金	442	382	2.924
10	民生加银	民生加银优选	普通股票型基金	54	34	10.706
10	民生加银	民生加银增强收益A	混合债券型二级基金	207	92	15.240
10	民生加银	民生加银增强收益C	混合债券型二级基金	207	105	2.983
10	民生加银	民生加银信用双利A	混合债券型二级基金	207	119	13.491
10	民生加银	民生加银信用双利C	混合债券型二级基金	207	135	1.088
10	民生加银	民生加银转债优选A	混合债券型二级基金	207	201	8.831
10	民生加银	民生加银转债优选C	混合债券型二级基金	207	202	1.529
10	民生加银	民生加银城镇化	灵活配置型基金	231	3	2.295
10	民生加银	民生加银策略精选	灵活配置型基金	231	11	2.797
10	民生加银	民生加银品牌蓝筹	灵活配置型基金	231	40	1.712
10	民生加银	民生加银红利回报	灵活配置型基金	231	43	2.151
10	民生加银	民生加银积极成长	灵活配置型基金	231	133	0.729
10	民生加银	民生加银中证内地资源	被动指数型基金	205	190	1.225

续表 3-2

整体投资回报能力排名	基金公司（简称）	基金名称	投资类型（二级分类）	样本基金数量	同类基金中排名	期间内规模（亿）
10	民生加银	民生加银家盈月度 B	货币市场型基金	361	1	43.958
10	民生加银	民生加银家盈月度 A	货币市场型基金	361	11	17.640
10	民生加银	民生加银家盈月度 E	货币市场型基金	361	12	51.924
10	民生加银	民生加银现金宝 A	货币市场型基金	361	77	199.539
10	民生加银	民生加银家盈 7 天 B	货币市场型基金	361	90	37.018
10	民生加银	民生加银现金增利 B	货币市场型基金	361	97	26.731
10	民生加银	民生加银家盈 7 天 A	货币市场型基金	361	138	5.094
10	民生加银	民生加银现金增利 A	货币市场型基金	361	229	12.262
11	安信	安信永利信用 A	中长期纯债型基金	234	14	1.336
11	安信	安信永利信用 C	中长期纯债型基金	234	28	0.483
11	安信	安信目标收益 A	中长期纯债型基金	234	53	1.339
11	安信	安信目标收益 C	中长期纯债型基金	234	95	1.217
11	安信	安信价值精选	普通股票型基金	54	3	20.570
11	安信	安信平稳增长 A	灵活配置型基金	231	126	0.259
11	安信	安信灵活配置	灵活配置型基金	231	144	1.309
11	安信	安信鑫发优选	灵活配置型基金	231	194	2.829
11	安信	安信现金管理货币 B	货币市场型基金	361	114	39.423
11	安信	安信现金管理货币 A	货币市场型基金	361	241	2.406
11	安信	安信现金增利 A	货币市场型基金	361	295	1.093
12	诺德	诺德成长优势	偏股混合型基金	442	38	9.067
12	诺德	诺德周期策略	偏股混合型基金	442	101	1.563
12	诺德	诺德价值优势	偏股混合型基金	442	138	17.144
12	诺德	诺德优选 30	偏股混合型基金	442	199	1.532
12	诺德	诺德中小盘	偏股混合型基金	442	268	0.685
12	诺德	诺德增强收益	混合债券型二级基金	207	187	0.858
12	诺德	诺德主题灵活配置	灵活配置型基金	231	80	0.365

续表 3-2

整体投资回报能力排名	基金公司（简称）	基金名称	投资类型（二级分类）	样本基金数量	同类基金中排名	期间内规模（亿）
12	诺德	诺德深证300分级	被动指数型基金	205	175	0.050
13	摩根士丹利华鑫	大摩纯债稳定添利A	中长期纯债型基金	234	8	10.064
13	摩根士丹利华鑫	大摩纯债稳定添利C	中长期纯债型基金	234	15	8.509
13	摩根士丹利华鑫	大摩纯债稳定增利	中长期纯债型基金	234	17	18.967
13	摩根士丹利华鑫	大摩双利增强A	中长期纯债型基金	234	46	11.555
13	摩根士丹利华鑫	大摩双利增强C	中长期纯债型基金	234	60	5.738
13	摩根士丹利华鑫	大摩优质信价纯债A	中长期纯债型基金	234	68	15.148
13	摩根士丹利华鑫	大摩优质信价纯债C	中长期纯债型基金	234	93	3.964
13	摩根士丹利华鑫	大摩基础行业	偏股混合型基金	442	47	1.268
13	摩根士丹利华鑫	大摩主题优选	偏股混合型基金	442	59	2.595
13	摩根士丹利华鑫	大摩卓越成长	偏股混合型基金	442	60	5.804
13	摩根士丹利华鑫	大摩领先优势	偏股混合型基金	442	184	5.968
13	摩根士丹利华鑫	大摩资源优选	偏股混合型基金	442	306	11.870
13	摩根士丹利华鑫	大摩多因子策略	偏股混合型基金	442	309	22.307
13	摩根士丹利华鑫	大摩量化配置	偏股混合型基金	442	321	10.181
13	摩根士丹利华鑫	大摩深证300指数增强	增强指数型基金	30	27	0.654
13	摩根士丹利华鑫	大摩品质生活精选	普通股票型基金	54	9	4.370
13	摩根士丹利华鑫	大摩进取优选	普通股票型基金	54	30	0.635
13	摩根士丹利华鑫	大摩强收益债券	混合债券型一级基金	128	9	18.182
13	摩根士丹利华鑫	大摩多元收益A	混合债券型二级基金	207	9	7.246
13	摩根士丹利华鑫	大摩多元收益C	混合债券型二级基金	207	12	2.611
13	摩根士丹利华鑫	大摩消费领航	灵活配置型基金	231	228	3.940
14	国海富兰克林	国富恒久信用A	中长期纯债型基金	234	204	0.157
14	国海富兰克林	国富恒久信用C	中长期纯债型基金	234	220	0.046
14	国海富兰克林	国富弹性市值	偏股混合型基金	442	36	39.945
14	国海富兰克林	国富潜力组合A人民币	偏股混合型基金	442	189	27.865

续表 3-2

整体投资回报能力排名	基金公司（简称）	基金名称	投资类型（二级分类）	样本基金数量	同类基金中排名	期间内规模（亿）
14	国海富兰克林	国富研究精选	偏股混合型基金	442	352	0.705
14	国海富兰克林	国富成长动力	偏股混合型基金	442	368	1.131
14	国海富兰克林	国富深化价值	偏股混合型基金	442	370	3.378
14	国海富兰克林	国富沪深300指数增强	增强指数型基金	30	24	5.668
14	国海富兰克林	国富中国收益	平衡混合型基金	23	7	4.206
14	国海富兰克林	国富中小盘	普通股票型基金	54	5	20.703
14	国海富兰克林	国富健康优质生活	普通股票型基金	54	49	3.133
14	国海富兰克林	国富岁岁恒丰A	混合债券型一级基金	128	46	1.796
14	国海富兰克林	国富岁岁恒丰C	混合债券型一级基金	128	62	0.610
14	国海富兰克林	国富强化收益A	混合债券型二级基金	207	26	5.644
14	国海富兰克林	国富强化收益C	混合债券型二级基金	207	33	0.437
14	国海富兰克林	国富焦点驱动灵活配置	灵活配置型基金	231	150	7.140
14	国海富兰克林	国富策略回报	灵活配置型基金	231	179	1.665
14	国海富兰克林	国富日日收益B	货币市场型基金	361	215	6.076
14	国海富兰克林	国富日日收益A	货币市场型基金	361	310	2.840
15	汇添富	汇添富高息债A	中长期纯债型基金	234	139	3.886
15	汇添富	汇添富年年利A	中长期纯债型基金	234	173	2.438
15	汇添富	汇添富实业债A	中长期纯债型基金	234	177	1.380
15	汇添富	汇添富安心中国C	中长期纯债型基金	234	200	0.178
15	汇添富	汇添富年年利C	中长期纯债型基金	234	203	0.860
15	汇添富	汇添富实业债C	中长期纯债型基金	234	206	0.432
15	汇添富	汇添富高息债C	中长期纯债型基金	234	212	2.181
15	汇添富	汇添富安心中国A	中长期纯债型基金	234	215	1.913
15	汇添富	汇添富消费行业	偏股混合型基金	442	1	46.404
15	汇添富	汇添富成长焦点	偏股混合型基金	442	13	72.061
15	汇添富	汇添富价值精选A	偏股混合型基金	442	21	81.388

续表3-2

整体投资回报能力排名	基金公司（简称）	基金名称	投资类型（二级分类）	样本基金数量	同类基金中排名	期间内规模（亿）
15	汇添富	汇添富民营活力A	偏股混合型基金	442	54	33.042
15	汇添富	汇添富优势精选	偏股混合型基金	442	114	28.447
15	汇添富	汇添富美丽30	偏股混合型基金	442	129	55.003
15	汇添富	汇添富策略回报	偏股混合型基金	442	140	8.200
15	汇添富	汇添富逆向投资	偏股混合型基金	442	172	6.587
15	汇添富	汇添富医药保健A	偏股混合型基金	442	225	43.200
15	汇添富	汇添富均衡增长	偏股混合型基金	442	252	82.540
15	汇添富	汇添富社会责任	偏股混合型基金	442	307	17.960
15	汇添富	汇添富环保行业	普通股票型基金	54	47	18.253
15	汇添富	汇添富移动互联	普通股票型基金	54	48	38.388
15	汇添富	汇添富外延增长主题	普通股票型基金	54	50	40.468
15	汇添富	汇添富季季红	混合债券型一级基金	128	10	4.892
15	汇添富	汇添富增强收益A	混合债券型一级基金	128	81	4.340
15	汇添富	汇添富增强收益C	混合债券型一级基金	128	93	0.470
15	汇添富	汇添富双利A	混合债券型二级基金	207	35	2.206
15	汇添富	汇添富双利增强A	混合债券型二级基金	207	37	1.607
15	汇添富	汇添富双利增强C	混合债券型二级基金	207	39	0.099
15	汇添富	汇添富多元收益A	混合债券型二级基金	207	45	2.021
15	汇添富	汇添富双利C	混合债券型二级基金	207	52	0.188
15	汇添富	汇添富多元收益C	混合债券型二级基金	207	56	0.585
15	汇添富	汇添富可转债A	混合债券型二级基金	207	183	11.691
15	汇添富	汇添富可转债C	混合债券型二级基金	207	185	6.128
15	汇添富	汇添富蓝筹稳健	灵活配置型基金	231	4	22.103
15	汇添富	汇添富中证主要消费ETF	被动指数型基金	205	2	17.994
15	汇添富	汇添富中证医药卫生ETF	被动指数型基金	205	54	2.540

续表 3-2

整体投资回报能力排名	基金公司（简称）	基金名称	投资类型（二级分类）	样本基金数量	同类基金中排名	期间内规模（亿）
15	汇添富	汇添富沪深 300 安中动态策略	被动指数型基金	205	101	2.967
15	汇添富	汇添富深证 300ETF	被动指数型基金	205	116	1.015
15	汇添富	汇添富深证 300ETF 联接	被动指数型基金	205	120	0.782
15	汇添富	汇添富中证金融地产 ETF	被动指数型基金	205	144	1.601
15	汇添富	汇添富上证综指	被动指数型基金	205	146	27.278
15	汇添富	汇添富中证能源 ETF	被动指数型基金	205	203	0.383
15	汇添富	汇添富理财 30 天 B	货币市场型基金	361	9	141.838
15	汇添富	汇添富和聚宝	货币市场型基金	361	38	112.998
15	汇添富	汇添富理财 30 天 A	货币市场型基金	361	50	6.418
15	汇添富	汇添富全额宝	货币市场型基金	361	68	490.652
15	汇添富	汇添富现金宝	货币市场型基金	361	94	353.820
15	汇添富	汇添富货币 B	货币市场型基金	361	147	110.312
15	汇添富	汇添富收益快线货币 B	货币市场型基金	361	200	73.804
15	汇添富	汇添富货币 C	货币市场型基金	361	262	36.180
15	汇添富	汇添富货币 D	货币市场型基金	361	263	10.766
15	汇添富	汇添富货币 A	货币市场型基金	361	264	3.452
15	汇添富	汇添富收益快钱 B	货币市场型基金	361	315	1.549
15	汇添富	汇添富收益快钱 A	货币市场型基金	361	342	1.549
15	汇添富	汇添富收益快线货币 A	货币市场型基金	361	347	76.513
16	方正富邦	方正富邦创新动力 A	偏股混合型基金	442	275	0.621
16	方正富邦	方正富邦红利精选 A	偏股混合型基金	442	338	0.669
16	方正富邦	方正富邦货币 B	货币市场型基金	361	27	3.218
16	方正富邦	方正富邦金小宝	货币市场型基金	361	71	61.259
16	方正富邦	方正富邦货币 A	货币市场型基金	361	115	14.465
17	财通	财通可持续发展主题	偏股混合型基金	442	197	3.161

3 五年期公募基金管理公司整体投资回报能力评价

续表3-2

整体投资回报能力排名	基金公司（简称）	基金名称	投资类型（二级分类）	样本基金数量	同类基金中排名	期间内规模（亿）
17	财通	财通中证100指数增强A	增强指数型基金	30	22	4.952
17	财通	财通稳健增长A	混合债券型二级基金	207	173	0.626
17	财通	财通价值动量	灵活配置型基金	231	25	9.345
18	英大	英大纯债A	中长期纯债型基金	234	44	16.086
18	英大	英大纯债C	中长期纯债型基金	234	101	0.551
18	英大	英大领先回报	灵活配置型基金	231	163	0.858
18	英大	英大现金宝	货币市场型基金	361	192	19.650
19	富国	富国强回报A	中长期纯债型基金	234	6	5.148
19	富国	富国强回报C	中长期纯债型基金	234	11	1.814
19	富国	富国新天锋	中长期纯债型基金	234	71	6.572
19	富国	富国信用债A	中长期纯债型基金	234	90	57.964
19	富国	富国产业债A	中长期纯债型基金	234	105	27.821
19	富国	富国目标齐利一年	中长期纯债型基金	234	116	9.598
19	富国	富国纯债AB	中长期纯债型基金	234	121	1.881
19	富国	富国信用债C	中长期纯债型基金	234	126	3.099
19	富国	富国一年期纯债	中长期纯债型基金	234	134	16.509
19	富国	富国纯债C	中长期纯债型基金	234	156	1.998
19	富国	富国国有企业债AB	中长期纯债型基金	234	164	4.205
19	富国	富国国有企业债C	中长期纯债型基金	234	196	0.432
19	富国	富国天合稳健优选	偏股混合型基金	442	37	29.045
19	富国	富国低碳环保	偏股混合型基金	442	49	25.560
19	富国	富国天惠精选成长A	偏股混合型基金	442	50	61.792
19	富国	富国天益价值	偏股混合型基金	442	67	49.845
19	富国	富国通胀通缩主题	偏股混合型基金	442	86	4.444
19	富国	富国天博创新主题	偏股混合型基金	442	89	35.166

续表 3-2

整体投资回报能力排名	基金公司（简称）	基金名称	投资类型（二级分类）	样本基金数量	同类基金中排名	期间内规模（亿）
19	富国	富国医疗保健行业	偏股混合型基金	442	96	8.886
19	富国	富国天瑞强势精选	偏股混合型基金	442	127	30.469
19	富国	富国高新技术产业	偏股混合型基金	442	154	3.510
19	富国	富国消费主题	偏股混合型基金	442	210	21.259
19	富国	富国沪深 300 增强	增强指数型基金	30	2	83.462
19	富国	富国中证红利指数增强	增强指数型基金	30	6	22.534
19	富国	富国中证 500 指数增强	增强指数型基金	30	19	31.234
19	富国	富国天源沪港深	平衡混合型基金	23	4	7.309
19	富国	富国高端制造行业	普通股票型基金	54	12	5.114
19	富国	富国城镇发展	普通股票型基金	54	42	11.484
19	富国	富国天利增长债券	混合债券型一级基金	128	26	44.655
19	富国	富国天丰强化收益	混合债券型一级基金	128	39	7.478
19	富国	富国天盈 C	混合债券型一级基金	128	40	7.267
19	富国	富国稳健增强 AB	混合债券型二级基金	207	41	1.551
19	富国	富国优化增强 A	混合债券型二级基金	207	49	3.275
19	富国	富国优化增强 B	混合债券型二级基金	207	50	3.275
19	富国	富国稳健增强 C	混合债券型二级基金	207	58	0.632
19	富国	富国收益增强 A	混合债券型二级基金	207	59	5.588
19	富国	富国优化增强 C	混合债券型二级基金	207	63	1.143
19	富国	富国收益增强 C	混合债券型二级基金	207	74	3.961
19	富国	富国可转债	混合债券型二级基金	207	150	10.352
19	富国	富国天盛	灵活配置型基金	231	32	7.177
19	富国	富国宏观策略	灵活配置型基金	231	37	4.884
19	富国	富国天成红利	灵活配置型基金	231	95	26.660
19	富国	富国研究精选	灵活配置型基金	231	116	16.609
19	富国	富国新回报 AB	灵活配置型基金	231	189	5.607

续表 3-2

整体投资回报能力排名	基金公司（简称）	基金名称	投资类型（二级分类）	样本基金数量	同类基金中排名	期间内规模（亿）
19	富国	富国新回报 C	灵活配置型基金	231	195	0.955
19	富国	富国创业板指数分级	被动指数型基金	205	142	5.614
19	富国	富国上证综指 ETF	被动指数型基金	205	143	2.237
19	富国	富国上证综指 ETF 联接	被动指数型基金	205	149	1.807
19	富国	富国国企改革	被动指数型基金	205	165	43.004
19	富国	富国中证移动互联网	被动指数型基金	205	178	3.977
19	富国	富国中证军工	被动指数型基金	205	200	54.967
19	富国	富国富钱包	货币市场型基金	361	67	230.045
19	富国	富国天时货币 B	货币市场型基金	361	127	88.731
19	富国	富国天时货币 C	货币市场型基金	361	245	4.959
19	富国	富国天时货币 A	货币市场型基金	361	251	4.494
19	富国	富国安益	货币市场型基金	361	275	72.261
19	富国	富国天时货币 D	货币市场型基金	361	341	0.024
20	广发	广发集利一年 A	中长期纯债型基金	234	16	7.280
20	广发	广发集利一年 C	中长期纯债型基金	234	30	2.186
20	广发	广发双债添利 A	中长期纯债型基金	234	37	55.097
20	广发	广发双债添利 C	中长期纯债型基金	234	45	1.575
20	广发	广发纯债 A	中长期纯债型基金	234	91	7.975
20	广发	广发纯债 C	中长期纯债型基金	234	118	3.053
20	广发	广发聚源 A	中长期纯债型基金	234	128	17.394
20	广发	广发聚源 C	中长期纯债型基金	234	163	0.431
20	广发	广发消费品精选	偏股混合型基金	442	42	3.377
20	广发	广发稳健增长	偏股混合型基金	442	48	60.559
20	广发	广发小盘成长	偏股混合型基金	442	102	46.746
20	广发	广发轮动配置	偏股混合型基金	442	104	6.460
20	广发	广发制造业精选	偏股混合型基金	442	118	4.186

续表 3-2

整体投资回报能力排名	基金公司（简称）	基金名称	投资类型（二级分类）	样本基金数量	同类基金中排名	期间内规模（亿）
20	广发	广发大盘成长	偏股混合型基金	442	144	53.351
20	广发	广发核心精选	偏股混合型基金	442	176	13.120
20	广发	广发新经济	偏股混合型基金	442	201	6.781
20	广发	广发聚瑞	偏股混合型基金	442	213	21.882
20	广发	广发策略优选	偏股混合型基金	442	318	48.866
20	广发	广发聚丰	偏股混合型基金	442	341	101.989
20	广发	广发行业领先A	偏股混合型基金	442	349	16.837
20	广发	广发新动力	偏股混合型基金	442	384	10.385
20	广发	广发聚富	平衡混合型基金	23	14	23.909
20	广发	广发聚利A	混合债券型一级基金	128	4	7.268
20	广发	广发聚财信用A	混合债券型一级基金	128	11	10.082
20	广发	广发聚财信用B	混合债券型一级基金	128	16	2.869
20	广发	广发增强债券	混合债券型一级基金	128	48	8.582
20	广发	广发聚鑫A	混合债券型二级基金	207	5	3.793
20	广发	广发聚鑫C	混合债券型二级基金	207	6	2.647
20	广发	广发竞争优势	灵活配置型基金	231	24	6.782
20	广发	广发逆向策略	灵活配置型基金	231	69	1.202
20	广发	广发趋势优选A	灵活配置型基金	231	71	2.297
20	广发	广发聚祥灵活配置	灵活配置型基金	231	81	2.700
20	广发	广发聚优A	灵活配置型基金	231	84	5.795
20	广发	广发成长优选	灵活配置型基金	231	143	1.598
20	广发	广发内需增长	灵活配置型基金	231	153	6.411
20	广发	广发主题领先	灵活配置型基金	231	156	13.678
20	广发	广发理财年年红	短期纯债型基金	10	9	23.174
20	广发	广发深证100分级	被动指数型基金	205	52	0.289

续表3-2

整体投资回报能力排名	基金公司（简称）	基金名称	投资类型（二级分类）	样本基金数量	同类基金中排名	期间内规模（亿）
20	广发	广发中证全指医药卫生ETF	被动指数型基金	205	55	14.483
20	广发	广发中证百发100A	被动指数型基金	205	83	7.969
20	广发	广发中证百发100E	被动指数型基金	205	85	10.530
20	广发	广发沪深300ETF联接A	被动指数型基金	205	96	24.740
20	广发	广发中小板300ETF	被动指数型基金	205	114	2.707
20	广发	广发中证全指可选消费ETF	被动指数型基金	205	130	1.676
20	广发	广发中小板300ETF联接	被动指数型基金	205	150	2.485
20	广发	广发中证500ETF	被动指数型基金	205	171	36.463
20	广发	广发中证500ETF联接A	被动指数型基金	205	172	20.354
20	广发	广发理财30天B	货币市场型基金	361	6	200.281
20	广发	广发理财7天B	货币市场型基金	361	7	75.578
20	广发	广发理财30天A	货币市场型基金	361	33	3.512
20	广发	广发理财7天A	货币市场型基金	361	37	3.140
20	广发	广发活期宝A	货币市场型基金	361	63	6.493
20	广发	广发天天利B	货币市场型基金	361	73	0.401
20	广发	广发钱袋子A	货币市场型基金	361	96	93.636
20	广发	广发货币B	货币市场型基金	361	103	144.554
20	广发	广发现金宝B	货币市场型基金	361	106	3.036
20	广发	广发天天红A	货币市场型基金	361	161	107.476
20	广发	广发天天利A	货币市场型基金	361	198	5.075
20	广发	广发货币A	货币市场型基金	361	235	79.317
20	广发	广发现金宝A	货币市场型基金	361	337	9.126
21	平安	平安添利A	中长期纯债型基金	234	34	12.282
21	平安	平安添利C	中长期纯债型基金	234	62	6.788
21	平安	平安行业先锋	偏股混合型基金	442	399	4.786

续表 3-2

整体投资回报能力排名	基金公司（简称）	基金名称	投资类型（二级分类）	样本基金数量	同类基金中排名	期间内规模（亿）
21	平安	平安深证300指数增强	增强指数型基金	30	20	0.638
21	平安	平安策略先锋	灵活配置型基金	231	88	0.846
21	平安	平安灵活配置	灵活配置型基金	231	167	2.023
21	平安	平安财富宝	货币市场型基金	361	21	256.968
21	平安	平安日增利	货币市场型基金	361	179	606.785
22	景顺长城	景顺长城鑫月薪	中长期纯债型基金	234	109	1.561
22	景顺长城	景顺长城景兴信用纯债A	中长期纯债型基金	234	168	11.857
22	景顺长城	景顺长城景兴信用纯债C	中长期纯债型基金	234	201	0.139
22	景顺长城	景顺长城鼎益	偏股混合型基金	442	8	64.790
22	景顺长城	景顺长城新兴成长	偏股混合型基金	442	11	95.079
22	景顺长城	景顺长城品质投资	偏股混合型基金	442	27	4.149
22	景顺长城	景顺长城优选	偏股混合型基金	442	45	26.438
22	景顺长城	景顺长城能源基建	偏股混合型基金	442	63	10.626
22	景顺长城	景顺长城核心竞争力A	偏股混合型基金	442	92	29.950
22	景顺长城	景顺长城优势企业	偏股混合型基金	442	109	6.018
22	景顺长城	景顺长城中小盘	偏股混合型基金	442	126	2.238
22	景顺长城	景顺长城资源垄断	偏股混合型基金	442	133	33.603
22	景顺长城	景顺长城精选蓝筹	偏股混合型基金	442	168	68.849
22	景顺长城	景顺长城内需增长	偏股混合型基金	442	216	29.475
22	景顺长城	景顺长城公司治理	偏股混合型基金	442	235	1.069
22	景顺长城	景顺长城内需增长贰号	偏股混合型基金	442	242	46.132
22	景顺长城	景顺长城支柱产业	偏股混合型基金	442	351	1.091
22	景顺长城	景顺长城沪深300增强	增强指数型基金	30	5	49.234
22	景顺长城	景顺长城成长之星	普通股票型基金	54	16	3.171
22	景顺长城	景顺长城中小板创业板	普通股票型基金	54	17	3.109

续表3-2

整体投资回报能力排名	基金公司（简称）	基金名称	投资类型（二级分类）	样本基金数量	同类基金中排名	期间内规模（亿）
22	景顺长城	景顺长城优质成长	普通股票型基金	54	35	1.130
22	景顺长城	景顺长城研究精选	普通股票型基金	54	37	1.573
22	景顺长城	景顺长城稳定收益A	混合债券型一级基金	128	66	2.124
22	景顺长城	景顺长城稳定收益C	混合债券型一级基金	128	82	1.509
22	景顺长城	景顺长城景颐双利A	混合债券型二级基金	207	25	10.166
22	景顺长城	景顺长城景颐双利C	混合债券型二级基金	207	42	0.648
22	景顺长城	景顺长城优信增利A	混合债券型二级基金	207	88	2.675
22	景顺长城	景顺长城优信增利C	混合债券型二级基金	207	100	0.034
22	景顺长城	景顺长城四季金利A	混合债券型二级基金	207	117	1.081
22	景顺长城	景顺长城四季金利C	混合债券型二级基金	207	131	0.238
22	景顺长城	景顺长城动力平衡	灵活配置型基金	231	55	27.121
22	景顺长城	景顺长城策略精选	灵活配置型基金	231	63	10.410
22	景顺长城	景顺长城中国回报	灵活配置型基金	231	173	16.234
22	景顺长城	景顺长城中证TMT150ETF	被动指数型基金	205	87	1.844
22	景顺长城	景顺长城中证500ETF	被动指数型基金	205	162	1.830
22	景顺长城	景顺长城景丰B	货币市场型基金	361	121	95.265
22	景顺长城	景顺长城景益货币B	货币市场型基金	361	173	11.358
22	景顺长城	景顺长城货币B	货币市场型基金	361	244	9.527
22	景顺长城	景顺长城景丰A	货币市场型基金	361	246	1.327
22	景顺长城	景顺长城景益货币A	货币市场型基金	361	283	499.379
22	景顺长城	景顺长城货币A	货币市场型基金	361	322	19.520
23	富安达	富安达优势成长	偏股混合基金	442	116	8.441
23	富安达	富安达增强收益A	混合债券型二级基金	207	186	0.279
23	富安达	富安达增强收益C	混合债券型二级基金	207	188	0.654
23	富安达	富安达策略精选	灵活配置型基金	231	29	2.656

续表 3-2

整体投资回报能力排名	基金公司（简称）	基金名称	投资类型（二级分类）	样本基金数量	同类基金中排名	期间内规模（亿）
23	富安达	富安达新兴成长	灵活配置型基金	231	170	1.390
23	富安达	富安达现金通货币 B	货币市场型基金	361	149	4.621
23	富安达	富安达现金通货币 A	货币市场型基金	361	267	0.279
24	金鹰	金鹰元安 A	偏债混合型基金	24	12	2.119
24	金鹰	金鹰主题优势	偏股混合型基金	442	136	5.042
24	金鹰	金鹰行业优势	偏股混合型基金	442	143	3.368
24	金鹰	金鹰稳健成长	偏股混合型基金	442	215	6.172
24	金鹰	金鹰中小盘精选	偏股混合型基金	442	229	8.214
24	金鹰	金鹰策略配置	偏股混合型基金	442	363	0.891
24	金鹰	金鹰核心资源	偏股混合型基金	442	436	4.678
24	金鹰	金鹰成份股优选	灵活配置型基金	231	120	5.784
24	金鹰	金鹰红利价值	灵活配置型基金	231	131	1.927
24	金鹰	金鹰货币 B	货币市场型基金	361	61	72.455
24	金鹰	金鹰货币 A	货币市场型基金	361	169	2.209
25	国泰	国泰安康定期支付 A	偏债混合型基金	24	7	3.076
25	国泰	国泰估值优势	偏股混合型基金	442	39	12.640
25	国泰	国泰金龙行业精选	偏股混合型基金	442	68	11.618
25	国泰	国泰中小盘成长	偏股混合型基金	442	84	9.202
25	国泰	国泰区位优势	偏股混合型基金	442	87	2.678
25	国泰	国泰成长优选	偏股混合型基金	442	108	14.642
25	国泰	国泰金牛创新成长	偏股混合型基金	442	131	27.665
25	国泰	国泰金马稳健回报	偏股混合型基金	442	146	22.697
25	国泰	国泰事件驱动	偏股混合型基金	442	165	1.673
25	国泰	国泰金鹿	偏股混合型基金	442	175	3.304
25	国泰	国泰金鼎价值精选	偏股混合型基金	442	237	17.447
25	国泰	国泰金鹏蓝筹价值	偏股混合型基金	442	278	9.920

续表 3-2

整体投资回报能力排名	基金公司（简称）	基金名称	投资类型（二级分类）	样本基金数量	同类基金中排名	期间内规模（亿）
25	国泰	国泰沪深300指数增强A	增强指数型基金	30	11	5.952
25	国泰	国泰金鑫	普通股票型基金	54	40	14.736
25	国泰	国泰信用互利分级	混合债券型一级基金	128	32	2.343
25	国泰	国泰金龙债券A	混合债券型一级基金	128	83	4.653
25	国泰	国泰金龙债券C	混合债券型一级基金	128	94	0.214
25	国泰	国泰双利债券A	混合债券型二级基金	207	57	0.669
25	国泰	国泰双利债券C	混合债券型二级基金	207	70	0.451
25	国泰	国泰民安增利A	混合债券型二级基金	207	80	0.261
25	国泰	国泰民安增利C	混合债券型二级基金	207	97	0.953
25	国泰	国泰新经济	灵活配置型基金	231	16	21.035
25	国泰	国泰价值经典	灵活配置型基金	231	31	8.523
25	国泰	国泰金鹰增长	灵活配置型基金	231	39	28.351
25	国泰	国泰聚信价值优势C	灵活配置型基金	231	45	1.741
25	国泰	国泰聚信价值优势A	灵活配置型基金	231	46	2.358
25	国泰	国泰金泰A	灵活配置型基金	231	161	2.442
25	国泰	国泰民益A	灵活配置型基金	231	185	22.159
25	国泰	国泰浓益A	灵活配置型基金	231	187	12.161
25	国泰	国泰国策驱动A	灵活配置型基金	231	199	0.444
25	国泰	国泰上证5年期国债ETF	被动指数型债券基金	12	8	4.273
25	国泰	国泰国证食品饮料	被动指数型基金	205	1	12.515
25	国泰	国泰国证医药卫生	被动指数型基金	205	25	7.807
25	国泰	国泰沪深300A	被动指数型基金	205	75	37.016
25	国泰	国泰上证180金融ETF	被动指数型基金	205	117	37.311
25	国泰	国泰上证180金融ETF联接	被动指数型基金	205	119	15.578
25	国泰	国泰国证房地产	被动指数型基金	205	123	6.773

续表 3-2

整体投资回报能力排名	基金公司（简称）	基金名称	投资类型（二级分类）	样本基金数量	同类基金中排名	期间内规模（亿）
25	国泰	国泰货币	货币市场型基金	361	248	37.859
25	国泰	国泰现金管理 B	货币市场型基金	361	330	7.082
25	国泰	国泰现金管理 A	货币市场型基金	361	350	8.167
26	建信	建信安心回报 6 个月 A	中长期纯债型基金	234	86	0.850
26	建信	建信纯债 A	中长期纯债型基金	234	97	8.168
26	建信	建信纯债 C	中长期纯债型基金	234	131	4.621
26	建信	建信安心回报 6 个月 C	中长期纯债型基金	234	160	1.116
26	建信	建信安心回报 A	中长期纯债型基金	234	195	1.545
26	建信	建信安心回报 C	中长期纯债型基金	234	216	1.342
26	建信	建信健康民生	偏股混合型基金	442	28	1.046
26	建信	建信创新中国	偏股混合型基金	442	34	1.023
26	建信	建信优选成长 A	偏股混合型基金	442	125	21.747
26	建信	建信消费升级	偏股混合型基金	442	155	0.929
26	建信	建信核心精选	偏股混合型基金	442	171	10.899
26	建信	建信内生动力	偏股混合型基金	442	179	7.195
26	建信	建信优势动力	偏股混合型基金	442	303	9.252
26	建信	建信优化配置	偏股混合型基金	442	304	40.302
26	建信	建信恒久价值	偏股混合型基金	442	323	13.772
26	建信	建信社会责任	偏股混合型基金	442	378	0.564
26	建信	建信深证 100 指数增强	增强指数型基金	30	13	1.307
26	建信	建信中证 500 指数增强 A	增强指数型基金	30	15	29.605
26	建信	建信改革红利	普通股票型基金	54	13	1.281
26	建信	建信双利策略主题	普通股票型基金	54	36	2.629
26	建信	建信中小盘	普通股票型基金	54	38	3.256
26	建信	建信潜力新蓝筹	普通股票型基金	54	43	3.822
26	建信	建信稳定增利 A	混合债券型一级基金	128	59	2.687

续表 3-2

整体投资回报能力排名	基金公司（简称）	基金名称	投资类型（二级分类）	样本基金数量	同类基金中排名	期间内规模（亿）
26	建信	建信稳定增利 C	混合债券型一级基金	128	71	16.383
26	建信	建信信用增强 A	混合债券型一级基金	128	112	1.820
26	建信	建信信用增强 C	混合债券型一级基金	128	118	0.812
26	建信	建信双债增强 A	混合债券型一级基金	128	124	0.706
26	建信	建信双债增强 C	混合债券型一级基金	128	125	0.928
26	建信	建信双息红利 A	混合债券型二级基金	207	65	10.167
26	建信	建信稳定得利 A	混合债券型二级基金	207	66	9.902
26	建信	建信双息红利 C	混合债券型二级基金	207	75	0.904
26	建信	建信收益增强 A	混合债券型二级基金	207	77	1.496
26	建信	建信稳定得利 C	混合债券型二级基金	207	81	6.044
26	建信	建信转债增强 A	混合债券型二级基金	207	89	3.674
26	建信	建信收益增强 C	混合债券型二级基金	207	99	1.188
26	建信	建信转债增强 C	混合债券型二级基金	207	107	5.592
26	建信	建信稳定添利 A	混合债券型二级基金	207	112	2.218
26	建信	建信稳定添利 C	混合债券型二级基金	207	136	0.156
26	建信	建信积极配置	灵活配置型基金	231	62	2.562
26	建信	建信恒稳价值	灵活配置型基金	231	107	0.579
26	建信	建信灵活配置	灵活配置型基金	231	166	6.444
26	建信	建信深证基本面 60ETF	被动指数型基金	205	5	5.954
26	建信	建信深证基本面 60ETF 联接 A	被动指数型基金	205	7	5.101
26	建信	建信央视财经 50	被动指数型基金	205	11	5.963
26	建信	建信上证社会责任 ETF	被动指数型基金	205	38	1.920
26	建信	建信上证社会责任 ETF 联接	被动指数型基金	205	44	2.203
26	建信	建信沪深 300	被动指数型基金	205	78	15.833
26	建信	建信月盈安心理财 B	货币市场型基金	361	13	66.172

续表 3-2

整体投资回报能力排名	基金公司（简称）	基金名称	投资类型（二级分类）	样本基金数量	同类基金中排名	期间内规模（亿）
26	建信	建信双周安心理财 B	货币市场型基金	361	17	49.395
26	建信	建信双月安心 B	货币市场型基金	361	45	40.835
26	建信	建信嘉薪宝 A	货币市场型基金	361	59	41.597
26	建信	建信周盈安心理财 B	货币市场型基金	361	64	7.569
26	建信	建信月盈安心理财 A	货币市场型基金	361	78	7.250
26	建信	建信双周安心理财 A	货币市场型基金	361	105	9.110
26	建信	建信现金添利 A	货币市场型基金	361	128	982.583
26	建信	建信双月安心 A	货币市场型基金	361	172	2.621
26	建信	建信周盈安心理财 A	货币市场型基金	361	209	11.436
26	建信	建信货币 A	货币市场型基金	361	237	248.039
27	上银	上银新兴价值成长	灵活配置型基金	231	82	2.231
27	上银	上银慧财宝 B	货币市场型基金	361	126	67.901
27	上银	上银慧财宝 A	货币市场型基金	361	250	10.149
28	招商	招商安泰债券 A	中长期纯债型基金	234	152	5.226
28	招商	招商安泰债券 B	中长期纯债型基金	234	183	4.063
28	招商	招商先锋	偏股混合型基金	442	135	25.856
28	招商	招商安泰	偏股混合型基金	442	192	5.452
28	招商	招商优质成长	偏股混合型基金	442	194	20.214
28	招商	招商中小盘精选	偏股混合型基金	442	247	2.444
28	招商	招商行业领先 A	偏股混合型基金	442	256	12.403
28	招商	招商核心价值	偏股混合型基金	442	258	19.043
28	招商	招商大盘蓝筹	偏股混合型基金	442	319	11.209
28	招商	招商安泰平衡	平衡混合型基金	23	16	1.975
28	招商	招商行业精选	普通股票型基金	54	14	6.932
28	招商	招商产业 A	混合债券型一级基金	128	6	34.414
28	招商	招商安心收益 C	混合债券型一级基金	128	19	38.269

续表 3-2

整体投资回报能力排名	基金公司（简称）	基金名称	投资类型（二级分类）	样本基金数量	同类基金中排名	期间内规模（亿）
28	招商	招商信用添利	混合债券型一级基金	128	50	18.742
28	招商	招商可转债	混合债券型一级基金	128	127	3.290
28	招商	招商安瑞进取	混合债券型二级基金	207	85	1.748
28	招商	招商安盈	混合债券型二级基金	207	116	10.538
28	招商	招商信用增强 A	混合债券型二级基金	207	134	4.610
28	招商	招商安本增利	混合债券型二级基金	207	172	4.998
28	招商	招商优势企业	灵活配置型基金	231	92	1.384
28	招商	招商安润	灵活配置型基金	231	94	14.118
28	招商	招商安达	灵活配置型基金	231	140	24.069
28	招商	招商瑞丰 A	灵活配置型基金	231	160	1.953
28	招商	招商丰盛稳定增长 A	灵活配置型基金	231	183	4.536
28	招商	招商丰利 A	灵活配置型基金	231	197	2.134
28	招商	招商央视财经 50A	被动指数型基金	205	12	2.816
28	招商	招商上证消费 80ETF	被动指数型基金	205	15	3.721
28	招商	招商上证消费 80ETF 联接 A	被动指数型基金	205	18	3.498
28	招商	招商深证 100A	被动指数型基金	205	31	0.992
28	招商	招商沪深 300 地产	被动指数型基金	205	59	1.528
28	招商	招商深证 TMT50ETF	被动指数型基金	205	72	2.047
28	招商	招商深证 TMT50ETF 联接 A	被动指数型基金	205	98	1.682
28	招商	招商沪深 300 高贝塔	被动指数型基金	205	191	0.368
28	招商	招商中证证券公司	被动指数型基金	205	205	11.233
28	招商	招商招利 1 个月 A	货币市场型基金	361	31	41.172
28	招商	招商招利 1 个月 B	货币市场型基金	361	34	3.854
28	招商	招商现金增值 B	货币市场型基金	361	102	95.815
28	招商	招商招钱宝 C	货币市场型基金	361	108	3.542

续表 3-2

整体投资回报能力排名	基金公司（简称）	基金名称	投资类型（二级分类）	样本基金数量	同类基金中排名	期间内规模（亿）
28	招商	招商招钱宝 B	货币市场型基金	361	116	625.100
28	招商	招商招钱宝 A	货币市场型基金	361	118	64.166
28	招商	招商保证金快线 B	货币市场型基金	361	148	13.985
28	招商	招商理财 7 天 B	货币市场型基金	361	207	0.462
28	招商	招商招金宝 B	货币市场型基金	361	234	4.114
28	招商	招商现金增值 A	货币市场型基金	361	236	153.190
28	招商	招商理财 7 天 A	货币市场型基金	361	253	2.498
28	招商	招商保证金快线 A	货币市场型基金	361	266	8.924
28	招商	招商招金宝 A	货币市场型基金	361	314	10.158
29	大成	大成景旭纯债 A	中长期纯债型基金	234	114	0.141
29	大成	大成景旭纯债 C	中长期纯债型基金	234	143	0.486
29	大成	大成财富管理2020	偏债混合型基金	24	23	36.396
29	大成	大成景益平稳收益 A	偏债混合型基金	24	24	7.888
29	大成	大成中小盘	偏股混合型基金	442	15	5.056
29	大成	大成优选	偏股混合型基金	442	35	18.363
29	大成	大成积极成长	偏股混合型基金	442	61	13.306
29	大成	大成精选增值	偏股混合型基金	442	78	15.376
29	大成	大成内需增长 A	偏股混合型基金	442	80	3.527
29	大成	大成策略回报	偏股混合型基金	442	103	12.201
29	大成	大成行业轮动	偏股混合型基金	442	177	1.828
29	大成	大成新锐产业	偏股混合型基金	442	196	0.777
29	大成	大成核心双动力	偏股混合型基金	442	198	1.198
29	大成	大成竞争优势	偏股混合型基金	442	226	1.640
29	大成	大成景阳领先	偏股混合型基金	442	236	14.231
29	大成	大成创新成长	偏股混合型基金	442	273	48.138
29	大成	大成景恒 A	偏股混合型基金	442	274	2.247

续表 3-2

整体投资回报能力排名	基金公司（简称）	基金名称	投资类型（二级分类）	样本基金数量	同类基金中排名	期间内规模（亿）
29	大成	大成蓝筹稳健	偏股混合型基金	442	334	59.012
29	大成	大成消费主题	偏股混合型基金	442	418	0.372
29	大成	大成健康产业	偏股混合型基金	442	419	0.297
29	大成	大成价值增长	平衡混合型基金	23	11	45.795
29	大成	大成债券 AB	混合债券型一级基金	128	23	13.316
29	大成	大成景兴信用债 A	混合债券型一级基金	128	24	1.493
29	大成	大成债券 C	混合债券型一级基金	128	33	4.874
29	大成	大成景兴信用债 C	混合债券型一级基金	128	37	0.869
29	大成	大成景丰	混合债券型二级基金	207	133	1.347
29	大成	大成可转债增强	混合债券型二级基金	207	205	1.517
29	大成	大成灵活配置	灵活配置型基金	231	68	2.630
29	大成	大成景安短融 B	短期纯债型基金	10	1	4.722
29	大成	大成景安短融 A	短期纯债型基金	10	2	6.827
29	大成	大成中证红利 A	被动指数型基金	205	20	8.102
29	大成	大成中证 100ETF	被动指数型基金	205	61	2.490
29	大成	大成深证成长 40ETF	被动指数型基金	205	73	4.547
29	大成	大成深证成长 40ETF 联接	被动指数型基金	205	86	4.612
29	大成	大成沪深 300A	被动指数型基金	205	111	40.505
29	大成	大成中证 500 沪市 ETF	被动指数型基金	205	180	0.226
29	大成	大成中证 500 深市 ETF	被动指数型基金	205	182	0.188
29	大成	大成月月盈 B	货币市场型基金	361	5	80.698
29	大成	大成月添利理财 B	货币市场型基金	361	10	61.971
29	大成	大成月月盈 A	货币市场型基金	361	30	1.431
29	大成	大成月添利理财 A	货币市场型基金	361	55	4.444
29	大成	大成添利宝 B	货币市场型基金	361	79	98.703
29	大成	大成丰财宝 B	货币市场型基金	361	84	71.736

续表 3-2

整体投资回报能力排名	基金公司（简称）	基金名称	投资类型（二级分类）	样本基金数量	同类基金中排名	期间内规模（亿）
29	大成	大成现金增利 B	货币市场型基金	361	95	3.730
29	大成	大成添利宝 E	货币市场型基金	361	153	12.210
29	大成	大成现金宝 B	货币市场型基金	361	170	4.158
29	大成	大成货币 B	货币市场型基金	361	213	26.818
29	大成	大成添利宝 A	货币市场型基金	361	214	0.056
29	大成	大成丰财宝 A	货币市场型基金	361	219	1.366
29	大成	大成现金增利 A	货币市场型基金	361	227	174.410
29	大成	大成货币 A	货币市场型基金	361	309	5.767
29	大成	大成现金宝 A	货币市场型基金	361	343	11.240
30	国寿安保	国寿安保尊享 C	中长期纯债型基金	234	64	2.023
30	国寿安保	国寿安保尊享 A	中长期纯债型基金	234	72	9.021
30	国寿安保	国寿安保沪深 300ETF 联接	被动指数型基金	205	100	36.619
30	国寿安保	国寿安保薪金宝	货币市场型基金	361	60	108.350
30	国寿安保	国寿安保场内申赎 B	货币市场型基金	361	150	11.308
30	国寿安保	国寿安保货币 B	货币市场型基金	361	160	89.927
30	国寿安保	国寿安保货币 A	货币市场型基金	361	274	51.851
30	国寿安保	国寿安保场内申赎 A	货币市场型基金	361	335	2.780
31	工银瑞信	工银信用纯债一年 A	中长期纯债型基金	234	54	3.612
31	工银瑞信	工银信用纯债一年 C	中长期纯债型基金	234	87	1.574
31	工银瑞信	工银瑞信信用纯债 A	中长期纯债型基金	234	154	1.413
31	工银瑞信	工银瑞信纯债 A	中长期纯债型基金	234	157	25.590
31	工银瑞信	工银信用纯债两年 A	中长期纯债型基金	234	171	7.754
31	工银瑞信	工银瑞信信用纯债 B	中长期纯债型基金	234	188	1.727
31	工银瑞信	工银瑞信纯债	中长期纯债型基金	234	192	27.097
31	工银瑞信	工银瑞信纯债 B	中长期纯债型基金	234	193	1.949

续表 3-2

整体投资回报能力排名	基金公司（简称）	基金名称	投资类型（二级分类）	样本基金数量	同类基金中排名	期间内规模（亿）
31	工银瑞信	工银信用纯债两年C	中长期纯债型基金	234	199	1.631
31	工银瑞信	工银瑞信目标收益一年C	中长期纯债型基金	234	205	4.629
31	工银瑞信	工银瑞信量化策略	偏股混合型基金	442	113	1.901
31	工银瑞信	工银瑞信消费服务	偏股混合型基金	442	124	4.767
31	工银瑞信	工银瑞信金融地产	偏股混合型基金	442	160	37.975
31	工银瑞信	工银瑞信大盘蓝筹	偏股混合型基金	442	265	4.764
31	工银瑞信	工银瑞信中小盘成长	偏股混合型基金	442	280	3.796
31	工银瑞信	工银瑞信信息产业	偏股混合型基金	442	288	20.396
31	工银瑞信	工银瑞信核心价值A	偏股混合型基金	442	330	54.179
31	工银瑞信	工银瑞信主题策略	偏股混合型基金	442	340	7.017
31	工银瑞信	工银瑞信红利	偏股混合型基金	442	386	11.382
31	工银瑞信	工银瑞信精选平衡	偏股混合型基金	442	388	24.347
31	工银瑞信	工银瑞信稳健成长A	偏股混合型基金	442	432	25.911
31	工银瑞信	工银瑞信医疗保健行业	普通股票型基金	54	19	23.928
31	工银瑞信	工银瑞信研究精选	普通股票型基金	54	39	3.096
31	工银瑞信	工银瑞信高端制造行业	普通股票型基金	54	53	13.316
31	工银瑞信	工银瑞信创新动力	普通股票型基金	54	54	37.012
31	工银瑞信	工银瑞信四季收益	混合债券型一级基金	128	51	16.400
31	工银瑞信	工银瑞信增强收益A	混合债券型一级基金	128	107	13.049
31	工银瑞信	工银瑞信信用添利A	混合债券型一级基金	128	109	9.105
31	工银瑞信	工银瑞信增强收益B	混合债券型一级基金	128	113	7.056
31	工银瑞信	工银瑞信信用添利B	混合债券型一级基金	128	115	5.337
31	工银瑞信	工银瑞信双利A	混合债券型二级基金	207	15	124.242
31	工银瑞信	工银瑞信双利B	混合债券型二级基金	207	20	33.727
31	工银瑞信	工银瑞信产业债A	混合债券型二级基金	207	22	5.970
31	工银瑞信	工银瑞信产业债B	混合债券型二级基金	207	38	2.153

续表 3-2

整体投资回报能力排名	基金公司（简称）	基金名称	投资类型（二级分类）	样本基金数量	同类基金中排名	期间内规模（亿）
31	工银瑞信	工银月月薪定期支付 A	混合债券型二级基金	207	91	9.941
31	工银瑞信	工银瑞信添颐 A	混合债券型二级基金	207	123	2.649
31	工银瑞信	工银瑞信添颐 B	混合债券型二级基金	207	141	4.508
31	工银瑞信	工银瑞信添福 B	混合债券型二级基金	207	160	1.752
31	工银瑞信	工银瑞信添福 A	混合债券型二级基金	207	161	7.387
31	工银瑞信	工银瑞信新财富	灵活配置型基金	231	99	8.656
31	工银瑞信	工银瑞信成长收益 A	灵活配置型基金	231	158	1.658
31	工银瑞信	工银瑞信成长收益 B	灵活配置型基金	231	175	1.567
31	工银瑞信	工银瑞信深证红利 ETF	被动指数型基金	205	6	13.451
31	工银瑞信	工银瑞信深证红利 ETF 联接 A	被动指数型基金	205	10	10.753
31	工银瑞信	工银瑞信沪深 300A	被动指数型基金	205	95	35.068
31	工银瑞信	工银上证央企 50ETF	被动指数型基金	205	154	4.683
31	工银瑞信	工银瑞信中证 500	被动指数型基金	205	187	1.199
31	工银瑞信	工银瑞信 60 天理财 B	货币市场型基金	361	2	14.868
31	工银瑞信	工银瑞信 14 天理财 B	货币市场型基金	361	15	52.357
31	工银瑞信	工银瑞信 60 天理财 A	货币市场型基金	361	22	10.369
31	工银瑞信	工银瑞信 7 天理财 B	货币市场型基金	361	39	64.652
31	工银瑞信	工银瑞信薪金 B	货币市场型基金	361	47	67.400
31	工银瑞信	工银瑞信现金快线	货币市场型基金	361	82	122.349
31	工银瑞信	工银瑞信 14 天理财 A	货币市场型基金	361	101	20.991
31	工银瑞信	工银瑞信货币	货币市场型基金	361	133	1 182.083
31	工银瑞信	工银瑞信添益快线	货币市场型基金	361	139	418.803
31	工银瑞信	工银瑞信 7 天理财 A	货币市场型基金	361	157	135.960
31	工银瑞信	工银瑞信薪金 A	货币市场型基金	361	187	94.836
32	南方	南方金利 A	中长期纯债型基金	234	12	6.449

续表 3-2

整体投资回报能力排名	基金公司（简称）	基金名称	投资类型（二级分类）	样本基金数量	同类基金中排名	期间内规模（亿）
32	南方	南方金利 C	中长期纯债型基金	234	24	3.867
32	南方	南方通利 A	中长期纯债型基金	234	42	14.923
32	南方	南方通利 C	中长期纯债型基金	234	51	2.484
32	南方	南方聚利 1 年 A	中长期纯债型基金	234	77	2.328
32	南方	南方聚利 1 年 C	中长期纯债型基金	234	106	0.167
32	南方	南方丰元信用增强 A	中长期纯债型基金	234	130	12.527
32	南方	南方丰元信用增强 C	中长期纯债型基金	234	158	2.715
32	南方	南方稳利 1 年 A	中长期纯债型基金	234	178	25.417
32	南方	南方润元纯债 AB	中长期纯债型基金	234	185	2.995
32	南方	南方启元 A	中长期纯债型基金	234	197	21.211
32	南方	南方稳利 1 年 C	中长期纯债型基金	234	207	0.818
32	南方	南方润元纯债 C	中长期纯债型基金	234	210	0.890
32	南方	南方启元 C	中长期纯债型基金	234	219	1.198
32	南方	南方宝元债券 A	偏债混合型基金	24	3	17.263
32	南方	南方绩优成长 A	偏股混合型基金	442	64	60.093
32	南方	南方优选价值 A	偏股混合型基金	442	81	14.356
32	南方	南方隆元产业主题	偏股混合型基金	442	97	27.886
32	南方	南方成份精选 A	偏股混合型基金	442	162	71.737
32	南方	南方稳健成长	偏股混合型基金	442	186	27.392
32	南方	南方策略优化	偏股混合型基金	442	251	6.699
32	南方	南方盛元红利	偏股混合型基金	442	287	11.530
32	南方	南方积极配置	偏股混合型基金	442	292	10.679
32	南方	南方高增长	偏股混合型基金	442	358	23.612
32	南方	南方稳健成长 2 号	平衡混合型基金	23	10	26.108
32	南方	南方天元新产业	普通股票型基金	54	4	8.432
32	南方	南方新兴消费增长	普通股票型基金	54	6	3.707

续表 3-2

整体投资回报能力排名	基金公司（简称）	基金名称	投资类型（二级分类）	样本基金数量	同类基金中排名	期间内规模（亿）
32	南方	南方多利增强 A	混合债券型一级基金	128	65	22.945
32	南方	南方多利增强 C	混合债券型一级基金	128	78	8.065
32	南方	南方永利 1 年 A	混合债券型一级基金	128	120	2.492
32	南方	南方永利 1 年 C	混合债券型一级基金	128	122	0.015
32	南方	南方广利回报 AB	混合债券型二级基金	207	177	8.198
32	南方	南方广利回报 C	混合债券型二级基金	207	180	5.543
32	南方	南方新优享 A	灵活配置型基金	231	10	16.190
32	南方	南方优选成长 A	灵活配置型基金	231	20	9.189
32	南方	南方医药保健	灵活配置型基金	231	22	5.391
32	南方	南方高端装备 A	灵活配置型基金	231	61	2.602
32	南方	南方中国梦	灵活配置型基金	231	136	2.921
32	南方	南方恒生 ETF	被动指数型基金	205	47	1.978
32	南方	南方中证 100A	被动指数型基金	205	57	4.224
32	南方	南方沪深 300ETF	被动指数型基金	205	69	20.513
32	南方	南方沪深 300ETF 联接 A	被动指数型基金	205	84	16.700
32	南方	南方中证 500 医药卫生 ETF	被动指数型基金	205	113	3.557
32	南方	南方小康产业 ETF	被动指数型基金	205	128	5.264
32	南方	南方小康产业 ETF 联接 A	被动指数型基金	205	129	5.305
32	南方	南方上证 380ETF	被动指数型基金	205	137	2.518
32	南方	南方上证 380ETF 联接 A	被动指数型基金	205	148	2.301
32	南方	南方中证 500ETF 联接 A	被动指数型基金	205	153	65.829
32	南方	南方中证 500ETF	被动指数型基金	205	155	246.292
32	南方	南方深成 ETF 联接 A	被动指数型基金	205	167	7.258
32	南方	南方深成 ETF	被动指数型基金	205	169	11.213
32	南方	南方理财 60 天 B	货币市场型基金	361	4	6.764

续表3-2

整体投资回报能力排名	基金公司（简称）	基金名称	投资类型（二级分类）	样本基金数量	同类基金中排名	期间内规模（亿）
32	南方	南方理财14天B	货币市场型基金	361	8	79.411
32	南方	南方现金通C	货币市场型基金	361	16	47.171
32	南方	南方现金通B	货币市场型基金	361	26	0.254
32	南方	南方理财60天A	货币市场型基金	361	29	5.503
32	南方	南方理财14天A	货币市场型基金	361	42	14.486
32	南方	南方现金通A	货币市场型基金	361	44	0.044
32	南方	南方现金通E	货币市场型基金	361	62	434.408
32	南方	南方现金增利B	货币市场型基金	361	93	285.161
32	南方	南方薪金宝	货币市场型基金	361	100	52.104
32	南方	南方收益宝A	货币市场型基金	361	224	4.767
32	南方	南方现金增利A	货币市场型基金	361	225	381.941
32	南方	南方理财金H	货币市场型基金	361	232	36.306
32	南方	南方理财金A	货币市场型基金	361	233	36.584
33	万家	万家强化收益	中长期纯债型基金	234	47	3.127
33	万家	万家信用恒利A	中长期纯债型基金	234	147	5.248
33	万家	万家信用恒利C	中长期纯债型基金	234	182	0.884
33	万家	万家行业优选	偏股混合型基金	442	4	5.486
33	万家	万家精选	偏股混合型基金	442	23	16.168
33	万家	万家和谐增长	偏股混合型基金	442	76	10.315
33	万家	万家添利	混合债券型一级基金	128	22	1.518
33	万家	万家稳健增利A	混合债券型一级基金	128	60	2.664
33	万家	万家稳健增利C	混合债券型一级基金	128	69	0.178
33	万家	万家增强收益	混合债券型二级基金	207	159	1.882
33	万家	万家双引擎	灵活配置型基金	231	89	0.377
33	万家	万家上证50ETF	被动指数型基金	205	8	0.882
33	万家	万家中证红利	被动指数型基金	205	45	0.843

续表 3-2

整体投资回报能力排名	基金公司（简称）	基金名称	投资类型（二级分类）	样本基金数量	同类基金中排名	期间内规模（亿）
33	万家	万家上证 180	被动指数型基金	205	121	26.613
33	万家	万家货币 R	货币市场型基金	361	163	0.323
33	万家	万家货币 B	货币市场型基金	361	171	79.649
33	万家	万家日日薪 B	货币市场型基金	361	195	0.367
33	万家	万家货币 E	货币市场型基金	361	223	5.625
33	万家	万家货币 A	货币市场型基金	361	282	9.105
33	万家	万家现金宝 A	货币市场型基金	361	291	35.170
33	万家	万家日日薪 A	货币市场型基金	361	298	1.312
34	中银	中银盛利纯债一年	中长期纯债型基金	234	63	24.155
34	中银	中银惠利纯债	中长期纯债型基金	234	104	30.628
34	中银	中银安心回报半年	中长期纯债型基金	234	124	33.651
34	中银	中银中高等级 A	中长期纯债型基金	234	136	36.285
34	中银	中银纯债 A	中长期纯债型基金	234	145	42.340
34	中银	中银纯债 C	中长期纯债型基金	234	169	7.436
34	中银	中银动态策略	偏股混合型基金	442	119	8.998
34	中银	中银收益 A	偏股混合型基金	442	139	23.209
34	中银	中银中国精选	偏股混合型基金	442	221	15.277
34	中银	中银健康生活	偏股混合型基金	442	255	1.483
34	中银	中银主题策略	偏股混合型基金	442	296	1.652
34	中银	中银优秀企业	偏股混合型基金	442	298	1.088
34	中银	中银美丽中国	偏股混合型基金	442	312	1.303
34	中银	中银中小盘成长	偏股混合型基金	442	361	0.673
34	中银	中银消费主题	偏股混合型基金	442	380	1.099
34	中银	中银持续增长 A	偏股混合型基金	442	383	42.113
34	中银	中银中证 100 指数增强	增强指数型基金	30	9	9.851
34	中银	中银稳健增利	混合债券型一级基金	128	29	24.767

续表3-2

整体投资回报能力排名	基金公司（简称）	基金名称	投资类型（二级分类）	样本基金数量	同类基金中排名	期间内规模（亿）
34	中银	中银信用增利	混合债券型一级基金	128	34	31.114
34	中银	中银稳健添利A	混合债券型二级基金	207	14	14.248
34	中银	中银稳健双利A	混合债券型二级基金	207	78	20.977
34	中银	中银稳健双利B	混合债券型二级基金	207	96	7.984
34	中银	中银产业债一年	混合债券型二级基金	207	121	13.587
34	中银	中银转债增强A	混合债券型二级基金	207	146	1.394
34	中银	中银转债增强B	混合债券型二级基金	207	156	1.895
34	中银	中银行业优选	灵活配置型基金	231	60	5.577
34	中银	中银稳健策略灵活	灵活配置型基金	231	114	10.378
34	中银	中银价值精选	灵活配置型基金	231	124	5.440
34	中银	中银多策略	灵活配置型基金	231	128	9.064
34	中银	中银蓝筹精选	灵活配置型基金	231	141	5.301
34	中银	中银研究精选	灵活配置型基金	231	200	22.242
34	中银	中银新经济	灵活配置型基金	231	201	6.598
34	中银	中银沪深300等权重	被动指数型基金	205	156	1.183
34	中银	中银上证国企ETF	被动指数型基金	205	157	0.414
34	中银	中银理财7天B	货币市场型基金	361	14	72.672
34	中银	中银理财30天B	货币市场型基金	361	20	129.382
34	中银	中银理财7天A	货币市场型基金	361	92	3.035
34	中银	中银理财30天A	货币市场型基金	361	112	0.757
34	中银	中银薪钱包	货币市场型基金	361	129	107.276
34	中银	中银活期宝	货币市场型基金	361	135	369.668
34	中银	中银货币B	货币市场型基金	361	210	406.612
34	中银	中银货币A	货币市场型基金	361	306	9.406
35	农银汇理	农银汇理行业领先	偏股混合型基金	442	75	9.224
35	农银汇理	农银汇理行业轮动	偏股混合型基金	442	79	2.568

续表 3-2

整体投资回报能力排名	基金公司（简称）	基金名称	投资类型（二级分类）	样本基金数量	同类基金中排名	期间内规模（亿）
35	农银汇理	农银汇理平衡双利	偏股混合型基金	442	134	4.300
35	农银汇理	农银汇理策略价值	偏股混合型基金	442	178	5.030
35	农银汇理	农银汇理策略精选	偏股混合型基金	442	191	9.802
35	农银汇理	农银汇理中小盘	偏股混合型基金	442	209	9.362
35	农银汇理	农银汇理低估值高增长	偏股混合型基金	442	234	3.873
35	农银汇理	农银汇理消费主题A	偏股混合型基金	442	241	8.505
35	农银汇理	农银汇理行业成长A	偏股混合型基金	442	347	23.032
35	农银汇理	农银汇理大盘蓝筹	偏股混合型基金	442	348	6.154
35	农银汇理	农银汇理恒久增利A	混合债券型一级基金	128	58	1.613
35	农银汇理	农银汇理信用添利	混合债券型一级基金	128	64	0.493
35	农银汇理	农银汇理恒久增利C	混合债券型一级基金	128	67	0.206
35	农银汇理	农银汇理增强收益A	混合债券型二级基金	207	94	0.496
35	农银汇理	农银汇理增强收益C	混合债券型二级基金	207	110	0.359
35	农银汇理	农银汇理区间收益	灵活配置型基金	231	21	3.438
35	农银汇理	农银汇理研究精选	灵活配置型基金	231	182	2.237
35	农银汇理	农银汇理沪深300A	被动指数型基金	205	88	13.851
35	农银汇理	农银汇理中证500	被动指数型基金	205	181	1.017
35	农银汇理	农银汇理红利B	货币市场型基金	361	72	152.266
35	农银汇理	农银汇理货币B	货币市场型基金	361	98	65.664
35	农银汇理	农银汇理7天理财A	货币市场型基金	361	141	18.750
35	农银汇理	农银汇理14天理财A	货币市场型基金	361	174	5.042
35	农银汇理	农银汇理红利A	货币市场型基金	361	194	290.330
35	农银汇理	农银汇理7天理财B	货币市场型基金	361	199	5.626
35	农银汇理	农银汇理14天理财B	货币市场型基金	361	218	1.776
35	农银汇理	农银汇理货币A	货币市场型基金	361	231	81.110
36	银河	银河泰利A	中长期纯债型基金	234	19	4.511

续表 3-2

整体投资回报能力排名	基金公司（简称）	基金名称	投资类型（二级分类）	样本基金数量	同类基金中排名	期间内规模（亿）
36	银河	银河领先债券	中长期纯债型基金	234	33	7.763
36	银河	银河久益回报6个月定开A	中长期纯债型基金	234	36	11.931
36	银河	银河久益回报6个月定开C	中长期纯债型基金	234	58	0.423
36	银河	银河银泰理财分红	偏债混合型基金	24	5	16.244
36	银河	银河收益	偏债混合型基金	24	13	12.330
36	银河	银河创新成长	偏股混合型基金	442	18	7.528
36	银河	银河美丽优萃A	偏股混合型基金	442	62	5.653
36	银河	银河蓝筹精选	偏股混合型基金	442	71	2.390
36	银河	银河竞争优势成长	偏股混合型基金	442	72	4.483
36	银河	银河美丽优萃C	偏股混合型基金	442	85	1.112
36	银河	银河主题策略	偏股混合型基金	442	130	12.928
36	银河	银河稳健	偏股混合型基金	442	141	11.329
36	银河	银河行业优选	偏股混合型基金	442	200	25.011
36	银河	银河消费驱动	偏股混合型基金	442	356	1.057
36	银河	银河康乐	普通股票型基金	54	20	13.669
36	银河	银河通利	混合债券型一级基金	128	13	4.802
36	银河	银河通利C	混合债券型一级基金	128	18	0.206
36	银河	银河银信添利A	混合债券型一级基金	128	38	0.947
36	银河	银河银信添利B	混合债券型一级基金	128	53	0.799
36	银河	银河强化收益	混合债券型二级基金	207	51	12.082
36	银河	银河增利A	混合债券型二级基金	207	54	5.842
36	银河	银河增利C	混合债券型二级基金	207	67	0.368
36	银河	银河灵活配置A	灵活配置型基金	231	151	0.728
36	银河	银河灵活配置C	灵活配置型基金	231	159	0.791
36	银河	银河沪深300价值	被动指数型基金	205	28	14.066

续表 3-2

整体投资回报能力排名	基金公司（简称）	基金名称	投资类型（二级分类）	样本基金数量	同类基金中排名	期间内规模（亿）
36	银河	银河定投宝	被动指数型基金	205	109	3.283
36	银河	银河银富货币 B	货币市场型基金	361	212	62.948
36	银河	银河银富货币 A	货币市场型基金	361	312	103.811
37	海富通	海富通纯债 A	中长期纯债型基金	234	2	9.549
37	海富通	海富通纯债 C	中长期纯债型基金	234	3	0.460
37	海富通	海富通安颐收益 A	偏债混合型基金	24	9	2.147
37	海富通	海富通新内需 A	偏债混合型基金	24	15	6.225
37	海富通	海富通内需热点	偏股混合型基金	442	202	3.028
37	海富通	海富通精选 2 号	偏股混合型基金	442	204	7.245
37	海富通	海富通精选	偏股混合型基金	442	224	24.056
37	海富通	海富通股票	偏股混合型基金	442	316	27.484
37	海富通	海富通领先成长	偏股混合型基金	442	377	3.099
37	海富通	海富通中小盘	偏股混合型基金	442	426	3.152
37	海富通	海富通国策导向	偏股混合型基金	442	433	4.027
37	海富通	海富通风格优势	偏股混合型基金	442	440	10.608
37	海富通	海富通一年定期开放 A	混合债券型一级基金	128	7	1.010
37	海富通	海富通稳健添利 A	混合债券型一级基金	128	80	2.510
37	海富通	海富通稳健添利 C	混合债券型一级基金	128	84	0.144
37	海富通	海富通稳固收益	混合债券型二级基金	207	106	1.294
37	海富通	海富通收益增长	灵活配置型基金	231	67	16.628
37	海富通	海富通强化回报	灵活配置型基金	231	216	8.436
37	海富通	海富通上证城投债 ETF	被动指数型债券基金	12	2	41.745
37	海富通	海富通中证 100	被动指数型基金	205	39	4.287
37	海富通	海富通上证非周期 ETF	被动指数型基金	205	106	0.671
37	海富通	海富通上证非周期 ETF 联接	被动指数型基金	205	135	0.469

续表 3-2

整体投资回报能力排名	基金公司（简称）	基金名称	投资类型（二级分类）	样本基金数量	同类基金中排名	期间内规模（亿）
37	海富通	海富通上证周期 ETF	被动指数型基金	205	140	1.546
37	海富通	海富通上证周期 ETF 联接	被动指数型基金	205	147	1.251
37	海富通	海富通中证低碳	被动指数型基金	205	184	0.407
37	海富通	海富通货币 B	货币市场型基金	361	109	73.283
37	海富通	海富通货币 A	货币市场型基金	361	239	9.078
37	海富通	海富通季季增利	货币市场型基金	361	359	0.000
38	华安	华安信用四季红 A	中长期纯债型基金	234	59	5.647
38	华安	华安双债添利 A	中长期纯债型基金	234	76	1.598
38	华安	华安年年红 A	中长期纯债型基金	234	89	6.896
38	华安	华安双债添利 C	中长期纯债型基金	234	107	0.864
38	华安	华安纯债 A	中长期纯债型基金	234	113	20.284
38	华安	华安纯债 C	中长期纯债型基金	234	127	3.418
38	华安	华安逆向策略	偏股混合型基金	442	17	8.391
38	华安	华安生态优先	偏股混合型基金	442	24	2.924
38	华安	华安安信消费服务	偏股混合型基金	442	29	5.033
38	华安	华安策略优选	偏股混合型基金	442	32	87.931
38	华安	华安科技动力	偏股混合型基金	442	40	11.780
38	华安	华安行业轮动	偏股混合型基金	442	43	3.213
38	华安	华安核心优选	偏股混合型基金	442	70	12.505
38	华安	华安升级主题	偏股混合型基金	442	90	2.792
38	华安	华安宏利	偏股混合型基金	442	106	37.405
38	华安	华安中小盘成长	偏股混合型基金	442	187	34.997
38	华安	华安量化多因子	偏股混合型基金	442	429	0.386
38	华安	华安沪深 300 量化增强 A	增强指数型基金	30	14	1.713
38	华安	华安沪深 300 量化增强 C	增强指数型基金	30	16	1.425

续表 3-2

整体投资回报能力排名	基金公司（简称）	基金名称	投资类型（二级分类）	样本基金数量	同类基金中排名	期间内规模（亿）
38	华安	华安 MSCI 中国 A 股指数增强	增强指数型基金	30	26	48.228
38	华安	华安宝利配置	平衡混合型基金	23	9	30.465
38	华安	华安创新	平衡混合型基金	23	20	32.980
38	华安	华安大国新经济	普通股票型基金	54	27	1.785
38	华安	华安稳定收益 A	混合债券型一级基金	128	56	5.079
38	华安	华安稳定收益 B	混合债券型一级基金	128	68	1.490
38	华安	华安稳固收益 C	混合债券型一级基金	128	100	1.531
38	华安	华安强化收益 A	混合债券型二级基金	207	27	0.452
38	华安	华安安心收益 A	混合债券型二级基金	207	36	1.355
38	华安	华安安心收益 B	混合债券型二级基金	207	40	0.703
38	华安	华安强化收益 B	混合债券型二级基金	207	44	0.489
38	华安	华安可转债 A	混合债券型二级基金	207	199	2.708
38	华安	华安可转债 B	混合债券型二级基金	207	200	3.934
38	华安	华安动态灵活配置	灵活配置型基金	231	28	5.832
38	华安	华安安顺	灵活配置型基金	231	111	18.399
38	华安	华安稳健回报	灵活配置型基金	231	118	3.559
38	华安	华安新活力	灵活配置型基金	231	155	13.316
38	华安	华安添鑫中短债 A	短期纯债型基金	10	10	1.587
38	华安	华安中证细分医药 ETF	被动指数型基金	205	30	0.600
38	华安	华安中证细分医药 ETF 联接 A	被动指数型基金	205	43	2.045
38	华安	华安中证细分医药 ETF 联接 C	被动指数型基金	205	51	0.429
38	华安	华安沪深 300	被动指数型基金	205	102	1.862
38	华安	华安上证 180ETF 联接	被动指数型基金	205	105	6.002
38	华安	华安上证 180ETF	被动指数型基金	205	107	173.689

续表3-2

整体投资回报能力排名	基金公司（简称）	基金名称	投资类型（二级分类）	样本基金数量	同类基金中排名	期间内规模（亿）
38	华安	华安上证龙头ETF	被动指数型基金	205	118	2.217
38	华安	华安上证龙头ETF联接	被动指数型基金	205	122	1.994
38	华安	华安日日鑫B	货币市场型基金	361	66	2.197
38	华安	华安汇财通	货币市场型基金	361	130	56.878
38	华安	华安日日鑫A	货币市场型基金	361	186	799.401
38	华安	华安现金富利B	货币市场型基金	361	211	87.529
38	华安	华安现金富利A	货币市场型基金	361	307	26.662
39	浦银安盛	浦银安盛幸福回报A	中长期纯债型基金	234	122	4.686
39	浦银安盛	浦银安盛幸福回报B	中长期纯债型基金	234	144	0.469
39	浦银安盛	浦银安盛6个月A	中长期纯债型基金	234	167	0.651
39	浦银安盛	浦银安盛6个月C	中长期纯债型基金	234	190	0.118
39	浦银安盛	浦银安盛月月盈A	中长期纯债型基金	234	217	1.519
39	浦银安盛	浦银安盛季季添利A	中长期纯债型基金	234	224	5.572
39	浦银安盛	浦银安盛月月盈C	中长期纯债型基金	234	225	0.099
39	浦银安盛	浦银安盛季季添利C	中长期纯债型基金	234	228	0.179
39	浦银安盛	浦银安盛红利精选	偏股混合型基金	442	122	0.964
39	浦银安盛	浦银安盛价值成长A	偏股混合型基金	442	392	22.123
39	浦银安盛	浦银安盛沪深300指数增强	增强指数型基金	30	8	3.049
39	浦银安盛	浦银安盛稳健增利C	混合债券型一级基金	128	103	6.086
39	浦银安盛	浦银安盛优化收益A	混合债券型二级基金	207	166	8.499
39	浦银安盛	浦银安盛优化收益C	混合债券型二级基金	207	171	0.470
39	浦银安盛	浦银安盛精致生活	灵活配置型基金	231	79	1.945
39	浦银安盛	浦银安盛战略新兴产业	灵活配置型基金	231	85	2.202
39	浦银安盛	浦银安盛盛世精选A	灵活配置型基金	231	87	3.178
39	浦银安盛	浦银安盛消费升级A	灵活配置型基金	231	102	0.574

续表 3-2

整体投资回报能力排名	基金公司（简称）	基金名称	投资类型（二级分类）	样本基金数量	同类基金中排名	期间内规模（亿）
39	浦银安盛	浦银安盛新经济结构	灵活配置型基金	231	164	1.115
39	浦银安盛	浦银安盛基本面400	被动指数型基金	205	164	0.527
39	浦银安盛	浦银安盛货币B	货币市场型基金	361	86	184.665
39	浦银安盛	浦银安盛日日盈B	货币市场型基金	361	203	17.216
39	浦银安盛	浦银安盛货币A	货币市场型基金	361	220	2.579
39	浦银安盛	浦银安盛货币E	货币市场型基金	361	222	0.044
39	浦银安盛	浦银安盛日日盈D	货币市场型基金	361	302	16.019
39	浦银安盛	浦银安盛日日盈A	货币市场型基金	361	303	0.268
40	中信保诚	信诚优质纯债A	中长期纯债型基金	234	5	1.115
40	中信保诚	信诚优质纯债B	中长期纯债型基金	234	13	1.251
40	中信保诚	信诚新双盈	中长期纯债型基金	234	187	4.379
40	中信保诚	中信保诚盛世蓝筹	偏股混合型基金	442	77	12.796
40	中信保诚	信诚新机遇	偏股混合型基金	442	121	5.679
40	中信保诚	信诚周期轮动	偏股混合型基金	442	145	2.853
40	中信保诚	信诚优胜精选	偏股混合型基金	442	182	12.477
40	中信保诚	中信保诚精萃成长	偏股混合型基金	442	220	18.895
40	中信保诚	信诚幸福消费	偏股混合型基金	442	244	0.436
40	中信保诚	信诚中小盘	偏股混合型基金	442	290	0.747
40	中信保诚	信诚四季红	偏股混合型基金	442	355	13.699
40	中信保诚	信诚深度价值	偏股混合型基金	442	397	0.982
40	中信保诚	信诚新兴产业	偏股混合型基金	442	423	0.432
40	中信保诚	信诚年年有余A	混合债券型一级基金	128	105	0.842
40	中信保诚	信诚年年有余B	混合债券型一级基金	128	111	0.120
40	中信保诚	信诚三得益债券A	混合债券型二级基金	207	23	2.233
40	中信保诚	信诚增强收益	混合债券型二级基金	207	32	1.456
40	中信保诚	信诚三得益债券B	混合债券型二级基金	207	43	8.008

续表3-2

整体投资回报能力排名	基金公司（简称）	基金名称	投资类型（二级分类）	样本基金数量	同类基金中排名	期间内规模（亿）
40	中信保诚	信诚中证800医药	被动指数型基金	205	34	0.852
40	中信保诚	信诚中证500分级	被动指数型基金	205	92	1.811
40	中信保诚	信诚沪深300分级	被动指数型基金	205	103	1.078
40	中信保诚	信诚中证TMT产业	被动指数型基金	205	127	2.006
40	中信保诚	信诚中证800金融	被动指数型基金	205	158	2.240
40	中信保诚	信诚中证800有色	被动指数型基金	205	188	0.892
40	中信保诚	信诚薪金宝	货币市场型基金	361	142	149.458
40	中信保诚	信诚理财7日盈A	货币市场型基金	361	183	0.674
40	中信保诚	信诚货币B	货币市场型基金	361	189	21.613
40	中信保诚	信诚货币A	货币市场型基金	361	293	2.534
40	中信保诚	信诚理财7日盈B	货币市场型基金	361	329	11.833
41	兴业	兴业定期开放A	中长期纯债型基金	234	55	23.199
41	兴业	兴业货币B	货币市场型基金	361	206	70.019
41	兴业	兴业货币A	货币市场型基金	361	304	9.250
42	嘉实	嘉实增强信用	中长期纯债型基金	234	70	8.217
42	嘉实	嘉实丰益纯债	中长期纯债型基金	234	140	5.468
42	嘉实	嘉实如意宝AB	中长期纯债型基金	234	150	5.531
42	嘉实	嘉实纯债A	中长期纯债型基金	234	151	42.025
42	嘉实	嘉实纯债C	中长期纯债型基金	234	162	0.389
42	嘉实	嘉实如意宝C	中长期纯债型基金	234	184	0.372
42	嘉实	嘉实丰益策略	中长期纯债型基金	234	198	1.469
42	嘉实	嘉实优化红利	偏股混合型基金	442	9	12.410
42	嘉实	嘉实增长	偏股混合型基金	442	53	26.413
42	嘉实	嘉实优质企业	偏股混合型基金	442	93	25.210
42	嘉实	嘉实主题新动力	偏股混合型基金	442	105	12.570
42	嘉实	嘉实价值优势	偏股混合型基金	442	147	22.023

续表 3-2

整体投资回报能力排名	基金公司（简称）	基金名称	投资类型（二级分类）	样本基金数量	同类基金中排名	期间内规模（亿）
42	嘉实	嘉实领先成长	偏股混合型基金	442	222	8.597
42	嘉实	嘉实量化阿尔法	偏股混合型基金	442	223	3.530
42	嘉实	嘉实稳健	偏股混合型基金	442	254	56.524
42	嘉实	嘉实研究精选 A	偏股混合型基金	442	294	62.595
42	嘉实	嘉实策略增长	偏股混合型基金	442	333	47.698
42	嘉实	嘉实周期优选	偏股混合型基金	442	345	32.204
42	嘉实	嘉实主题精选	偏股混合型基金	442	381	43.613
42	嘉实	嘉实服务增值行业	偏股混合型基金	442	396	28.378
42	嘉实	嘉实沪深 300 增强	增强指数型基金	30	17	12.332
42	嘉实	嘉实成长收益 A	平衡混合型基金	23	12	35.845
42	嘉实	嘉实新兴产业	普通股票型基金	54	1	9.248
42	嘉实	嘉实医疗保健	普通股票型基金	54	15	14.702
42	嘉实	嘉实研究阿尔法	普通股票型基金	54	23	6.183
42	嘉实	嘉实信用 A	混合债券型一级基金	128	49	8.648
42	嘉实	嘉实债券	混合债券型一级基金	128	54	20.105
42	嘉实	嘉实信用 C	混合债券型一级基金	128	63	3.167
42	嘉实	嘉实稳固收益	混合债券型二级基金	207	30	7.779
42	嘉实	嘉实多元收益 A	混合债券型二级基金	207	87	0.867
42	嘉实	嘉实多元收益 B	混合债券型二级基金	207	102	1.091
42	嘉实	嘉实多利分级	混合债券型二级基金	207	120	0.835
42	嘉实	嘉实泰和	灵活配置型基金	231	12	28.323
42	嘉实	嘉实回报灵活配置	灵活配置型基金	231	58	7.499
42	嘉实	嘉实新收益	灵活配置型基金	231	70	16.227
42	嘉实	嘉实超短债	短期纯债型基金	10	4	75.824
42	嘉实	嘉实中证中期企业债 C	被动指数型债券基金	12	5	0.073
42	嘉实	嘉实中证中期企业债 A	被动指数型债券基金	12	6	0.326

续表3-2

整体投资回报能力排名	基金公司（简称）	基金名称	投资类型（二级分类）	样本基金数量	同类基金中排名	期间内规模（亿）
42	嘉实	嘉实中证中期国债ETF	被动指数型债券基金	12	9	0.293
42	嘉实	嘉实中期国债ETF联接C	被动指数型债券基金	12	10	0.026
42	嘉实	嘉实中期国债ETF联接A	被动指数型债券基金	12	11	0.259
42	嘉实	嘉实中证主要消费ETF	被动指数型基金	205	3	0.361
42	嘉实	嘉实深证基本面120ETF	被动指数型基金	205	13	8.495
42	嘉实	嘉实深证基本面120ETF联接A	被动指数型基金	205	16	8.180
42	嘉实	嘉实基本面50指数（LOF）A	被动指数型基金	205	29	21.442
42	嘉实	嘉实中证医药卫生ETF	被动指数型基金	205	71	1.813
42	嘉实	嘉实沪深300ETF	被动指数型基金	205	89	363.538
42	嘉实	嘉实沪深300ETF联接（LOF）A	被动指数型基金	205	91	275.831
42	嘉实	嘉实中证金融地产ETF	被动指数型基金	205	125	0.720
42	嘉实	嘉实中证500ETF	被动指数型基金	205	163	19.128
42	嘉实	嘉实中证500ETF联接A	被动指数型基金	205	168	11.661
42	嘉实	嘉实中创400ETF	被动指数型基金	205	179	1.205
42	嘉实	嘉实中创400ETF联接A	被动指数型基金	205	186	1.212
42	嘉实	嘉实理财宝7天B	货币市场型基金	361	28	67.981
42	嘉实	嘉实货币B	货币市场型基金	361	58	122.812
42	嘉实	嘉实活期宝	货币市场型基金	361	74	208.211
42	嘉实	嘉实活钱包A	货币市场型基金	361	91	95.837
42	嘉实	嘉实薪金宝	货币市场型基金	361	119	119.391
42	嘉实	嘉实理财宝7天A	货币市场型基金	361	146	0.394
42	嘉实	嘉实货币A	货币市场型基金	361	165	244.541
42	嘉实	嘉实保证金理财B	货币市场型基金	361	221	0.299

续表 3-2

整体投资回报能力排名	基金公司（简称）	基金名称	投资类型（二级分类）	样本基金数量	同类基金中排名	期间内规模（亿）
42	嘉实	嘉实安心货币 B	货币市场型基金	361	323	23.215
42	嘉实	嘉实安心货币 A	货币市场型基金	361	345	2.026
42	嘉实	嘉实保证金理财 A	货币市场型基金	361	349	2.779
42	嘉实	嘉实1个月理财 E	货币市场型基金	361	354	15.059
42	嘉实	嘉实1个月理财 A	货币市场型基金	361	355	15.700
43	鹏华	鹏华丰融	中长期纯债型基金	234	1	3.810
43	鹏华	鹏华产业债	中长期纯债型基金	234	26	7.843
43	鹏华	鹏华丰泽	中长期纯债型基金	234	57	34.191
43	鹏华	鹏华丰泰 A	中长期纯债型基金	234	82	3.678
43	鹏华	鹏华丰实 A	中长期纯债型基金	234	102	5.758
43	鹏华	鹏华丰实 B	中长期纯债型基金	234	138	0.697
43	鹏华	鹏华纯债	中长期纯债型基金	234	166	6.528
43	鹏华	鹏华永诚一年定开	中长期纯债型基金	234	214	1.386
43	鹏华	鹏华消费优选	偏股混合型基金	442	56	5.444
43	鹏华	鹏华新兴产业	偏股混合型基金	442	65	16.138
43	鹏华	鹏华盛世创新	偏股混合型基金	442	73	6.810
43	鹏华	鹏华精选成长	偏股混合型基金	442	193	3.148
43	鹏华	鹏华普天收益	偏股混合型基金	442	206	9.410
43	鹏华	鹏华价值优势	偏股混合型基金	442	212	58.028
43	鹏华	鹏华中国50	偏股混合型基金	442	232	15.764
43	鹏华	鹏华动力增长	偏股混合型基金	442	279	27.751
43	鹏华	鹏华优质治理	偏股混合型基金	442	371	22.454
43	鹏华	鹏华养老产业	普通股票型基金	54	8	5.366
43	鹏华	鹏华先进制造	普通股票型基金	54	18	4.943
43	鹏华	鹏华环保产业	普通股票型基金	54	21	2.132
43	鹏华	鹏华医疗保健	普通股票型基金	54	29	16.175

续表 3-2

整体投资回报能力排名	基金公司（简称）	基金名称	投资类型（二级分类）	样本基金数量	同类基金中排名	期间内规模（亿）
43	鹏华	鹏华价值精选	普通股票型基金	54	32	0.892
43	鹏华	鹏华普天债券A	混合债券型一级基金	128	31	15.623
43	鹏华	鹏华普天债券B	混合债券型一级基金	128	43	13.766
43	鹏华	鹏华丰润	混合债券型一级基金	128	61	26.342
43	鹏华	鹏华丰和A	混合债券型二级基金	207	24	6.480
43	鹏华	鹏华双债加利	混合债券型二级基金	207	31	4.380
43	鹏华	鹏华信用增利A	混合债券型二级基金	207	53	7.447
43	鹏华	鹏华信用增利B	混合债券型二级基金	207	60	0.458
43	鹏华	鹏华双债增利	混合债券型二级基金	207	61	6.531
43	鹏华	鹏华双债保利	混合债券型二级基金	207	72	2.772
43	鹏华	鹏华丰盛稳固收益	混合债券型二级基金	207	79	26.407
43	鹏华	鹏华丰收	混合债券型二级基金	207	83	26.632
43	鹏华	鹏华消费领先	灵活配置型基金	231	50	5.437
43	鹏华	鹏华品牌传承	灵活配置型基金	231	75	6.776
43	鹏华	鹏华策略优选	灵活配置型基金	231	91	6.061
43	鹏华	鹏华宏观	灵活配置型基金	231	176	5.102
43	鹏华	鹏华中证信息技术	被动指数型基金	205	35	2.073
43	鹏华	鹏华沪深300A	被动指数型基金	205	56	5.403
43	鹏华	鹏华中证800地产	被动指数型基金	205	60	2.715
43	鹏华	鹏华上证民企50ETF	被动指数型基金	205	94	1.321
43	鹏华	鹏华上证民企50ETF联接	被动指数型基金	205	99	1.102
43	鹏华	鹏华深证民营ETF	被动指数型基金	205	131	0.701
43	鹏华	鹏华深证民营ETF联接	被动指数型基金	205	136	0.521
43	鹏华	鹏华中证500A	被动指数型基金	205	152	5.086
43	鹏华	鹏华中证A股资源产业	被动指数型基金	205	173	2.048
43	鹏华	鹏华中证800证券保险	被动指数型基金	205	199	17.873

续表 3-2

整体投资回报能力排名	基金公司（简称）	基金名称	投资类型（二级分类）	样本基金数量	同类基金中排名	期间内规模（亿）
43	鹏华	鹏华中证传媒	被动指数型基金	205	201	3.258
43	鹏华	鹏华中证国防	被动指数型基金	205	202	24.849
43	鹏华	鹏华增值宝	货币市场型基金	361	111	177.290
43	鹏华	鹏华货币 B	货币市场型基金	361	177	58.406
43	鹏华	鹏华货币 A	货币市场型基金	361	288	12.935
44	长安	长安宏观策略	偏股混合型基金	442	393	0.407
44	长安	长安产业精选 A	灵活配置型基金	231	122	1.420
44	长安	长安 300 非周期	被动指数型基金	205	58	0.564
44	长安	长安货币 B	货币市场型基金	361	134	11.103
44	长安	长安货币 A	货币市场型基金	361	255	4.079
45	光大保德信	光大岁末红利纯债 A	中长期纯债型基金	234	181	7.413
45	光大保德信	光大岁末红利纯债 C	中长期纯债型基金	234	211	0.368
45	光大保德信	光大精选	偏股混合型基金	442	69	1.179
45	光大保德信	光大银发商机主题	偏股混合型基金	442	112	2.073
45	光大保德信	光大行业轮动	偏股混合型基金	442	120	3.399
45	光大保德信	光大中小盘	偏股混合型基金	442	123	3.953
45	光大保德信	光大新增长	偏股混合型基金	442	164	8.733
45	光大保德信	光大优势	偏股混合型基金	442	262	63.821
45	光大保德信	光大红利	偏股混合型基金	442	342	15.949
45	光大保德信	光大核心	普通股票型基金	54	44	61.267
45	光大保德信	光大收益 A	混合债券型一级基金	128	79	3.343
45	光大保德信	光大收益 C	混合债券型一级基金	128	96	0.313
45	光大保德信	光大添益 A	混合债券型二级基金	207	114	2.117
45	光大保德信	光大添益 C	混合债券型二级基金	207	127	0.311
45	光大保德信	光大动态优选	灵活配置型基金	231	134	14.760
45	光大保德信	光大添天盈 B	货币市场型基金	361	25	157.495

续表 3-2

整体投资回报能力排名	基金公司（简称）	基金名称	投资类型（二级分类）	样本基金数量	同类基金中排名	期间内规模（亿）
45	光大保德信	光大添天盈 A	货币市场型基金	361	107	0.969
45	光大保德信	光大现金宝 B	货币市场型基金	361	154	52.740
45	光大保德信	光大现金宝 A	货币市场型基金	361	271	0.728
45	光大保德信	光大货币	货币市场型基金	361	289	35.581
46	华夏	华夏纯债 A	中长期纯债型基金	234	110	30.536
46	华夏	华夏纯债 C	中长期纯债型基金	234	148	7.608
46	华夏	华夏永福 A	偏债混合型基金	24	4	5.855
46	华夏	华夏大盘精选	偏股混合型基金	442	142	39.145
46	华夏	华夏蓝筹核心	偏股混合型基金	442	228	60.968
46	华夏	华夏收入	偏股混合型基金	442	263	29.764
46	华夏	华夏行业精选	偏股混合型基金	442	270	38.642
46	华夏	华夏优势增长	偏股混合型基金	442	291	84.855
46	华夏	华夏复兴	偏股混合型基金	442	325	27.374
46	华夏	华夏红利	偏股混合型基金	442	353	118.096
46	华夏	华夏成长	偏股混合型基金	442	375	61.596
46	华夏	华夏经典配置	偏股混合型基金	442	412	12.664
46	华夏	华夏盛世精选	偏股混合型基金	442	438	30.384
46	华夏	华夏回报 2 号	平衡混合型基金	23	6	52.186
46	华夏	华夏回报 A	平衡混合型基金	23	8	106.984
46	华夏	华夏双债增强 A	混合债券型一级基金	128	28	0.877
46	华夏	华夏双债增强 C	混合债券型一级基金	128	35	0.697
46	华夏	华夏债券 AB	混合债券型一级基金	128	72	7.646
46	华夏	华夏债券 C	混合债券型一级基金	128	85	5.556
46	华夏	华夏聚利	混合债券型一级基金	128	86	19.984
46	华夏	华夏稳定双利债券 C	混合债券型一级基金	128	88	5.503
46	华夏	华夏安康信用优选 A	混合债券型二级基金	207	16	1.053

续表 3-2

整体投资回报能力排名	基金公司（简称）	基金名称	投资类型（二级分类）	样本基金数量	同类基金中排名	期间内规模（亿）
46	华夏	华夏安康信用优选 C	混合债券型二级基金	207	19	0.993
46	华夏	华夏希望债券 A	混合债券型二级基金	207	111	7.741
46	华夏	华夏希望债券 C	混合债券型二级基金	207	122	6.503
46	华夏	华夏策略精选	灵活配置型基金	231	54	7.880
46	华夏	华夏兴华 A	灵活配置型基金	231	138	10.765
46	华夏	华夏兴和	灵活配置型基金	231	152	9.192
46	华夏	华夏平稳增长	灵活配置型基金	231	205	24.458
46	华夏	华夏亚债中国 A	被动指数型债券基金	12	4	38.244
46	华夏	华夏亚债中国 C	被动指数型债券基金	12	7	0.758
46	华夏	华夏上证主要消费 ETF	被动指数型基金	205	4	2.903
46	华夏	华夏上证医药卫生 ETF	被动指数型基金	205	17	2.693
46	华夏	华夏沪港通恒生 ETF	被动指数型基金	205	49	9.626
46	华夏	华夏上证 50ETF	被动指数型基金	205	66	360.235
46	华夏	华夏沪深 300ETF	被动指数型基金	205	67	298.389
46	华夏	华夏沪深 300ETF 联接 A	被动指数型基金	205	70	197.159
46	华夏	华夏中小板 ETF	被动指数型基金	205	81	22.649
46	华夏	华夏上证金融地产 ETF	被动指数型基金	205	104	2.821
46	华夏	华夏理财 30 天 A	货币市场型基金	361	49	6.198
46	华夏	华夏货币 B	货币市场型基金	361	75	58.581
46	华夏	华夏薪金宝	货币市场型基金	361	80	71.128
46	华夏	华夏财富宝 A	货币市场型基金	361	81	549.383
46	华夏	华夏现金增利 E	货币市场型基金	361	180	598.498
46	华夏	华夏现金增利 A	货币市场型基金	361	181	598.498
46	华夏	华夏保证金 B	货币市场型基金	361	190	0.911
46	华夏	华夏货币 A	货币市场型基金	361	204	25.868
46	华夏	华夏理财 30 天 B	货币市场型基金	361	226	71.837

3 五年期公募基金管理公司整体投资回报能力评价

续表3-2

整体投资回报能力排名	基金公司（简称）	基金名称	投资类型（二级分类）	样本基金数量	同类基金中排名	期间内规模（亿）
46	华夏	华夏现金宝A	货币市场型基金	361	311	59.041
46	华夏	华夏现金宝B	货币市场型基金	361	340	0.312
46	华夏	华夏保证金A	货币市场型基金	361	346	2.459
47	国投瑞银	国投瑞银中高等级A	中长期纯债型基金	234	103	1.841
47	国投瑞银	国投瑞银中高等级C	中长期纯债型基金	234	135	0.906
47	国投瑞银	国投瑞银岁增利A	中长期纯债型基金	234	213	4.397
47	国投瑞银	国投瑞银岁增利C	中长期纯债型基金	234	222	0.268
47	国投瑞银	国投瑞银融华债券	偏债混合型基金	24	21	3.771
47	国投瑞银	国投瑞银创新动力	偏股混合型基金	442	183	14.493
47	国投瑞银	国投瑞银成长优选	偏股混合型基金	442	322	8.287
47	国投瑞银	国投瑞银核心企业	偏股混合型基金	442	408	28.734
47	国投瑞银	国投瑞银景气行业	平衡混合型基金	23	13	13.683
47	国投瑞银	国投瑞银双债增利A	混合债券型一级基金	128	17	2.143
47	国投瑞银	国投瑞银双债增利C	混合债券型一级基金	128	30	0.478
47	国投瑞银	国投瑞银稳定增利	混合债券型一级基金	128	57	10.001
47	国投瑞银	国投瑞银优化增强AB	混合债券型二级基金	207	18	11.160
47	国投瑞银	国投瑞银优化增强C	混合债券型二级基金	207	28	1.156
47	国投瑞银	国投瑞银新兴产业	灵活配置型基金	231	14	0.932
47	国投瑞银	国投瑞银美丽中国	灵活配置型基金	231	19	2.853
47	国投瑞银	国投瑞银策略精选	灵活配置型基金	231	26	5.996
47	国投瑞银	国投瑞银信息消费	灵活配置型基金	231	36	10.881
47	国投瑞银	国投瑞银稳健增长	灵活配置型基金	231	51	8.464
47	国投瑞银	国投瑞银医疗保健行业	灵活配置型基金	231	52	4.499
47	国投瑞银	国投瑞银新机遇A	灵活配置型基金	231	66	3.341
47	国投瑞银	国投瑞银新机遇C	灵活配置型基金	231	74	2.487
47	国投瑞银	国投瑞银中证下游	被动指数型基金	205	19	0.905

续表 3-2

整体投资回报能力排名	基金公司（简称）	基金名称	投资类型（二级分类）	样本基金数量	同类基金中排名	期间内规模（亿）
47	国投瑞银	国投瑞银瑞和 300	被动指数型基金	205	33	2.396
47	国投瑞银	国投瑞银沪深 300 金融地产 ETF	被动指数型基金	205	82	13.718
47	国投瑞银	国投瑞银沪深 300 金融地产 ETF 联接	被动指数型基金	205	93	14.204
47	国投瑞银	国投瑞银中证上游	被动指数型基金	205	170	1.457
47	国投瑞银	国投瑞银钱多宝 A	货币市场型基金	361	52	10.649
47	国投瑞银	国投瑞银钱多宝 I	货币市场型基金	361	53	2.023
47	国投瑞银	国投瑞银货币 B	货币市场型基金	361	159	69.751
47	国投瑞银	国投瑞银增利宝 A	货币市场型基金	361	178	2.105
47	国投瑞银	国投瑞银货币 A	货币市场型基金	361	273	9.152
48	长信	长信纯债一年 A	中长期纯债型基金	234	20	2.917
48	长信	长信纯债一年 C	中长期纯债型基金	234	38	3.337
48	长信	长信纯债壹号 A	中长期纯债型基金	234	84	14.764
48	长信	长信内需成长 A	偏股混合型基金	442	41	11.159
48	长信	长信银利精选	偏股混合型基金	442	94	11.689
48	长信	长信增利策略	偏股混合型基金	442	167	13.180
48	长信	长信量化先锋 A	偏股混合型基金	442	207	21.014
48	长信	长信双利优选 A	偏股混合型基金	442	281	12.612
48	长信	长信恒利优势	偏股混合型基金	442	295	0.907
48	长信	长信金利趋势	偏股混合型基金	442	324	39.215
48	长信	长信可转债 A	混合债券型二级基金	207	47	16.327
48	长信	长信利丰 C	混合债券型二级基金	207	68	11.716
48	长信	长信可转债 C	混合债券型二级基金	207	71	7.037
48	长信	长信医疗保健行业	灵活配置型基金	231	127	1.383
48	长信	长信改革红利	灵活配置型基金	231	137	1.662
48	长信	长信利息收益 B	货币市场型基金	361	125	7.604

续表3-2

整体投资回报能力排名	基金公司（简称）	基金名称	投资类型（二级分类）	样本基金数量	同类基金中排名	期间内规模（亿）
48	长信	长信利息收益A	货币市场型基金	361	243	74.517
49	华润元大	华润元大信息传媒科技	偏股混合型基金	442	217	0.511
49	华润元大	华润元大量化优选A	偏股混合型基金	442	335	1.074
49	华润元大	华润元大安鑫A	灵活配置型基金	231	76	0.394
49	华润元大	华润元大富时中国A50	被动指数型基金	205	36	2.185
49	华润元大	华润元大现金收益B	货币市场型基金	361	182	6.323
49	华润元大	华润元大现金收益A	货币市场型基金	361	290	2.011
50	德邦	德邦优化	灵活配置型基金	231	186	4.026
50	德邦	德邦德利货币B	货币市场型基金	361	176	51.103
50	德邦	德邦德利货币A	货币市场型基金	361	287	2.887
51	新华	新华安享惠金A	中长期纯债型基金	234	61	17.871
51	新华	新华安享惠金C	中长期纯债型基金	234	92	0.983
51	新华	新华纯债添利A	中长期纯债型基金	234	155	19.831
51	新华	新华纯债添利C	中长期纯债型基金	234	186	2.729
51	新华	新华趋势领航	偏股混合型基金	442	44	6.724
51	新华	新华中小市值优选	偏股混合型基金	442	99	1.028
51	新华	新华优选消费	偏股混合型基金	442	156	4.101
51	新华	新华优选成长	偏股混合型基金	442	243	7.644
51	新华	新华行业周期轮换	偏股混合型基金	442	261	1.684
51	新华	新华钻石品质企业	偏股混合型基金	442	329	9.747
51	新华	新华灵活主题	偏股混合型基金	442	350	0.938
51	新华	新华优选分红	偏股混合型基金	442	359	21.499
51	新华	新华增怡C	混合债券型二级基金	207	84	0.401
51	新华	新华增怡A	混合债券型二级基金	207	108	7.864
51	新华	新华鑫益	灵活配置型基金	231	5	2.120
51	新华	新华行业轮换配置A	灵活配置型基金	231	6	6.182

续表 3-2

整体投资回报能力排名	基金公司（简称）	基金名称	投资类型（二级分类）	样本基金数量	同类基金中排名	期间内规模（亿）
51	新华	新华泛资源优势	灵活配置型基金	231	13	3.913
51	新华	新华鑫利	灵活配置型基金	231	115	1.136
51	新华	新华中证环保产业	被动指数型基金	205	196	2.033
51	新华	新华活期添利 A	货币市场型基金	361	184	10.786
51	新华	新华壹诺宝 A	货币市场型基金	361	278	12.947
52	长城	长城增强收益 A	中长期纯债型基金	234	141	7.703
52	长城	长城增强收益 C	中长期纯债型基金	234	175	1.378
52	长城	长城医疗保健	偏股混合型基金	442	51	4.715
52	长城	长城品牌优选	偏股混合型基金	442	148	102.221
52	长城	长城优化升级	偏股混合型基金	442	195	0.711
52	长城	长城双动力	偏股混合型基金	442	208	2.867
52	长城	长城中小盘成长	偏股混合型基金	442	276	1.971
52	长城	长城久富	偏股混合型基金	442	315	12.507
52	长城	长城消费增值	偏股混合型基金	442	337	20.856
52	长城	长城久泰沪深 300A	增强指数型基金	30	21	15.203
52	长城	长城积极增利 A	混合债券型一级基金	128	76	14.228
52	长城	长城积极增利 C	混合债券型一级基金	128	92	2.872
52	长城	长城稳健增利	混合债券型二级基金	207	126	8.256
52	长城	长城稳健成长灵活配置	灵活配置型基金	231	73	4.838
52	长城	长城核心优选	灵活配置型基金	231	96	5.462
52	长城	长城安心回报	灵活配置型基金	231	106	37.618
52	长城	长城久鑫	灵活配置型基金	231	149	13.220
52	长城	长城久恒	灵活配置型基金	231	188	2.115
52	长城	长城景气行业龙头	灵活配置型基金	231	227	1.227
52	长城	长城货币 B	货币市场型基金	361	76	17.919
52	长城	长城货币 A	货币市场型基金	361	205	288.076

3 五年期公募基金管理公司整体投资回报能力评价

续表3-2

整体投资回报能力排名	基金公司（简称）	基金名称	投资类型（二级分类）	样本基金数量	同类基金中排名	期间内规模（亿）
52	长城	长城工资宝A	货币市场型基金	361	257	0.562
53	华泰柏瑞	华泰柏瑞丰盛纯债A	中长期纯债型基金	234	98	4.648
53	华泰柏瑞	华泰柏瑞稳健收益A	中长期纯债型基金	234	115	3.416
53	华泰柏瑞	华泰柏瑞丰盛纯债C	中长期纯债型基金	234	129	0.188
53	华泰柏瑞	华泰柏瑞稳健收益C	中长期纯债型基金	234	146	0.909
53	华泰柏瑞	华泰柏瑞价值增长	偏股混合型基金	442	16	4.666
53	华泰柏瑞	华泰柏瑞量化先行	偏股混合型基金	442	98	15.202
53	华泰柏瑞	华泰柏瑞行业领先	偏股混合型基金	442	169	6.082
53	华泰柏瑞	华泰柏瑞量化增强A	偏股混合型基金	442	218	29.905
53	华泰柏瑞	华泰柏瑞盛世中国	偏股混合型基金	442	285	31.420
53	华泰柏瑞	华泰柏瑞积极成长A	偏股混合型基金	442	395	23.381
53	华泰柏瑞	华泰柏瑞季季红	混合债券型一级基金	128	44	6.576
53	华泰柏瑞	华泰柏瑞信用增利	混合债券型一级基金	128	70	0.831
53	华泰柏瑞	华泰柏瑞丰汇A	混合债券型一级基金	128	87	13.588
53	华泰柏瑞	华泰柏瑞丰汇C	混合债券型一级基金	128	99	5.584
53	华泰柏瑞	华泰柏瑞增利A	混合债券型二级基金	207	164	0.313
53	华泰柏瑞	华泰柏瑞增利B	混合债券型二级基金	207	168	0.370
53	华泰柏瑞	华泰柏瑞创新升级	灵活配置型基金	231	23	7.561
53	华泰柏瑞	华泰柏瑞量化优选	灵活配置型基金	231	65	15.849
53	华泰柏瑞	华泰柏瑞红利ETF	被动指数型基金	205	68	21.774
53	华泰柏瑞	华泰柏瑞沪深300ETF联接A	被动指数型基金	205	74	9.930
53	华泰柏瑞	华泰柏瑞沪深300ETF	被动指数型基金	205	90	371.047
53	华泰柏瑞	华泰柏瑞上证中小盘ETF	被动指数型基金	205	138	0.722
53	华泰柏瑞	华泰柏瑞上证中小盘ETF联接	被动指数型基金	205	151	0.536

续表3-2

整体投资回报能力排名	基金公司（简称）	基金名称	投资类型（二级分类）	样本基金数量	同类基金中排名	期间内规模（亿）
53	华泰柏瑞	华泰柏瑞货币B	货币市场型基金	361	151	37.133
53	华泰柏瑞	华泰柏瑞货币A	货币市场型基金	361	268	28.391
54	北信瑞丰	北信瑞丰稳定收益A	中长期纯债型基金	234	35	3.308
54	北信瑞丰	北信瑞丰稳定收益C	中长期纯债型基金	234	49	1.161
54	北信瑞丰	北信瑞丰宜投宝B	货币市场型基金	361	240	36.708
54	北信瑞丰	北信瑞丰宜投宝A	货币市场型基金	361	319	0.330
55	鑫元	鑫元鸿利	中长期纯债型基金	234	88	12.289
55	鑫元	鑫元稳利	中长期纯债型基金	234	161	15.122
55	鑫元	鑫元聚鑫收益增强A	混合债券型二级基金	207	181	0.687
55	鑫元	鑫元聚鑫收益增强C	混合债券型二级基金	207	184	1.182
55	鑫元	鑫元恒鑫收益增强A	混合债券型二级基金	207	189	0.720
55	鑫元	鑫元恒鑫收益增强C	混合债券型二级基金	207	190	2.232
55	鑫元	鑫元货币B	货币市场型基金	361	143	39.321
55	鑫元	鑫元货币A	货币市场型基金	361	261	3.508
56	天弘	天弘稳利A	中长期纯债型基金	234	29	2.669
56	天弘	天弘稳利B	中长期纯债型基金	234	52	1.236
56	天弘	天弘安康颐养	偏债混合型基金	24	6	8.091
56	天弘	天弘永定成长	偏股混合型基金	442	163	5.508
56	天弘	天弘周期策略	偏股混合型基金	442	246	4.174
56	天弘	天弘丰利	混合债券型一级基金	128	42	4.478
56	天弘	天弘永利债券B	混合债券型二级基金	207	29	2.030
56	天弘	天弘永利债券A	混合债券型二级基金	207	48	6.467
56	天弘	天弘弘利	混合债券型二级基金	207	130	12.432
56	天弘	天弘债券型发起式A	混合债券型二级基金	207	145	2.492
56	天弘	天弘债券型发起式B	混合债券型二级基金	207	155	0.229
56	天弘	天弘精选	灵活配置型基金	231	123	16.007

3 五年期公募基金管理公司整体投资回报能力评价

续表3-2

整体投资回报能力排名	基金公司（简称）	基金名称	投资类型（二级分类）	样本基金数量	同类基金中排名	期间内规模（亿）
56	天弘	天弘通利	灵活配置型基金	231	172	6.872
56	天弘	天弘现金B	货币市场型基金	361	191	4.077
56	天弘	天弘余额宝	货币市场型基金	361	228	8 168.791
56	天弘	天弘现金C	货币市场型基金	361	280	3.186
56	天弘	天弘现金A	货币市场型基金	361	294	1.656
57	汇丰晋信	汇丰晋信龙腾	偏股混合型基金	442	245	13.247
57	汇丰晋信	汇丰晋信2026	平衡混合型基金	23	3	1.857
57	汇丰晋信	汇丰晋信大盘A	普通股票型基金	54	10	23.497
57	汇丰晋信	汇丰晋信消费红利	普通股票型基金	54	22	4.340
57	汇丰晋信	汇丰晋信科技先锋	普通股票型基金	54	33	6.451
57	汇丰晋信	汇丰晋信中小盘	普通股票型基金	54	46	1.780
57	汇丰晋信	汇丰晋信低碳先锋	普通股票型基金	54	51	4.564
57	汇丰晋信	汇丰晋信平稳增利A	混合债券型一级基金	128	108	0.555
57	汇丰晋信	汇丰晋信平稳增利C	混合债券型一级基金	128	114	0.200
57	汇丰晋信	汇丰晋信2016	混合债券型二级基金	207	104	3.213
57	汇丰晋信	汇丰晋信双核策略A	灵活配置型基金	231	44	16.892
57	汇丰晋信	汇丰晋信双核策略C	灵活配置型基金	231	47	3.482
57	汇丰晋信	汇丰晋信动态策略	灵活配置型基金	231	83	12.449
57	汇丰晋信	汇丰晋信恒生A股A	被动指数型基金	205	14	1.762
57	汇丰晋信	汇丰晋信货币B	货币市场型基金	361	331	66.216
57	汇丰晋信	汇丰晋信货币A	货币市场型基金	361	351	0.143
58	博时	博时双月薪	中长期纯债型基金	234	4	7.891
58	博时	博时月月薪	中长期纯债型基金	234	25	3.061
58	博时	博时安丰18个月A	中长期纯债型基金	234	31	8.854
58	博时	博时信用债纯债A	中长期纯债型基金	234	39	12.056
58	博时	博时岁岁增利	中长期纯债型基金	234	73	4.111

续表 3-2

整体投资回报能力排名	基金公司（简称）	基金名称	投资类型（二级分类）	样本基金数量	同类基金中排名	期间内规模（亿）
58	博时	博时安心收益 A	中长期纯债型基金	234	125	0.926
58	博时	博时安心收益 C	中长期纯债型基金	234	153	0.503
58	博时	博时创业成长 A	偏股混合型基金	442	128	3.054
58	博时	博时主题行业	偏股混合型基金	442	137	132.811
58	博时	博时医疗保健行业 A	偏股混合型基金	442	149	26.127
58	博时	博时卓越品牌	偏股混合型基金	442	238	2.769
58	博时	博时特许价值 A	偏股混合型基金	442	239	6.051
58	博时	博时精选 A	偏股混合型基金	442	249	51.638
58	博时	博时行业轮动	偏股混合型基金	442	267	2.809
58	博时	博时新兴成长	偏股混合型基金	442	372	62.573
58	博时	博时第三产业成长	偏股混合型基金	442	430	32.544
58	博时	博时价值增长	平衡混合型基金	23	21	82.367
58	博时	博时平衡配置	平衡混合型基金	23	22	10.044
58	博时	博时价值增长 2 号	平衡混合型基金	23	23	27.037
58	博时	博时稳定价值 A	混合债券型一级基金	128	36	1.081
58	博时	博时稳定价值 B	混合债券型一级基金	128	47	2.785
58	博时	博时稳健回报 A	混合债券型一级基金	128	101	0.284
58	博时	博时稳健回报 C	混合债券型一级基金	128	106	1.402
58	博时	博时信用债券 B	混合债券型二级基金	207	10	10.795
58	博时	博时信用债券 A	混合债券型二级基金	207	11	10.795
58	博时	博时信用债券 C	混合债券型二级基金	207	13	6.742
58	博时	博时天颐 A	混合债券型二级基金	207	132	4.214
58	博时	博时宏观回报 AB	混合债券型二级基金	207	142	1.373
58	博时	博时天颐 C	混合债券型二级基金	207	148	0.536
58	博时	博时宏观回报 C	混合债券型二级基金	207	149	0.869
58	博时	博时转债增强 A	混合债券型二级基金	207	192	6.681

续表3-2

整体投资回报能力排名	基金公司（简称）	基金名称	投资类型（二级分类）	样本基金数量	同类基金中排名	期间内规模（亿）
58	博时	博时转债增强C	混合债券型二级基金	207	193	9.588
58	博时	博时裕隆	灵活配置型基金	231	30	13.548
58	博时	博时回报灵活配置	灵活配置型基金	231	78	5.267
58	博时	博时策略灵活配置	灵活配置型基金	231	101	8.454
58	博时	博时裕益灵活配置	灵活配置型基金	231	112	4.047
58	博时	博时内需增长灵活配置	灵活配置型基金	231	214	3.885
58	博时	博时安盈A	短期纯债型基金	10	3	9.649
58	博时	博时安盈C	短期纯债型基金	10	6	48.711
58	博时	博时裕富沪深300A	被动指数型基金	205	22	94.310
58	博时	博时创业板ETF	被动指数型基金	205	27	1.104
58	博时	博时创业板ETF联接A	被动指数型基金	205	37	0.859
58	博时	博时超大盘ETF	被动指数型基金	205	62	4.924
58	博时	博时超大盘ETF联接	被动指数型基金	205	77	4.242
58	博时	博时自然资源ETF	被动指数型基金	205	192	1.557
58	博时	博时自然资源ETF联接	被动指数型基金	205	193	0.514
58	博时	博时现金宝B	货币市场型基金	361	88	59.563
58	博时	博时现金宝A	货币市场型基金	361	113	59.513
58	博时	博时现金收益B	货币市场型基金	361	155	89.861
58	博时	博时天天增利B	货币市场型基金	361	256	10.644
58	博时	博时现金收益A	货币市场型基金	361	270	893.025
58	博时	博时天天增利A	货币市场型基金	361	324	17.117
58	博时	博时保证金	货币市场型基金	361	334	3.150
59	中金	中金纯债A	中长期纯债型基金	234	189	3.373
59	中金	中金纯债C	中长期纯债型基金	234	218	0.839
59	中金	中金现金管家B	货币市场型基金	361	166	10.670
59	中金	中金现金管家A	货币市场型基金	361	279	0.826

续表 3-2

整体投资回报能力排名	基金公司（简称）	基金名称	投资类型（二级分类）	样本基金数量	同类基金中排名	期间内规模（亿）
60	国联安	国联安安心成长	偏债混合型基金	24	19	14.538
60	国联安	国联安优选行业	偏股混合型基金	442	161	8.056
60	国联安	国联安精选	偏股混合型基金	442	166	15.169
60	国联安	国联安优势	偏股混合型基金	442	188	6.295
60	国联安	国联安小盘精选	偏股混合型基金	442	219	15.209
60	国联安	国联安主题驱动	偏股混合型基金	442	366	1.085
60	国联安	国联安红利	偏股混合型基金	442	369	0.467
60	国联安	国联安稳健	平衡混合型基金	23	5	1.617
60	国联安	国联安增利债券 A	混合债券型一级基金	128	75	4.327
60	国联安	国联安增利债券 B	混合债券型一级基金	128	89	1.254
60	国联安	国联安信心增益	混合债券型一级基金	128	126	2.593
60	国联安	国联安信心增长 A	混合债券型二级基金	207	139	1.377
60	国联安	国联安信心增长 B	混合债券型二级基金	207	147	0.097
60	国联安	国联安安泰灵活配置	灵活配置型基金	231	171	1.792
60	国联安	国联安通盈 A	灵活配置型基金	231	177	1.979
60	国联安	国联安新精选	灵活配置型基金	231	193	6.435
60	国联安	国联安双禧中证 100	被动指数型基金	205	64	4.500
60	国联安	国联安中证医药 100A	被动指数型基金	205	97	12.658
60	国联安	国联安上证商品 ETF 联接	被动指数型基金	205	176	1.592
60	国联安	国联安上证商品 ETF	被动指数型基金	205	177	1.987
60	国联安	国联安货币 B	货币市场型基金	361	208	61.856
60	国联安	国联安货币 A	货币市场型基金	361	305	5.391
61	华富	华富恒稳纯债 A	中长期纯债型基金	234	174	9.883
61	华富	华富恒稳纯债 C	中长期纯债型基金	234	208	0.688
61	华富	华富成长趋势	偏股混合型基金	442	264	10.644

续表 3-2

整体投资回报能力排名	基金公司（简称）	基金名称	投资类型（二级分类）	样本基金数量	同类基金中排名	期间内规模（亿）
61	华富	华富竞争力优选	偏股混合型基金	442	272	9.349
61	华富	华富量子生命力	偏股混合型基金	442	367	0.633
61	华富	华富中小板指数增强	增强指数型基金	30	30	0.218
61	华富	华富强化回报	混合债券型一级基金	128	5	3.577
61	华富	华富收益增强 A	混合债券型一级基金	128	41	18.802
61	华富	华富收益增强 B	混合债券型一级基金	128	55	1.840
61	华富	华富安鑫	混合债券型二级基金	207	98	1.336
61	华富	华富价值增长	灵活配置型基金	231	41	0.973
61	华富	华富策略精选	灵活配置型基金	231	184	1.446
61	华富	华富灵活配置	灵活配置型基金	231	203	1.179
61	华富	华富智慧城市	灵活配置型基金	231	222	7.990
61	华富	华富中证 100	被动指数型基金	205	23	2.109
61	华富	华富货币 A	货币市场型基金	361	284	8.457
62	银华	银华信用季季红 A	中长期纯债型基金	234	40	70.490
62	银华	银华信用四季红 A	中长期纯债型基金	234	69	5.169
62	银华	银华纯债信用主题	中长期纯债型基金	234	75	17.748
62	银华	银华保本增值	偏债混合型基金	24	22	9.853
62	银华	银华中小盘精选	偏股混合型基金	442	5	28.868
62	银华	银华富裕主题	偏股混合型基金	442	6	62.362
62	银华	银华内需精选	偏股混合型基金	442	52	15.623
62	银华	银华领先策略	偏股混合型基金	442	158	9.681
62	银华	银华优质增长	偏股混合型基金	442	259	35.792
62	银华	银华核心价值优选	偏股混合型基金	442	286	64.939
62	银华	银华道琼斯 88 精选 A	增强指数型基金	30	23	44.977
62	银华	银华优势企业	平衡混合型基金	23	18	15.085
62	银华	银华信用双利 A	混合债券型二级基金	207	64	3.360

续表 3-2

整体投资回报能力排名	基金公司（简称）	基金名称	投资类型（二级分类）	样本基金数量	同类基金中排名	期间内规模（亿）
62	银华	银华信用双利 C	混合债券型二级基金	207	76	0.698
62	银华	银华增强收益	混合债券型二级基金	207	95	3.221
62	银华	银华和谐主题	灵活配置型基金	231	108	5.437
62	银华	银华回报	灵活配置型基金	231	145	3.756
62	银华	银华成长先锋	灵活配置型基金	231	208	5.007
62	银华	银华高端制造业	灵活配置型基金	231	226	12.954
62	银华	银华深证 100	被动指数型基金	205	65	7.839
62	银华	银华沪深 300 分级	被动指数型基金	205	115	2.361
62	银华	银华上证 50 等权重 ETF	被动指数型基金	205	139	1.002
62	银华	银华中证等权重 90	被动指数型基金	205	141	4.595
62	银华	银华上证 50 等权 ETF 联接	被动指数型基金	205	161	0.980
62	银华	银华中证内地资源主题	被动指数型基金	205	197	0.675
62	银华	银华活钱宝 F	货币市场型基金	361	40	256.239
62	银华	银华多利宝 B	货币市场型基金	361	48	102.748
62	银华	银华双月定期理财 A	货币市场型基金	361	69	3.185
62	银华	银华多利宝 A	货币市场型基金	361	145	6.176
62	银华	银华货币 B	货币市场型基金	361	152	19.829
62	银华	银华惠增利	货币市场型基金	361	188	65.052
62	银华	银华交易货币 A	货币市场型基金	361	265	28 524.961
62	银华	银华货币 A	货币市场型基金	361	269	211.051
62	银华	银华活钱宝 E	货币市场型基金	361	356	0.003
62	银华	银华活钱宝 D	货币市场型基金	361	357	1.805
62	银华	银华活钱宝 C	货币市场型基金	361	358	0.000
62	银华	银华活钱宝 B	货币市场型基金	361	360	0.000
62	银华	银华活钱宝 A	货币市场型基金	361	361	0.000

续表 3-2

整体投资回报能力排名	基金公司（简称）	基金名称	投资类型（二级分类）	样本基金数量	同类基金中排名	期间内规模（亿）
63	东方	东方添益	中长期纯债型基金	234	99	9.226
63	东方	东方策略成长	偏股混合型基金	442	231	2.378
63	东方	东方核心动力	偏股混合型基金	442	233	0.627
63	东方	东方精选	偏股混合型基金	442	379	31.547
63	东方	东方新能源汽车主题	偏股混合型基金	442	413	0.689
63	东方	东方成长回报	平衡混合型基金	23	17	0.745
63	东方	东方稳健回报	混合债券型一级基金	128	97	3.255
63	东方	东方强化收益	混合债券型二级基金	207	62	2.045
63	东方	东方双债添利 A	混合债券型二级基金	207	113	2.108
63	东方	东方双债添利 C	混合债券型二级基金	207	128	0.670
63	东方	东方新兴成长	灵活配置型基金	231	48	1.710
63	东方	东方龙	灵活配置型基金	231	130	6.648
63	东方	东方多策略 A	灵活配置型基金	231	190	3.143
63	东方	东方金账簿货币 B	货币市场型基金	361	99	28.505
63	东方	东方金账簿货币 A	货币市场型基金	361	230	3.189
64	诺安	诺安纯债 A	中长期纯债型基金	234	9	4.618
64	诺安	诺安纯债 C	中长期纯债型基金	234	18	1.225
64	诺安	诺安聚利 A	中长期纯债型基金	234	94	3.035
64	诺安	诺安泰鑫一年 A	中长期纯债型基金	234	133	8.198
64	诺安	诺安聚利 C	中长期纯债型基金	234	137	3.212
64	诺安	诺安稳固收益	中长期纯债型基金	234	176	19.322
64	诺安	诺安中小盘精选	偏股混合型基金	442	132	8.821
64	诺安	诺安主题精选	偏股混合型基金	442	174	14.172
64	诺安	诺安鸿鑫	偏股混合型基金	442	260	2.974
64	诺安	诺安先锋	偏股混合型基金	442	311	69.184
64	诺安	诺安多策略	偏股混合型基金	442	313	1.485

续表 3-2

整体投资回报能力排名	基金公司（简称）	基金名称	投资类型（二级分类）	样本基金数量	同类基金中排名	期间内规模（亿）
64	诺安	诺安成长	偏股混合型基金	442	317	17.438
64	诺安	诺安价值增长	偏股混合型基金	442	360	36.676
64	诺安	诺安平衡	偏股混合型基金	442	376	35.011
64	诺安	诺安沪深300指数增强	增强指数型基金	30	28	2.564
64	诺安	诺安策略精选	普通股票型基金	54	24	8.811
64	诺安	诺安优化收益	混合债券型一级基金	128	21	6.732
64	诺安	诺安双利	混合债券型二级基金	207	1	6.480
64	诺安	诺安增利A	混合债券型二级基金	207	151	1.280
64	诺安	诺安增利B	混合债券型二级基金	207	162	0.075
64	诺安	诺安新动力	灵活配置型基金	231	119	0.847
64	诺安	诺安稳健回报A	灵活配置型基金	231	148	2.025
64	诺安	诺安灵活配置	灵活配置型基金	231	168	35.778
64	诺安	诺安优势行业A	灵活配置型基金	231	202	3.283
64	诺安	诺安中证100	被动指数型基金	205	24	4.262
64	诺安	诺安天天宝B	货币市场型基金	361	117	1.414
64	诺安	诺安理财宝B	货币市场型基金	361	136	76.923
64	诺安	诺安理财宝A	货币市场型基金	361	144	0.348
64	诺安	诺安货币B	货币市场型基金	361	197	11.230
64	诺安	诺安天天宝E	货币市场型基金	361	201	1.163
64	诺安	诺安聚鑫宝B	货币市场型基金	361	249	31.275
64	诺安	诺安聚鑫宝A	货币市场型基金	361	259	7.399
64	诺安	诺安天天宝C	货币市场型基金	361	260	0.024
64	诺安	诺安天天宝A	货币市场型基金	361	276	219.777
64	诺安	诺安货币A	货币市场型基金	361	301	3.722
65	宝盈	宝盈祥瑞A	偏债混合型基金	24	16	4.677
65	宝盈	宝盈泛沿海增长	偏股混合型基金	442	344	15.546

续表 3-2

整体投资回报能力排名	基金公司（简称）	基金名称	投资类型（二级分类）	样本基金数量	同类基金中排名	期间内规模（亿）
65	宝盈	宝盈策略增长	偏股混合型基金	442	405	33.837
65	宝盈	宝盈资源优选	偏股混合型基金	442	411	30.264
65	宝盈	宝盈中证100指数增强A	增强指数型基金	30	10	3.211
65	宝盈	宝盈增强收益AB	混合债券型二级基金	207	137	2.171
65	宝盈	宝盈增强收益C	混合债券型二级基金	207	152	1.452
65	宝盈	宝盈新价值A	灵活配置型基金	231	33	8.456
65	宝盈	宝盈鸿利收益A	灵活配置型基金	231	53	13.518
65	宝盈	宝盈科技30	灵活配置型基金	231	72	17.331
65	宝盈	宝盈先进制造A	灵活配置型基金	231	77	26.593
65	宝盈	宝盈睿丰创新AB	灵活配置型基金	231	105	0.654
65	宝盈	宝盈睿丰创新C	灵活配置型基金	231	146	2.914
65	宝盈	宝盈核心优势A	灵活配置型基金	231	178	42.036
65	宝盈	宝盈核心优势C	灵活配置型基金	231	192	1.265
65	宝盈	宝盈货币B	货币市场型基金	361	83	40.797
65	宝盈	宝盈货币A	货币市场型基金	361	217	20.417
66	华融	华融现金增利B	货币市场型基金	361	216	2.202
66	华融	华融现金增利A	货币市场型基金	361	297	0.165
66	华融	华融现金增利C	货币市场型基金	361	308	5.192
67	融通	融通岁岁添利A	中长期纯债型基金	234	21	2.838
67	融通	融通岁岁添利B	中长期纯债型基金	234	32	1.116
67	融通	融通债券AB	中长期纯债型基金	234	67	6.156
67	融通	融通债券C	中长期纯债型基金	234	100	2.016
67	融通	融通月月添利A	中长期纯债型基金	234	165	6.904
67	融通	融通月月添利B	中长期纯债型基金	234	194	0.023
67	融通	融通行业景气	偏股混合型基金	442	58	23.560
67	融通	融通领先成长	偏股混合型基金	442	152	27.182

续表 3-2

整体投资回报能力排名	基金公司（简称）	基金名称	投资类型（二级分类）	样本基金数量	同类基金中排名	期间内规模（亿）
67	融通	融通内需驱动	偏股混合型基金	442	297	3.154
67	融通	融通医疗保健行业 A	偏股混合型基金	442	328	16.151
67	融通	融通动力先锋	偏股混合型基金	442	374	19.038
67	融通	融通新蓝筹	偏股混合型基金	442	406	56.233
67	融通	融通巨潮 100AB	增强指数型基金	30	25	18.623
67	融通	融通创业板指数增强 AB	增强指数型基金	30	29	4.827
67	融通	融通蓝筹成长	平衡混合型基金	23	15	12.180
67	融通	融通四季添利	混合债券型一级基金	128	45	5.133
67	融通	融通增强收益 A	混合债券型二级基金	207	140	1.550
67	融通	融通通瑞 AB	混合债券型二级基金	207	175	0.512
67	融通	融通通瑞 C	混合债券型二级基金	207	182	0.100
67	融通	融通可转债 A	混合债券型二级基金	207	206	0.236
67	融通	融通可转债 C	混合债券型二级基金	207	207	0.396
67	融通	融通健康产业	灵活配置型基金	231	98	5.673
67	融通	融通通源短融 A	短期纯债型基金	10	7	1.909
67	融通	融通深证 100AB	被动指数型基金	205	63	91.021
67	融通	融通深证成指 AB	被动指数型基金	205	166	3.764
67	融通	融通易支付货币 B	货币市场型基金	361	238	23.736
67	融通	融通易支付货币 A	货币市场型基金	361	317	140.742
68	华宝	华宝生态中国	偏股混合型基金	442	91	4.619
68	华宝	华宝服务优选	偏股混合型基金	442	107	8.269
68	华宝	华宝医药生物	偏股混合型基金	442	115	6.671
68	华宝	华宝宝康消费品	偏股混合型基金	442	151	13.264
68	华宝	华宝创新优选	偏股混合型基金	442	173	2.650
68	华宝	华宝先进成长	偏股混合型基金	442	180	13.926
68	华宝	华宝资源优选	偏股混合型基金	442	185	2.069

3 五年期公募基金管理公司整体投资回报能力评价

续表 3-2

整体投资回报能力排名	基金公司（简称）	基金名称	投资类型（二级分类）	样本基金数量	同类基金中排名	期间内规模（亿）
68	华宝	华宝多策略	偏股混合型基金	442	277	24.561
68	华宝	华宝新兴产业	偏股混合型基金	442	293	21.945
68	华宝	华宝大盘精选	偏股混合型基金	442	300	1.867
68	华宝	华宝动力组合	偏股混合型基金	442	305	15.582
68	华宝	华宝收益增长	偏股混合型基金	442	346	17.332
68	华宝	华宝行业精选	偏股混合型基金	442	416	49.911
68	华宝	华宝高端制造	普通股票型基金	54	45	19.332
68	华宝	华宝宝康债券A	混合债券型一级基金	128	52	8.407
68	华宝	华宝可转债	混合债券型一级基金	128	128	2.841
68	华宝	华宝增强收益A	混合债券型二级基金	207	101	0.611
68	华宝	华宝增强收益B	混合债券型二级基金	207	115	0.150
68	华宝	华宝宝康灵活	灵活配置型基金	231	110	4.814
68	华宝	华宝中证100A	被动指数型基金	205	40	6.869
68	华宝	华宝上证180价值ETF	被动指数型基金	205	41	7.674
68	华宝	华宝上证180价值ETF联接	被动指数型基金	205	53	3.167
68	华宝	华宝中证银行ETF联接A	被动指数型基金	205	76	1.561
68	华宝	华宝现金宝E	货币市场型基金	361	122	27.100
68	华宝	华宝现金宝B	货币市场型基金	361	123	4.789
68	华宝	华宝现金宝A	货币市场型基金	361	247	21.281
68	华宝	华宝现金添益A	货币市场型基金	361	285	423.585
69	中信建投	中信建投稳利A	偏债混合型基金	24	14	2.281
69	中信建投	中信建投景和中短债A	短期纯债型基金	10	5	0.814
69	中信建投	中信建投景和中短债C	短期纯债型基金	10	8	1.427
69	中信建投	中信建投货币A	货币市场型基金	361	336	3.169
70	中海	中海纯债A	中长期纯债型基金	234	221	1.461

续表 3-2

整体投资回报能力排名	基金公司（简称）	基金名称	投资类型（二级分类）	样本基金数量	同类基金中排名	期间内规模（亿）
70	中海	中海纯债 C	中长期纯债型基金	234	226	0.275
70	中海	中海消费主题精选	偏股混合型基金	442	157	2.771
70	中海	中海量化策略	偏股混合型基金	442	211	2.892
70	中海	中海优质成长	偏股混合型基金	442	283	23.430
70	中海	中海分红增利	偏股混合型基金	442	362	12.129
70	中海	中海能源策略	偏股混合型基金	442	407	20.791
70	中海	中海上证 50 指数增强	增强指数型基金	30	18	2.970
70	中海	中海医疗保健	普通股票型基金	54	7	8.912
70	中海	中海稳健收益	混合债券型一级基金	128	91	1.032
70	中海	中海惠祥分级	混合债券型二级基金	207	124	5.623
70	中海	中海增强收益 A	混合债券型二级基金	207	157	1.258
70	中海	中海增强收益 C	混合债券型二级基金	207	165	0.151
70	中海	中海可转换债券 C	混合债券型二级基金	207	203	0.521
70	中海	中海可转换债券 A	混合债券型二级基金	207	204	3.954
70	中海	中海医药健康产业 A	灵活配置型基金	231	42	5.695
70	中海	中海医药健康产业 C	灵活配置型基金	231	49	1.969
70	中海	中海积极收益	灵活配置型基金	231	139	3.282
70	中海	中海蓝筹配置	灵活配置型基金	231	220	3.015
70	中海	中海环保新能源	灵活配置型基金	231	224	1.290
70	中海	中海货币 B	货币市场型基金	361	131	21.675
70	中海	中海货币 A	货币市场型基金	361	252	2.885
71	长盛	长盛年年收益 A	中长期纯债型基金	234	231	0.638
71	长盛	长盛年年收益 C	中长期纯债型基金	234	233	0.135
71	长盛	长盛量化红利策略	偏股混合型基金	442	83	4.638
71	长盛	长盛成长价值	偏股混合型基金	442	170	8.525
71	长盛	长盛城镇化主题	偏股混合型基金	442	227	3.108

续表 3-2

整体投资回报能力排名	基金公司（简称）	基金名称	投资类型（二级分类）	样本基金数量	同类基金中排名	期间内规模（亿）
71	长盛	长盛电子信息产业 A	偏股混合型基金	442	282	21.052
71	长盛	长盛同德	偏股混合型基金	442	354	29.851
71	长盛	长盛动态精选	偏股混合型基金	442	357	6.158
71	长盛	长盛同智	偏股混合型基金	442	437	16.038
71	长盛	长盛同鑫行业配置	偏股混合型基金	442	439	0.972
71	长盛	长盛积极配置	混合债券型二级基金	207	125	2.311
71	长盛	长盛电子信息主题	灵活配置型基金	231	113	3.771
71	长盛	长盛战略新兴产业 A	灵活配置型基金	231	121	0.294
71	长盛	长盛创新先锋	灵活配置型基金	231	132	6.523
71	长盛	长盛生态环境主题	灵活配置型基金	231	174	7.691
71	长盛	长盛高端装备制造	灵活配置型基金	231	181	5.405
71	长盛	长盛养老健康产业	灵活配置型基金	231	196	6.152
71	长盛	长盛同益成长回报	灵活配置型基金	231	204	7.391
71	长盛	长盛航天海工装备	灵活配置型基金	231	211	3.588
71	长盛	长盛同盛成长优选	灵活配置型基金	231	230	21.302
71	长盛	长盛中证 100	被动指数型基金	205	48	6.666
71	长盛	长盛沪深 300	被动指数型基金	205	108	2.158
71	长盛	长盛同瑞中证 200	被动指数型基金	205	198	0.085
71	长盛	长盛货币 A	货币市场型基金	361	162	47.931
71	长盛	长盛添利宝 B	货币市场型基金	361	168	30.114
71	长盛	长盛添利宝 A	货币市场型基金	361	281	21.359
72	天治	天治财富增长	偏债混合型基金	24	1	1.424
72	天治	天治核心成长	偏股混合型基金	442	420	13.595
72	天治	天治稳健双盈	混合债券型二级基金	207	17	6.926
72	天治	天治可转债增强 A	混合债券型二级基金	207	176	0.865
72	天治	天治可转债增强 C	混合债券型二级基金	207	178	0.808

续表 3-2

整体投资回报能力排名	基金公司（简称）	基金名称	投资类型（二级分类）	样本基金数量	同类基金中排名	期间内规模（亿）
72	天治	天治中国制造2025	灵活配置型基金	231	100	0.705
72	天治	天治研究驱动A	灵活配置型基金	231	157	0.555
72	天治	天治趋势精选	灵活配置型基金	231	218	1.582
72	天治	天治新消费	灵活配置型基金	231	221	0.330
72	天治	天治低碳经济	灵活配置型基金	231	229	1.042
72	天治	天治天得利货币	货币市场型基金	361	316	3.581
73	上投摩根	上投摩根纯债A	中长期纯债型基金	234	159	2.937
73	上投摩根	上投摩根纯债B	中长期纯债型基金	234	191	0.365
73	上投摩根	上投摩根纯债添利A	中长期纯债型基金	234	223	6.282
73	上投摩根	上投摩根纯债丰利A	中长期纯债型基金	234	227	15.110
73	上投摩根	上投摩根纯债丰利C	中长期纯债型基金	234	230	0.878
73	上投摩根	上投摩根纯债添利C	中长期纯债型基金	234	234	1.158
73	上投摩根	上投摩根红利回报A	偏债混合型基金	24	20	0.754
73	上投摩根	上投摩根新兴动力A	偏股混合型基金	442	66	21.640
73	上投摩根	上投摩根智选30	偏股混合型基金	442	95	6.829
73	上投摩根	上投摩根双核平衡	偏股混合型基金	442	100	3.093
73	上投摩根	上投摩根核心优选	偏股混合型基金	442	153	11.898
73	上投摩根	上投摩根行业轮动A	偏股混合型基金	442	181	13.277
73	上投摩根	上投摩根阿尔法	偏股混合型基金	442	240	16.483
73	上投摩根	上投摩根健康品质生活	偏股混合型基金	442	266	1.265
73	上投摩根	上投摩根中小盘	偏股混合型基金	442	289	6.192
73	上投摩根	上投摩根中国优势	偏股混合型基金	442	332	20.586
73	上投摩根	上投摩根内需动力	偏股混合型基金	442	336	39.272
73	上投摩根	上投摩根成长先锋	偏股混合型基金	442	364	20.485
73	上投摩根	上投摩根双息平衡A	平衡混合型基金	23	19	22.953
73	上投摩根	上投摩根民生需求	普通股票型基金	54	25	2.340

续表3-2

整体投资回报能力排名	基金公司（简称）	基金名称	投资类型（二级分类）	样本基金数量	同类基金中排名	期间内规模（亿）
73	上投摩根	上投摩根核心成长	普通股票型基金	54	26	24.388
73	上投摩根	上投摩根大盘蓝筹	普通股票型基金	54	28	3.171
73	上投摩根	上投摩根分红添利A	混合债券型一级基金	128	98	0.904
73	上投摩根	上投摩根分红添利B	混合债券型一级基金	128	104	0.124
73	上投摩根	上投摩根双债增利A	混合债券型二级基金	207	69	0.151
73	上投摩根	上投摩根优信增利A	混合债券型二级基金	207	73	0.757
73	上投摩根	上投摩根双债增利C	混合债券型二级基金	207	86	0.252
73	上投摩根	上投摩根优信增利C	混合债券型二级基金	207	93	0.087
73	上投摩根	上投摩根强化回报A	混合债券型二级基金	207	144	0.300
73	上投摩根	上投摩根强化回报B	混合债券型二级基金	207	154	0.079
73	上投摩根	上投摩根转型动力	灵活配置型基金	231	64	5.734
73	上投摩根	上投摩根成长动力	灵活配置型基金	231	117	4.168
73	上投摩根	上投摩根中证消费	被动指数型基金	205	42	0.447
73	上投摩根	上投摩根货币B	货币市场型基金	361	318	727.211
73	上投摩根	上投摩根天添盈E	货币市场型基金	361	320	1.080
73	上投摩根	上投摩根天添宝B	货币市场型基金	361	328	3.730
73	上投摩根	上投摩根天添盈A	货币市场型基金	361	338	44.379
73	上投摩根	上投摩根货币A	货币市场型基金	361	344	1.422
73	上投摩根	上投摩根天添宝A	货币市场型基金	361	348	1.726
73	上投摩根	上投摩根天添盈B	货币市场型基金	361	353	0.351
74	泰达宏利	泰达宏利淘利A	中长期纯债型基金	234	79	1.669
74	泰达宏利	泰达宏利淘利C	中长期纯债型基金	234	96	0.234
74	泰达宏利	泰达宏利宏达A	偏债混合型基金	24	8	2.131
74	泰达宏利	泰达宏利宏达B	偏债混合型基金	24	10	2.113
74	泰达宏利	泰达宏利风险预算	偏债混合型基金	24	18	3.993
74	泰达宏利	泰达宏利逆向策略	偏股混合型基金	442	190	2.457

续表 3-2

整体投资回报能力排名	基金公司（简称）	基金名称	投资类型（二级分类）	样本基金数量	同类基金中排名	期间内规模（亿）
74	泰达宏利	泰达宏利稳定	偏股混合型基金	442	250	1.929
74	泰达宏利	泰达宏利成长	偏股混合型基金	442	257	13.866
74	泰达宏利	泰达宏利周期	偏股混合型基金	442	308	3.027
74	泰达宏利	泰达宏利行业精选	偏股混合型基金	442	373	11.916
74	泰达宏利	泰达宏利红利先锋	偏股混合型基金	442	387	4.647
74	泰达宏利	泰达宏利市值优选	偏股混合型基金	442	394	27.840
74	泰达宏利	泰达宏利效率优选	偏股混合型基金	442	398	20.869
74	泰达宏利	泰达宏利领先中小盘	偏股混合型基金	442	421	1.954
74	泰达宏利	泰达宏利沪深 300 指数增强 A	增强指数型基金	30	4	2.443
74	泰达宏利	泰达宏利首选企业	普通股票型基金	54	41	7.707
74	泰达宏利	泰达宏利转型机遇	普通股票型基金	54	52	4.686
74	泰达宏利	泰达宏利集利 A	混合债券型二级基金	207	46	10.879
74	泰达宏利	泰达宏利集利 C	混合债券型二级基金	207	55	2.723
74	泰达宏利	泰达宏利品质生活	灵活配置型基金	231	231	1.994
74	泰达宏利	泰达宏利货币 B	货币市场型基金	361	56	11.019
74	泰达宏利	泰达宏利货币 A	货币市场型基金	361	156	3.679
75	信达澳银	信达澳银中小盘	偏股混合型基金	442	214	2.039
75	信达澳银	信达澳银产业升级	偏股混合型基金	442	320	1.285
75	信达澳银	信达澳银领先增长	偏股混合型基金	442	365	24.567
75	信达澳银	信达澳银消费优选	偏股混合型基金	442	400	0.632
75	信达澳银	信达澳银红利回报	偏股混合型基金	442	403	1.445
75	信达澳银	信达澳银稳定 A	混合债券型一级基金	128	116	3.582
75	信达澳银	信达澳银稳定 B	混合债券型一级基金	128	119	0.574
75	信达澳银	信达澳银信用债 A	混合债券型二级基金	207	167	1.594
75	信达澳银	信达澳银信用债 C	混合债券型二级基金	207	170	0.231

续表 3-2

整体投资回报能力排名	基金公司（简称）	基金名称	投资类型（二级分类）	样本基金数量	同类基金中排名	期间内规模（亿）
75	信达澳银	信达澳银精华	灵活配置型基金	231	93	1.329
75	信达澳银	信达澳银慧管家 C	货币市场型基金	361	70	7.915
75	信达澳银	信达澳银慧管家 A	货币市场型基金	361	185	0.770
75	信达澳银	信达澳银慧管家 E	货币市场型基金	361	296	0.095
76	申万菱信	申万菱信消费增长	偏股混合型基金	442	88	2.810
76	申万菱信	申万菱信盛利精选	偏股混合型基金	442	253	9.892
76	申万菱信	申万菱信新经济	偏股混合型基金	442	301	19.322
76	申万菱信	申万菱信新动力	偏股混合型基金	442	327	20.496
76	申万菱信	申万菱信竞争优势	偏股混合型基金	442	343	0.464
76	申万菱信	申万菱信沪深 300 指数增强 A	增强指数型基金	30	7	3.378
76	申万菱信	申万菱信量化小盘	普通股票型基金	54	11	6.094
76	申万菱信	申万菱信稳益宝	混合债券型二级基金	207	118	0.926
76	申万菱信	申万菱信可转债	混合债券型二级基金	207	197	1.076
76	申万菱信	申万菱信沪深 300 价值 A	被动指数型基金	205	26	14.713
76	申万菱信	申万菱信深证成指分级	被动指数型基金	205	183	2.013
76	申万菱信	申万菱信中证环保产业	被动指数型基金	205	189	2.965
76	申万菱信	申万菱信中证军工	被动指数型基金	205	195	7.384
76	申万菱信	申万菱信中证申万证券	被动指数型基金	205	204	41.290
76	申万菱信	申万菱信货币 B	货币市场型基金	361	242	36.319
76	申万菱信	申万菱信货币 A	货币市场型基金	361	321	1.626
77	东吴	东吴新产业精选	偏股混合型基金	442	314	2.862
77	东吴	东吴行业轮动	偏股混合型基金	442	391	8.025
77	东吴	东吴嘉禾优势	偏股混合型基金	442	401	11.890
77	东吴	东吴新经济	偏股混合型基金	442	402	0.870
77	东吴	东吴价值成长	偏股混合型基金	442	435	8.335

续表 3-2

整体投资回报能力排名	基金公司（简称）	基金名称	投资类型（二级分类）	样本基金数量	同类基金中排名	期间内规模（亿）
77	东吴	东吴增利 A	混合债券型一级基金	128	12	0.157
77	东吴	东吴增利 C	混合债券型一级基金	128	20	0.220
77	东吴	东吴优信稳健 A	混合债券型二级基金	207	194	0.149
77	东吴	东吴优信稳健 C	混合债券型二级基金	207	196	0.150
77	东吴	东吴多策略	灵活配置型基金	231	97	0.928
77	东吴	东吴安享量化	灵活配置型基金	231	104	0.763
77	东吴	东吴进取策略	灵活配置型基金	231	142	2.244
77	东吴	东吴阿尔法	灵活配置型基金	231	180	1.072
77	东吴	东吴中证可转换债券	被动指数型债券基金	12	12	0.464
77	东吴	东吴中证新兴产业	被动指数型基金	205	133	3.676
77	东吴	东吴沪深 300A	被动指数型基金	205	145	0.400
77	东吴	东吴货币 B	货币市场型基金	361	175	12.122
77	东吴	东吴货币 A	货币市场型基金	361	286	1.286
78	华商	华商产业升级	偏股混合型基金	442	205	2.138
78	华商	华商盛世成长	偏股混合型基金	442	284	39.006
78	华商	华商价值精选	偏股混合型基金	442	331	16.595
78	华商	华商领先企业	偏股混合型基金	442	389	39.651
78	华商	华商主题精选	偏股混合型基金	442	425	19.860
78	华商	华商未来主题	偏股混合型基金	442	442	29.506
78	华商	华商收益增强 A	混合债券型一级基金	128	121	3.012
78	华商	华商收益增强 B	混合债券型一级基金	128	123	1.344
78	华商	华商稳定增利 A	混合债券型二级基金	207	21	1.125
78	华商	华商稳定增利 C	混合债券型二级基金	207	34	0.885
78	华商	华商稳健双利 A	混合债券型二级基金	207	163	2.557
78	华商	华商稳健双利 B	混合债券型二级基金	207	169	1.739
78	华商	华商双债丰利 A	混合债券型二级基金	207	191	3.515

3 五年期公募基金管理公司整体投资回报能力评价

续表3-2

整体投资回报能力排名	基金公司（简称）	基金名称	投资类型（二级分类）	样本基金数量	同类基金中排名	期间内规模（亿）
78	华商	华商双债丰利C	混合债券型二级基金	207	195	1.281
78	华商	华商优势行业	灵活配置型基金	231	8	7.607
78	华商	华商红利优选	灵活配置型基金	231	59	2.469
78	华商	华商新量化	灵活配置型基金	231	103	14.260
78	华商	华商策略精选	灵活配置型基金	231	109	30.152
78	华商	华商价值共享灵活配置	灵活配置型基金	231	129	17.425
78	华商	华商创新成长	灵活配置型基金	231	162	6.623
78	华商	华商新锐产业	灵活配置型基金	231	198	14.840
78	华商	华商大盘量化精选	灵活配置型基金	231	206	23.008
78	华商	华商动态阿尔法	灵活配置型基金	231	223	17.802
78	华商	华商现金增利B	货币市场基金	361	300	4.850
78	华商	华商现金增利A	货币市场型基金	361	339	1.704
79	中邮	中邮定期开放A	中长期纯债型基金	234	56	6.552
79	中邮	中邮定期开放C	中长期纯债型基金	234	74	2.799
79	中邮	中邮稳定收益A	中长期纯债型基金	234	111	36.475
79	中邮	中邮稳定收益C	中长期纯债型基金	234	142	1.574
79	中邮	中邮战略新兴产业	偏股混合型基金	442	302	25.032
79	中邮	中邮核心主题	偏股混合型基金	442	385	22.545
79	中邮	中邮核心优选	偏股混合型基金	442	414	47.395
79	中邮	中邮核心成长	偏股混合型基金	442	422	99.935
79	中邮	中邮中小盘灵活配置	灵活配置型基金	231	135	9.889
79	中邮	中邮多策略	灵活配置型基金	231	169	1.786
79	中邮	中邮核心竞争力	灵活配置型基金	231	212	17.454
79	中邮	中邮核心优势	灵活配置型基金	231	215	9.575
79	中邮	中邮现金驿站C	货币市场型基金	361	124	6.810
79	中邮	中邮货币B	货币市场型基金	361	164	0.448

续表 3-2

整体投资回报能力排名	基金公司（简称）	基金名称	投资类型（二级分类）	样本基金数量	同类基金中排名	期间内规模（亿）
79	中邮	中邮现金驿站 B	货币市场型基金	361	167	1.411
79	中邮	中邮现金驿站 A	货币市场型基金	361	193	1.296
79	中邮	中邮货币 A	货币市场型基金	361	277	1.761
80	西部利得	西部利得策略优选	偏股混合型基金	442	409	2.360
80	西部利得	西部利得稳健双利 A	混合债券型二级基金	207	138	0.278
80	西部利得	西部利得稳健双利 C	混合债券型二级基金	207	153	0.096
80	西部利得	西部利得新动向	灵活配置型基金	231	165	1.447
81	泰信	泰信鑫益 A	中长期纯债型基金	234	172	0.497
81	泰信	泰信鑫益 C	中长期纯债型基金	234	202	0.132
81	泰信	泰信中小盘精选	偏股混合型基金	442	299	3.234
81	泰信	泰信现代服务业	偏股混合型基金	442	326	0.516
81	泰信	泰信发展主题	偏股混合型基金	442	339	1.416
81	泰信	泰信先行策略	偏股混合型基金	442	417	21.410
81	泰信	泰信优质生活	偏股混合型基金	442	431	7.201
81	泰信	泰信蓝筹精选	偏股混合型基金	442	434	7.504
81	泰信	泰信周期回报	混合债券型一级基金	128	77	0.617
81	泰信	泰信增强收益 A	混合债券型一级基金	128	110	0.061
81	泰信	泰信增强收益 C	混合债券型一级基金	128	117	0.047
81	泰信	泰信双息双利	混合债券型二级基金	207	158	0.434
81	泰信	泰信优势增长	灵活配置型基金	231	219	3.805
81	泰信	泰信中证 200	被动指数型基金	205	159	0.707
81	泰信	泰信基本面 400	被动指数型基金	205	185	0.374
81	泰信	泰信天天收益 A	货币市场型基金	361	313	10.743
82	前海开源	前海开源可转债	混合债券型二级基金	207	198	0.801
82	前海开源	前海开源事件驱动 A	灵活配置型基金	231	90	0.697
82	前海开源	前海开源中国成长	灵活配置型基金	231	191	3.821

续表3-2

整体投资回报能力排名	基金公司（简称）	基金名称	投资类型（二级分类）	样本基金数量	同类基金中排名	期间内规模（亿）
82	前海开源	前海开源新经济	灵活配置型基金	231	217	1.382
82	前海开源	前海开源大海洋	灵活配置型基金	231	225	4.552
82	前海开源	前海开源沪深300	被动指数型基金	205	110	1.251
82	前海开源	前海开源中证军工A	被动指数型基金	205	194	7.168
83	浙商	浙商聚盈纯债A	中长期纯债型基金	234	229	10.291
83	浙商	浙商聚盈纯债C	中长期纯债型基金	234	232	0.030
83	浙商	浙商聚潮新思维	偏股混合型基金	442	117	2.061
83	浙商	浙商聚潮产业成长	偏股混合型基金	442	230	2.995
84	益民	益民红利成长	偏股混合型基金	442	415	5.637
84	益民	益民创新优势	偏股混合型基金	442	428	19.477
84	益民	益民服务领先	灵活配置型基金	231	9	0.869
84	益民	益民核心增长	灵活配置型基金	231	210	0.289
84	益民	益民货币	货币市场型基金	361	352	2.072

4 十年期公募基金管理公司整体投资回报能力评价

4.1 数据来源与样本说明

十年期的数据区间为2009年12月31日至2019年12月31日。所有公募基金数据来源于 Wind 金融资讯终端。从 Wind 上我们获得的数据变量有：基金名称、基金管理公司、投资类型（二级分类）、投资风格、复权单位净值增长率（20091231—20191231）、单位净值（20091231）、单位净值（20191231）、基金份额（20091231）、基金份额（20191231）。

我们删除国际（QDII）类基金、同期样本数少于10的类别，再删除同期旗下样本基金数少于3只的基金管理公司，最后的样本基金数为557只，样本基金管理公司总共60家。

投资类型包括：偏债混合型基金（10只）、偏股混合型基金（253只）、灵活配置型基金（53只）、货币市场型基金（60只）、混合债券型一级基金（60只）、平衡混合型基金（21只）、混合债券型二级基金（52只）、被动指数型基金（38只）、增强指数基金（10只）。

我们按第1部分介绍的计算方法，计算出样本中每家基金公司的整体投资回报能力分数，依高分到低分进行排序。

4.2 十年期整体投资回报能力评价结果

在十年期的整体投资能力评价中，样本基金公司只有60家，它们均是我们熟悉的国内老牌公募基金公司。见表4-1。

4 十年期公募基金管理公司整体投资回报能力评价

表4-1 十年期整体投资回报能力评价

整体投资回报能力排名	基金公司（简称）	整体投资回报能力得分	样本基金数量
1	中欧	1.217	4
2	汇添富	1.077	11
3	富国	0.951	16
4	兴全	0.876	6
5	民生加银	0.831	3
6	景顺长城	0.692	11
7	华富	0.632	8
8	农银汇理	0.625	4
9	摩根士丹利华鑫	0.583	4
10	汇丰晋信	0.490	5
11	新华	0.472	3
12	诺德	0.459	4
13	银河	0.409	10
14	南方	0.405	18
15	国海富兰克林	0.389	8
16	易方达	0.355	21
17	华安	0.225	16
18	工银瑞信	0.224	12
19	国联安	0.208	9
20	嘉实	0.202	16
21	交银施罗德	0.157	13
22	中银	0.139	8
23	华夏	0.129	24
24	中信保诚	0.125	6
25	国泰	0.120	14
26	博时	0.110	18
27	华商	0.097	5
28	万家	0.088	9

续表 4-1

整体投资回报能力排名	基金公司(简称)	整体投资回报能力得分	样本基金数量
29	长城	0.081	10
30	招商	0.048	12
31	建信	0.039	9
32	海富通	−0.011	12
33	华泰柏瑞	−0.147	9
34	长盛	−0.158	9
35	银华	−0.167	12
36	宝盈	−0.170	9
37	浦银安盛	−0.189	5
38	国投瑞银	−0.206	10
39	广发	−0.216	13
40	鹏华	−0.221	13
41	长信	−0.241	7
42	光大保德信	−0.301	8
43	泰达宏利	−0.340	12
44	金鹰	−0.357	4
45	华宝	−0.370	14
46	大成	−0.393	14
47	天弘	−0.489	5
48	信达澳银	−0.514	5
49	东方	−0.588	6
50	诺安	−0.651	10
51	天治	−0.652	7
52	融通	−0.706	9
53	申万菱信	−0.824	7
54	中海	−0.960	6
55	金元顺安	−0.968	4
56	东吴	−1.235	7

续表 4-1

整体投资回报能力排名	基金公司(简称)	整体投资回报能力得分	样本基金数量
57	泰信	−1.304	8
58	上投摩根	−1.512	9
59	中邮	−1.546	3
60	益民	−1.567	3

4.3 十年期整体投资回报能力评价详细说明

从表 4-2 可以看出,在十年的评价期间内,依然是基金数量较少的基金公司排名靠前,虽然中欧旗下的样本基金只有四只,但中欧基金公司在整体投资回报能力评价中排名第 1。中欧旗下每只基金的规模中上,且排名靠前,中欧价值发现 A 基金在同期 253 只偏股混合型基金中排第 8,中欧新蓝筹 A 基金在同期 53 只灵活配置型基金中排第 2。

表 4-2　十年期排名中所有样本基金详细情况

整体投资回报能力排名	基金公司(简称)	基金名称	投资类型(二级分类)	样本基金数量	同类基金中排名	期间内规模(亿)
1	中欧	中欧价值发现 A	偏股混合型基金	253	8	31.141
1	中欧	中欧新趋势 A	偏股混合型基金	253	59	27.691
1	中欧	中欧行业成长 A	偏股混合型基金	253	83	30.740
1	中欧	中欧新蓝筹 A	灵活配置型基金	53	2	24.867
2	汇添富	汇添富价值精选 A	偏股混合型基金	253	1	71.682
2	汇添富	汇添富成长焦点	偏股混合型基金	253	5	103.805
2	汇添富	汇添富优势精选	偏股混合型基金	253	33	42.899
2	汇添富	汇添富策略回报	偏股混合型基金	253	48	22.817
2	汇添富	汇添富均衡增长	偏股混合型基金	253	156	140.147
2	汇添富	汇添富增强收益 A	混合债券型一级基金	60	38	9.343
2	汇添富	汇添富增强收益 C	混合债券型一级基金	60	46	0.214

续表 4-2

整体投资回报能力排名	基金公司（简称）	基金名称	投资类型（二级分类）	样本基金数量	同类基金中排名	期间内规模（亿）
2	汇添富	汇添富蓝筹稳健	灵活配置型基金	53	5	24.613
2	汇添富	汇添富上证综指	被动指数型基金	38	33	42.352
2	汇添富	汇添富货币B	货币市场型基金	60	8	122.775
2	汇添富	汇添富货币A	货币市场型基金	60	37	2.507
3	富国	富国天合稳健优选	偏股混合型基金	253	7	37.910
3	富国	富国天惠精选成长A	偏股混合型基金	253	12	61.483
3	富国	富国天益价值	偏股混合型基金	253	43	83.213
3	富国	富国天博创新主题	偏股混合型基金	253	54	58.741
3	富国	富国天瑞强势精选	偏股混合型基金	253	66	69.567
3	富国	富国沪深300增强	增强指数型基金	10	2	79.808
3	富国	富国中证红利指数增强	增强指数型基金	10	4	26.679
3	富国	富国天源沪港深	平衡混合型基金	21	1	6.338
3	富国	富国天丰强化收益	混合债券型一级基金	60	14	11.988
3	富国	富国天利增长债券	混合债券型一级基金	60	20	53.237
3	富国	富国优化增强B	混合债券型二级基金	52	12	3.994
3	富国	富国优化增强A	混合债券型二级基金	52	13	3.994
3	富国	富国优化增强C	混合债券型二级基金	52	16	6.198
3	富国	富国天成红利	灵活配置型基金	53	18	7.666
3	富国	富国天时货币B	货币市场型基金	60	15	76.721
3	富国	富国天时货币A	货币市场型基金	60	45	3.709
4	兴全	兴全可转债	偏债混合型基金	10	4	39.003
4	兴全	兴全社会责任	偏股混合型基金	253	22	66.777
4	兴全	兴全磐稳增利债券	混合债券型一级基金	60	9	14.992
4	兴全	兴全有机增长	灵活配置型基金	53	4	26.563
4	兴全	兴全趋势投资	灵活配置型基金	53	12	205.891
4	兴全	兴全货币A	货币市场型基金	60	21	25.516

续表 4-2

整体投资回报能力排名	基金公司（简称）	基金名称	投资类型（二级分类）	样本基金数量	同类基金中排名	期间内规模（亿）
5	民生加银	民生加银增强收益 A	混合债券型二级基金	52	6	8.498
5	民生加银	民生加银增强收益 C	混合债券型二级基金	52	7	3.712
5	民生加银	民生加银品牌蓝筹	灵活配置型基金	53	22	4.225
6	景顺长城	景顺长城优选	偏股混合型基金	253	10	27.419
6	景顺长城	景顺长城鼎益	偏股混合型基金	253	16	86.038
6	景顺长城	景顺长城内需增长	偏股混合型基金	253	24	18.181
6	景顺长城	景顺长城能源基建	偏股混合型基金	253	32	10.685
6	景顺长城	景顺长城内需增长贰号	偏股混合型基金	253	34	40.466
6	景顺长城	景顺长城新兴成长	偏股混合型基金	253	64	107.748
6	景顺长城	景顺长城精选蓝筹	偏股混合型基金	253	78	89.031
6	景顺长城	景顺长城资源垄断	偏股混合型基金	253	100	57.317
6	景顺长城	景顺长城公司治理	偏股混合型基金	253	135	1.033
6	景顺长城	景顺长城动力平衡	灵活配置型基金	53	33	44.601
6	景顺长城	景顺长城货币 A	货币市场型基金	60	58	19.395
7	华富	华富成长趋势	偏股混合型基金	253	155	12.126
7	华富	华富竞争力优选	偏股混合型基金	253	191	11.837
7	华富	华富收益增强 A	混合债券型一级基金	60	3	16.870
7	华富	华富收益增强 B	混合债券型一级基金	60	4	1.459
7	华富	华富价值增长	灵活配置型基金	53	16	2.549
7	华富	华富策略精选	灵活配置型基金	53	44	0.913
7	华富	华富中证 100	被动指数型基金	38	5	3.088
7	华富	华富货币 A	货币市场型基金	60	25	3.737
8	农银汇理	农银汇理平衡双利	偏股混合型基金	253	50	12.951
8	农银汇理	农银汇理策略价值	偏股混合型基金	253	60	39.377
8	农银汇理	农银汇理行业成长 A	偏股混合型基金	253	63	24.692
8	农银汇理	农银汇理恒久增利 A	混合债券型一级基金	60	17	3.760

续表 4-2

整体投资回报能力排名	基金公司（简称）	基金名称	投资类型（二级分类）	样本基金数量	同类基金中排名	期间内规模（亿）
9	摩根士丹利华鑫	大摩基础行业	偏股混合型基金	253	62	1.269
9	摩根士丹利华鑫	大摩领先优势	偏股混合型基金	253	90	5.341
9	摩根士丹利华鑫	大摩资源优选	偏股混合型基金	253	150	12.848
9	摩根士丹利华鑫	大摩强收益债券	混合债券型一级基金	60	7	19.049
10	汇丰晋信	汇丰晋信龙腾	偏股混合型基金	253	45	21.976
10	汇丰晋信	汇丰晋信2026	平衡混合型基金	21	8	1.677
10	汇丰晋信	汇丰晋信平稳增利 A	混合债券型一级基金	60	60	1.893
10	汇丰晋信	汇丰晋信2016	混合债券型二级基金	52	46	5.063
10	汇丰晋信	汇丰晋信动态策略 A	灵活配置型基金	53	15	16.359
11	新华	新华优选分红	偏股混合型基金	253	87	16.373
11	新华	新华优选成长	偏股混合型基金	253	115	19.760
11	新华	新华泛资源优势	灵活配置型基金	53	3	11.220
12	诺德	诺德成长优势	偏股混合型基金	253	15	9.221
12	诺德	诺德价值优势	偏股混合型基金	253	103	28.070
12	诺德	诺德增强收益	混合债券型二级基金	52	50	0.817
12	诺德	诺德主题灵活配置	灵活配置型基金	53	24	0.747
13	银河	银河收益	偏债混合型基金	10	2	3.386
13	银河	银河银泰理财分红	偏债混合型基金	10	5	23.545
13	银河	银河行业优选	偏股混合型基金	253	4	7.404
13	银河	银河竞争优势成长	偏股混合型基金	253	6	2.720
13	银河	银河稳健	偏股混合型基金	253	35	13.438
13	银河	银河银信添利 A	混合债券型一级基金	60	41	3.060
13	银河	银河银信添利 B	混合债券型一级基金	60	49	2.370
13	银河	银河沪深300价值	被动指数型基金	38	1	15.079
13	银河	银河银富货币 B	货币市场型基金	60	11	21.176
13	银河	银河银富货币 A	货币市场型基金	60	42	94.507

续表 4-2

整体投资回报能力排名	基金公司（简称）	基金名称	投资类型（二级分类）	样本基金数量	同类基金中排名	期间内规模（亿）
14	南方	南方宝元债券 A	偏债混合型基金	10	3	19.594
14	南方	南方优选价值 A	偏股混合型基金	253	9	9.910
14	南方	南方绩优成长 A	偏股混合型基金	253	49	94.180
14	南方	南方成份精选 A	偏股混合型基金	253	51	90.154
14	南方	南方高增长	偏股混合型基金	253	122	29.596
14	南方	南方积极配置	偏股混合型基金	253	143	18.890
14	南方	南方稳健成长	偏股混合型基金	253	160	46.237
14	南方	南方隆元产业主题	偏股混合型基金	253	172	46.230
14	南方	南方盛元红利	偏股混合型基金	253	192	24.566
14	南方	南方稳健成长 2 号	平衡混合型基金	21	13	49.841
14	南方	南方多利增强 A	混合债券型一级基金	60	27	8.212
14	南方	南方多利增强 C	混合债券型一级基金	60	35	6.101
14	南方	南方沪深 300ETF 联接 A	被动指数型基金	38	21	18.203
14	南方	南方中证 500ETF 联接 A	被动指数型基金	38	26	62.869
14	南方	南方深成 ETF 联接 A	被动指数型基金	38	37	17.861
14	南方	南方深成 ETF	被动指数型基金	38	38	22.730
14	南方	南方现金增利 B	货币市场型基金	60	1	142.187
14	南方	南方现金增利 A	货币市场型基金	60	9	71.099
15	国海富兰克林	国富弹性市值	偏股混合型基金	253	44	54.362
15	国海富兰克林	国富潜力组合 A 人民币	偏股混合型基金	253	85	48.013
15	国海富兰克林	国富成长动力	偏股混合型基金	253	164	3.136
15	国海富兰克林	国富深化价值	偏股混合型基金	253	210	7.872
15	国海富兰克林	国富沪深 300 指数增强	增强指数型基金	10	6	12.026
15	国海富兰克林	国富中国收益	平衡混合型基金	21	9	8.966
15	国海富兰克林	国富强化收益 A	混合债券型二级基金	52	15	4.689
15	国海富兰克林	国富强化收益 C	混合债券型二级基金	52	18	0.433

续表 4-2

整体投资回报能力排名	基金公司（简称）	基金名称	投资类型（二级分类）	样本基金数量	同类基金中排名	期间内规模（亿）
16	易方达	易方达中小盘	偏股混合型基金	253	3	90.095
16	易方达	易方达科翔	偏股混合型基金	253	14	21.414
16	易方达	易方达行业领先	偏股混合型基金	253	27	16.364
16	易方达	易方达科讯	偏股混合型基金	253	111	62.265
16	易方达	易方达价值精选	偏股混合型基金	253	159	55.091
16	易方达	易方达积极成长	偏股混合型基金	253	196	52.411
16	易方达	易方达策略2号	偏股混合型基金	253	226	40.968
16	易方达	易方达策略成长	偏股混合型基金	253	234	38.602
16	易方达	易方达上证50指数A	增强指数型基金	10	3	212.975
16	易方达	易方达平稳增长	平衡混合型基金	21	5	30.831
16	易方达	易方达增强回报A	混合债券型一级基金	60	1	24.195
16	易方达	易方达增强回报B	混合债券型一级基金	60	2	7.904
16	易方达	易方达稳健收益B	混合债券型二级基金	52	4	58.305
16	易方达	易方达稳健收益A	混合债券型二级基金	52	5	13.765
16	易方达	易方达科汇	灵活配置型基金	53	36	8.687
16	易方达	易方达价值成长	灵活配置型基金	53	41	191.940
16	易方达	易方达沪深300ETF联接A	被动指数型基金	38	18	93.966
16	易方达	易方达深证100ETF联接A	被动指数型基金	38	22	103.356
16	易方达	易方达深证100ETF	被动指数型基金	38	29	96.881
16	易方达	易方达货币B	货币市场型基金	60	10	194.910
16	易方达	易方达货币A	货币市场型基金	60	41	20.549
17	华安	华安核心优选	偏股混合型基金	253	41	14.383
17	华安	华安策略优选	偏股混合型基金	253	47	119.296
17	华安	华安宏利	偏股混合型基金	253	73	90.322
17	华安	华安中小盘成长	偏股混合型基金	253	171	66.974

续表 4-2

整体投资回报能力排名	基金公司（简称）	基金名称	投资类型（二级分类）	样本基金数量	同类基金中排名	期间内规模（亿）
17	华安	华安 MSCI 中国 A 股指数增强	增强指数型基金	10	8	44.037
17	华安	华安宝利配置	平衡混合型基金	21	2	40.817
17	华安	华安创新	平衡混合型基金	21	19	52.649
17	华安	华安稳定收益 A	混合债券型一级基金	60	15	6.362
17	华安	华安稳定收益 B	混合债券型一级基金	60	22	1.041
17	华安	华安强化收益 A	混合债券型二级基金	52	9	3.610
17	华安	华安强化收益 B	混合债券型二级基金	52	11	2.246
17	华安	华安动态灵活配置	灵活配置型基金	53	6	15.780
17	华安	华安上证 180ETF 联接	被动指数型基金	38	13	6.898
17	华安	华安上证 180ETF	被动指数型基金	38	14	120.116
17	华安	华安现金富利 B	货币市场型基金	60	20	71.040
17	华安	华安现金富利 A	货币市场型基金	60	47	12.712
18	工银瑞信	工银瑞信核心价值 A	偏股混合型基金	253	131	64.022
18	工银瑞信	工银瑞信大盘蓝筹	偏股混合型基金	253	195	8.041
18	工银瑞信	工银瑞信稳健成长 A	偏股混合型基金	253	231	33.199
18	工银瑞信	工银瑞信红利	偏股混合型基金	253	242	26.264
18	工银瑞信	工银瑞信精选平衡	偏股混合型基金	253	244	48.973
18	工银瑞信	工银瑞信信用添利 A	混合债券型一级基金	60	24	13.563
18	工银瑞信	工银瑞信增强收益 A	混合债券型一级基金	60	25	14.010
18	工银瑞信	工银瑞信信用添利 B	混合债券型一级基金	60	33	7.894
18	工银瑞信	工银瑞信增强收益 B	混合债券型一级基金	60	34	12.216
18	工银瑞信	工银瑞信沪深 300A	被动指数型基金	38	23	44.983
18	工银瑞信	工银上证央企 50ETF	被动指数型基金	38	35	14.378
18	工银瑞信	工银瑞信货币	货币市场型基金	60	17	649.457
19	国联安	国联安安心成长	偏债混合型基金	10	9	3.150

续表 4-2

整体投资回报能力排名	基金公司（简称）	基金名称	投资类型（二级分类）	样本基金数量	同类基金中排名	期间内规模（亿）
19	国联安	国联安精选	偏股混合型基金	253	77	24.968
19	国联安	国联安小盘精选	偏股混合型基金	253	79	16.922
19	国联安	国联安优势	偏股混合型基金	253	80	9.285
19	国联安	国联安主题驱动	偏股混合型基金	253	147	3.310
19	国联安	国联安红利	偏股混合型基金	253	179	1.364
19	国联安	国联安稳健	平衡混合型基金	21	7	2.447
19	国联安	国联安增利债券 A	混合债券型一级基金	60	26	2.155
19	国联安	国联安增利债券 B	混合债券型一级基金	60	36	3.018
20	嘉实	嘉实增长	偏股混合型基金	253	13	21.654
20	嘉实	嘉实优质企业	偏股混合型基金	253	25	33.719
20	嘉实	嘉实研究精选 A	偏股混合型基金	253	36	35.519
20	嘉实	嘉实策略增长	偏股混合型基金	253	121	62.880
20	嘉实	嘉实服务增值行业	偏股混合型基金	253	157	37.768
20	嘉实	嘉实稳健	偏股混合型基金	253	174	96.464
20	嘉实	嘉实量化阿尔法	偏股混合型基金	253	193	16.342
20	嘉实	嘉实主题精选	偏股混合型基金	253	220	63.141
20	嘉实	嘉实成长收益 A	平衡混合型基金	21	6	34.288
20	嘉实	嘉实债券	混合债券型一级基金	60	40	24.485
20	嘉实	嘉实多元收益 A	混合债券型二级基金	52	29	3.380
20	嘉实	嘉实多元收益 B	混合债券型二级基金	52	36	3.618
20	嘉实	嘉实回报灵活配置	灵活配置型基金	53	29	34.303
20	嘉实	嘉实基本面 50 指数（LOF）A	被动指数型基金	38	4	29.227
20	嘉实	嘉实沪深 300ETF 联接（LOF）A	被动指数型基金	38	16	295.892
20	嘉实	嘉实货币 A	货币市场型基金	60	12	186.290
21	交银施罗德	交银成长 A	偏股混合型基金	253	82	59.875

续表4-2

整体投资回报能力排名	基金公司（简称）	基金名称	投资类型（二级分类）	样本基金数量	同类基金中排名	期间内规模（亿）
21	交银施罗德	交银精选	偏股混合型基金	253	89	92.382
21	交银施罗德	交银蓝筹	偏股混合型基金	253	130	84.392
21	交银施罗德	交银先锋	偏股混合型基金	253	149	21.446
21	交银施罗德	交银增利债券A	混合债券型一级基金	60	29	14.266
21	交银施罗德	交银增利债券B	混合债券型一级基金	60	30	14.266
21	交银施罗德	交银增利债券C	混合债券型一级基金	60	42	6.695
21	交银施罗德	交银优势行业	灵活配置型基金	53	1	35.536
21	交银施罗德	交银稳健配置A	灵活配置型基金	53	26	74.937
21	交银施罗德	交银180治理ETF联接	被动指数型基金	38	15	37.556
21	交银施罗德	交银180治理ETF	被动指数型基金	38	17	37.076
21	交银施罗德	交银货币B	货币市场型基金	60	38	91.447
21	交银施罗德	交银货币A	货币市场型基金	60	54	10.884
22	中银	中银收益A	偏股混合型基金	253	20	28.383
22	中银	中银动态策略	偏股混合型基金	253	42	14.662
22	中银	中银中国精选	偏股混合型基金	253	74	17.586
22	中银	中银持续增长A	偏股混合型基金	253	188	68.345
22	中银	中银中证100指数增强	增强指数型基金	10	5	15.869
22	中银	中银稳健增利	混合债券型一级基金	60	16	20.026
22	中银	中银行业优选	灵活配置型基金	53	10	7.341
22	中银	中银货币A	货币市场型基金	60	35	22.809
23	华夏	华夏大盘精选	偏股混合型基金	253	37	60.141
23	华夏	华夏收入	偏股混合型基金	253	99	38.650
23	华夏	华夏蓝筹核心	偏股混合型基金	253	107	103.771
23	华夏	华夏行业精选	偏股混合型基金	253	109	75.307
23	华夏	华夏复兴	偏股混合型基金	253	129	33.436
23	华夏	华夏优势增长	偏股混合型基金	253	145	113.323

续表 4-2

整体投资回报能力排名	基金公司（简称）	基金名称	投资类型（二级分类）	样本基金数量	同类基金中排名	期间内规模（亿）
23	华夏	华夏红利	偏股混合型基金	253	182	177.209
23	华夏	华夏成长	偏股混合型基金	253	202	81.759
23	华夏	华夏经典配置	偏股混合型基金	253	204	12.503
23	华夏	华夏盛世精选	偏股混合型基金	253	249	100.115
23	华夏	华夏回报2号	平衡混合型基金	21	3	68.849
23	华夏	华夏回报A	平衡混合型基金	21	4	133.072
23	华夏	华夏稳定双利债券C	混合债券型一级基金	60	45	10.207
23	华夏	华夏债券AB	混合债券型一级基金	60	47	12.733
23	华夏	华夏债券C	混合债券型一级基金	60	53	15.822
23	华夏	华夏希望债券A	混合债券型二级基金	52	38	20.425
23	华夏	华夏希望债券C	混合债券型二级基金	52	42	22.845
23	华夏	华夏策略精选	灵活配置型基金	53	7	16.736
23	华夏	华夏平稳增长	灵活配置型基金	53	47	40.615
23	华夏	华夏上证50ETF	被动指数型基金	38	10	358.357
23	华夏	华夏沪深300ETF联接A	被动指数型基金	38	12	212.520
23	华夏	华夏中小板ETF	被动指数型基金	38	27	31.329
23	华夏	华夏现金增利A	货币市场型基金	60	7	224.090
23	华夏	华夏货币A	货币市场型基金	60	13	14.015
24	中信保诚	中信保诚盛世蓝筹	偏股混合型基金	253	30	14.120
24	中信保诚	信诚优胜精选	偏股混合型基金	253	53	20.947
24	中信保诚	中信保诚精萃成长	偏股混合型基金	253	84	32.891
24	中信保诚	信诚四季红	偏股混合型基金	253	190	34.491
24	中信保诚	信诚三得益债券A	混合债券型二级基金	52	25	1.659
24	中信保诚	信诚三得益债券B	混合债券型二级基金	52	34	8.516
25	国泰	国泰中小盘成长	偏股混合型基金	253	17	31.930
25	国泰	国泰区位优势	偏股混合型基金	253	21	5.615

续表 4-2

整体投资回报能力排名	基金公司（简称）	基金名称	投资类型（二级分类）	样本基金数量	同类基金中排名	期间内规模（亿）
25	国泰	国泰金牛创新成长	偏股混合型基金	253	23	38.933
25	国泰	国泰金龙行业精选	偏股混合型基金	253	86	12.644
25	国泰	国泰金鼎价值精选	偏股混合型基金	253	112	36.584
25	国泰	国泰金鹏蓝筹价值	偏股混合型基金	253	117	16.653
25	国泰	国泰金马稳健回报	偏股混合型基金	253	168	51.097
25	国泰	国泰金龙债券A	混合债券型一级基金	60	44	1.497
25	国泰	国泰金龙债券C	混合债券型一级基金	60	52	0.390
25	国泰	国泰双利债券A	混合债券型二级基金	52	22	1.064
25	国泰	国泰双利债券C	混合债券型二级基金	52	28	1.882
25	国泰	国泰金鹰增长	灵活配置型基金	53	11	24.341
25	国泰	国泰沪深300A	被动指数型基金	38	25	50.761
25	国泰	国泰货币	货币市场型基金	60	50	78.459
26	博时	博时主题行业	偏股混合型基金	253	18	150.032
26	博时	博时特许价值A	偏股混合型基金	253	88	10.630
26	博时	博时精选A	偏股混合型基金	253	175	89.037
26	博时	博时第三产业成长	偏股混合型基金	253	232	65.992
26	博时	博时新兴成长	偏股混合型基金	253	241	130.559
26	博时	博时价值增长	平衡混合型基金	21	18	130.327
26	博时	博时平衡配置	平衡混合型基金	21	20	20.799
26	博时	博时价值增长2号	平衡混合型基金	21	21	49.050
26	博时	博时稳定价值A	混合债券型一级基金	60	10	1.867
26	博时	博时稳定价值B	混合债券型一级基金	60	18	4.738
26	博时	博时信用债券A	混合债券型二级基金	52	1	9.807
26	博时	博时信用债券B	混合债券型二级基金	52	2	9.807
26	博时	博时信用债券C	混合债券型二级基金	52	3	7.593
26	博时	博时策略灵活配置	灵活配置型基金	53	40	30.449

续表 4-2

整体投资回报能力排名	基金公司（简称）	基金名称	投资类型（二级分类）	样本基金数量	同类基金中排名	期间内规模（亿）
26	博时	博时裕富沪深 300A	被动指数型基金	38	3	108.266
26	博时	博时超大盘 ETF	被动指数型基金	38	34	8.083
26	博时	博时超大盘 ETF 联接	被动指数型基金	38	36	10.449
26	博时	博时现金收益 A	货币市场型基金	60	26	896.104
27	华商	华商盛世成长	偏股混合型基金	253	69	27.820
27	华商	华商领先企业	偏股混合型基金	253	102	53.075
27	华商	华商收益增强 A	混合债券型一级基金	60	39	0.977
27	华商	华商收益增强 B	混合债券型一级基金	60	48	1.902
27	华商	华商动态阿尔法	灵活配置型基金	53	32	16.064
28	万家	万家精选	偏股混合型基金	253	40	19.502
28	万家	万家行业优选	偏股混合型基金	253	71	7.822
28	万家	万家和谐增长	偏股混合型基金	253	101	14.362
28	万家	万家稳健增利 A	混合债券型一级基金	60	19	3.236
28	万家	万家稳健增利 C	混合债券型一级基金	60	23	0.920
28	万家	万家增强收益	混合债券型二级基金	52	35	4.730
28	万家	万家双引擎	灵活配置型基金	53	30	0.697
28	万家	万家上证 180	被动指数型基金	38	28	45.131
28	万家	万家货币 A	货币市场型基金	60	24	12.791
29	长城	长城品牌优选	偏股混合型基金	253	106	106.466
29	长城	长城双动力	偏股混合型基金	253	118	2.090
29	长城	长城久富	偏股混合型基金	253	181	21.262
29	长城	长城消费增值	偏股混合型基金	253	225	43.690
29	长城	长城久泰沪深 300A	增强指数型基金	10	7	17.780
29	长城	长城稳健增利	混合债券型二级基金	52	44	6.576
29	长城	长城安心回报	灵活配置型基金	53	35	55.080
29	长城	长城久恒	灵活配置型基金	53	46	1.941

续表 4-2

整体投资回报能力排名	基金公司（简称）	基金名称	投资类型（二级分类）	样本基金数量	同类基金中排名	期间内规模（亿）
29	长城	长城景气行业龙头	灵活配置型基金	53	51	4.137
29	长城	长城货币 A	货币市场型基金	60	18	262.101
30	招商	招商中小盘精选	偏股混合型基金	253	91	14.403
30	招商	招商安泰	偏股混合型基金	253	94	7.699
30	招商	招商大盘蓝筹	偏股混合型基金	253	104	11.022
30	招商	招商行业领先 A	偏股混合型基金	253	128	17.175
30	招商	招商先锋	偏股混合型基金	253	142	48.397
30	招商	招商优质成长	偏股混合型基金	253	178	41.421
30	招商	招商核心价值	偏股混合型基金	253	211	37.670
30	招商	招商安泰平衡	平衡混合型基金	21	15	1.538
30	招商	招商安心收益 C	混合债券型一级基金	60	12	39.591
30	招商	招商安本增利	混合债券型二级基金	52	20	5.185
30	招商	招商现金增值 B	货币市场型基金	60	3	36.070
30	招商	招商现金增值 A	货币市场型基金	60	30	60.022
31	建信	建信核心精选	偏股混合型基金	253	39	5.486
31	建信	建信优选成长 A	偏股混合型基金	253	58	29.116
31	建信	建信优化配置	偏股混合型基金	253	141	69.550
31	建信	建信恒久价值	偏股混合型基金	253	165	17.767
31	建信	建信稳定增利 C	混合债券型一级基金	60	11	17.978
31	建信	建信收益增强 A	混合债券型二级基金	52	19	5.626
31	建信	建信收益增强 C	混合债券型二级基金	52	24	10.625
31	建信	建信沪深 300	被动指数型基金	38	20	26.151
31	建信	建信货币 A	货币市场型基金	60	33	65.910
32	海富通	海富通精选 2 号	偏股混合型基金	253	137	15.794
32	海富通	海富通精选	偏股混合型基金	253	144	51.796
32	海富通	海富通领先成长	偏股混合型基金	253	199	6.131

续表 4-2

整体投资回报能力排名	基金公司（简称）	基金名称	投资类型（二级分类）	样本基金数量	同类基金中排名	期间内规模（亿）
32	海富通	海富通股票	偏股混合型基金	253	201	40.000
32	海富通	海富通风格优势	偏股混合型基金	253	248	38.812
32	海富通	海富通稳健添利 A	混合债券型一级基金	60	56	0.368
32	海富通	海富通稳健添利 C	混合债券型一级基金	60	59	2.720
32	海富通	海富通收益增长	灵活配置型基金	53	37	27.272
32	海富通	海富通强化回报	灵活配置型基金	53	48	12.967
32	海富通	海富通中证 100	被动指数型基金	38	6	12.189
32	海富通	海富通货币 B	货币市场型基金	60	4	107.953
32	海富通	海富通货币 A	货币市场型基金	60	31	9.366
33	华泰柏瑞	华泰柏瑞价值增长	偏股混合型基金	253	2	6.991
33	华泰柏瑞	华泰柏瑞行业领先	偏股混合型基金	253	31	9.531
33	华泰柏瑞	华泰柏瑞积极成长 A	偏股混合型基金	253	140	26.669
33	华泰柏瑞	华泰柏瑞盛世中国	偏股混合型基金	253	148	53.317
33	华泰柏瑞	华泰柏瑞增利 A	混合债券型二级基金	52	48	1.526
33	华泰柏瑞	华泰柏瑞增利 B	混合债券型二级基金	52	49	0.927
33	华泰柏瑞	华泰柏瑞红利 ETF	被动指数型基金	38	19	42.350
33	华泰柏瑞	华泰柏瑞货币 B	货币市场型基金	60	40	7.192
33	华泰柏瑞	华泰柏瑞货币 A	货币市场型基金	60	55	20.087
34	长盛	长盛量化红利策略	偏股混合型基金	253	19	7.279
34	长盛	长盛成长价值	偏股混合型基金	253	38	7.785
34	长盛	长盛同德	偏股混合型基金	253	146	61.511
34	长盛	长盛动态精选	偏股混合型基金	253	173	12.113
34	长盛	长盛同智	偏股混合型基金	253	237	19.922
34	长盛	长盛积极配置	混合债券型二级基金	52	23	2.236
34	长盛	长盛创新先锋	灵活配置型基金	53	17	2.348
34	长盛	长盛中证 100	被动指数型基金	38	9	9.059

续表 4-2

整体投资回报能力排名	基金公司（简称）	基金名称	投资类型（二级分类）	样本基金数量	同类基金中排名	期间内规模（亿）
34	长盛	长盛货币A	货币市场型基金	60	29	20.958
35	银华	银华保本增值	偏债混合型基金	10	8	8.525
35	银华	银华富裕主题	偏股混合型基金	253	11	83.566
35	银华	银华内需精选	偏股混合型基金	253	72	29.235
35	银华	银华优质增长	偏股混合型基金	253	116	51.778
35	银华	银华领先策略	偏股混合型基金	253	120	8.342
35	银华	银华核心价值优选	偏股混合型基金	253	185	151.476
35	银华	银华道琼斯88精选A	增强指数型基金	10	10	80.228
35	银华	银华优势企业	平衡混合型基金	21	14	25.847
35	银华	银华增强收益	混合债券型二级基金	52	37	8.880
35	银华	银华和谐主题	灵活配置型基金	53	21	7.091
35	银华	银华货币B	货币市场型基金	60	22	23.048
35	银华	银华货币A	货币市场型基金	60	48	200.719
36	宝盈	宝盈资源优选	偏股混合型基金	253	108	12.054
36	宝盈	宝盈策略增长	偏股混合型基金	253	217	26.405
36	宝盈	宝盈泛沿海增长	偏股混合型基金	253	227	21.096
36	宝盈	宝盈增强收益AB	混合债券型二级基金	52	26	3.296
36	宝盈	宝盈增强收益C	混合债券型二级基金	52	33	0.430
36	宝盈	宝盈鸿利收益A	灵活配置型基金	53	8	5.753
36	宝盈	宝盈核心优势A	灵活配置型基金	53	14	6.989
36	宝盈	宝盈货币B	货币市场型基金	60	5	19.176
36	宝盈	宝盈货币A	货币市场型基金	60	32	4.945
37	浦银安盛	浦银安盛红利精选	偏股混合型基金	253	70	2.164
37	浦银安盛	浦银安盛价值成长A	偏股混合型基金	253	133	13.699
37	浦银安盛	浦银安盛优化收益A	混合债券型二级基金	52	32	8.627
37	浦银安盛	浦银安盛优化收益C	混合债券型二级基金	52	40	0.064

续表 4-2

整体投资回报能力排名	基金公司（简称）	基金名称	投资类型（二级分类）	样本基金数量	同类基金中排名	期间内规模（亿）
37	浦银安盛	浦银安盛精致生活	灵活配置型基金	53	25	3.206
38	国投瑞银	国投瑞银融华债券	偏债混合型基金	10	7	7.885
38	国投瑞银	国投瑞银创新动力	偏股混合型基金	253	124	31.112
38	国投瑞银	国投瑞银成长优选	偏股混合型基金	253	169	20.754
38	国投瑞银	国投瑞银核心企业	偏股混合型基金	253	239	46.053
38	国投瑞银	国投瑞银景气行业	平衡混合型基金	21	10	22.789
38	国投瑞银	国投瑞银稳定增利	混合债券型一级基金	60	13	9.983
38	国投瑞银	国投瑞银稳健增长	灵活配置型基金	53	9	3.406
38	国投瑞银	国投瑞银瑞和 300	被动指数型基金	38	8	2.177
38	国投瑞银	国投瑞银货币 B	货币市场型基金	60	14	45.839
38	国投瑞银	国投瑞银货币 A	货币市场型基金	60	44	6.856
39	广发	广发聚瑞	偏股混合型基金	253	28	30.379
39	广发	广发稳健增长	偏股混合型基金	253	52	85.812
39	广发	广发核心精选	偏股混合型基金	253	75	15.297
39	广发	广发小盘成长	偏股混合型基金	253	98	83.441
39	广发	广发大盘成长	偏股混合型基金	253	166	90.133
39	广发	广发策略优选	偏股混合型基金	253	170	80.345
39	广发	广发聚丰	偏股混合型基金	253	223	175.342
39	广发	广发聚富	平衡混合型基金	21	17	46.806
39	广发	广发增强债券	混合债券型一级基金	60	31	14.282
39	广发	广发沪深 300ETF 联接 A	被动指数型基金	38	24	24.251
39	广发	广发中证 500ETF 联接 A	被动指数型基金	38	31	52.282
39	广发	广发货币 B	货币市场型基金	60	2	47.501
39	广发	广发货币 A	货币市场型基金	60	19	18.066
40	鹏华	鹏华盛世创新	偏股混合型基金	253	61	9.303
40	鹏华	鹏华价值优势	偏股混合型基金	253	81	79.811

续表4-2

整体投资回报能力排名	基金公司（简称）	基金名称	投资类型（二级分类）	样本基金数量	同类基金中排名	期间内规模（亿）
40	鹏华	鹏华普天收益	偏股混合型基金	253	95	13.790
40	鹏华	鹏华精选成长	偏股混合型基金	253	123	10.881
40	鹏华	鹏华中国50	偏股混合型基金	253	167	32.975
40	鹏华	鹏华动力增长	偏股混合型基金	253	200	63.212
40	鹏华	鹏华优质治理	偏股混合型基金	253	238	48.620
40	鹏华	鹏华普天债券A	混合债券型一级基金	60	21	14.228
40	鹏华	鹏华普天债券B	混合债券型一级基金	60	28	15.062
40	鹏华	鹏华丰收	混合债券型二级基金	52	30	22.811
40	鹏华	鹏华沪深300A	被动指数型基金	38	11	7.779
40	鹏华	鹏华货币B	货币市场型基金	60	16	31.726
40	鹏华	鹏华货币A	货币市场型基金	60	46	4.476
41	长信	长信双利优选A	偏股混合型基金	253	57	5.196
41	长信	长信增利策略	偏股混合型基金	253	136	23.258
41	长信	长信恒利优势	偏股混合型基金	253	153	3.340
41	长信	长信银利精选	偏股混合型基金	253	163	21.023
41	长信	长信金利趋势	偏股混合型基金	253	186	55.285
41	长信	长信利丰C	混合债券型二级基金	52	8	10.457
41	长信	长信利息收益A	货币市场型基金	60	36	121.979
42	光大保德信	光大新增长	偏股混合型基金	253	110	18.303
42	光大保德信	光大优势	偏股混合型基金	253	126	87.758
42	光大保德信	光大精选	偏股混合型基金	253	151	3.586
42	光大保德信	光大红利	偏股混合型基金	253	162	25.558
42	光大保德信	光大收益A	混合债券型一级基金	60	50	0.716
42	光大保德信	光大收益C	混合债券型一级基金	60	55	0.299
42	光大保德信	光大动态优选	灵活配置型基金	53	20	3.624
42	光大保德信	光大货币	货币市场型基金	60	53	32.157

续表 4-2

整体投资回报能力排名	基金公司（简称）	基金名称	投资类型（二级分类）	样本基金数量	同类基金中排名	期间内规模（亿）
43	泰达宏利	泰达宏利风险预算	偏债混合型基金	10	6	2.403
43	泰达宏利	泰达宏利成长	偏股混合型基金	253	55	11.055
43	泰达宏利	泰达宏利稳定	偏股混合型基金	253	56	2.115
43	泰达宏利	泰达宏利效率优选	偏股混合型基金	253	96	27.530
43	泰达宏利	泰达宏利红利先锋	偏股混合型基金	253	113	7.863
43	泰达宏利	泰达宏利周期	偏股混合型基金	253	161	4.996
43	泰达宏利	泰达宏利行业精选	偏股混合型基金	253	194	38.579
43	泰达宏利	泰达宏利市值优选	偏股混合型基金	253	209	45.699
43	泰达宏利	泰达宏利集利 A	混合债券型二级基金	52	14	8.881
43	泰达宏利	泰达宏利集利 C	混合债券型二级基金	52	17	0.364
43	泰达宏利	泰达宏利品质生活	灵活配置型基金	53	52	5.308
43	泰达宏利	泰达宏利货币 A	货币市场型基金	60	28	16.736
44	金鹰	金鹰中小盘精选	偏股混合型基金	253	105	7.539
44	金鹰	金鹰行业优势	偏股混合型基金	253	127	8.279
44	金鹰	金鹰红利价值	灵活配置型基金	53	27	1.665
44	金鹰	金鹰成份股优选	灵活配置型基金	53	43	10.587
45	华宝	华宝宝康消费品	偏股混合型基金	253	76	24.900
45	华宝	华宝先进成长	偏股混合型基金	253	132	23.560
45	华宝	华宝收益增长	偏股混合型基金	253	154	49.098
45	华宝	华宝动力组合	偏股混合型基金	253	158	18.906
45	华宝	华宝大盘精选	偏股混合型基金	253	205	10.562
45	华宝	华宝多策略	偏股混合型基金	253	216	51.743
45	华宝	华宝行业精选	偏股混合型基金	253	224	96.423
45	华宝	华宝宝康债券 A	混合债券型一级基金	60	51	11.897
45	华宝	华宝增强收益 A	混合债券型二级基金	52	39	1.846
45	华宝	华宝增强收益 B	混合债券型二级基金	52	43	1.224

续表4-2

整体投资回报能力排名	基金公司（简称）	基金名称	投资类型（二级分类）	样本基金数量	同类基金中排名	期间内规模（亿）
45	华宝	华宝宝康灵活	灵活配置型基金	53	38	10.943
45	华宝	华宝中证100A	被动指数型基金	38	7	8.861
45	华宝	华宝现金宝B	货币市场型基金	60	6	48.433
45	华宝	华宝现金宝A	货币市场型基金	60	34	22.840
46	大成	大成财富管理2020	偏债混合型基金	10	10	66.364
46	大成	大成策略回报	偏股混合型基金	253	26	14.960
46	大成	大成积极成长	偏股混合型基金	253	46	21.354
46	大成	大成精选增值	偏股混合型基金	253	92	26.700
46	大成	大成行业轮动	偏股混合型基金	253	119	9.918
46	大成	大成创新成长	偏股混合型基金	253	177	74.779
46	大成	大成景阳领先	偏股混合型基金	253	189	27.495
46	大成	大成蓝筹稳健	偏股混合型基金	253	221	96.804
46	大成	大成价值增长	平衡混合型基金	21	11	75.145
46	大成	大成债券AB	混合债券型一级基金	60	6	11.752
46	大成	大成债券C	混合债券型一级基金	60	8	4.713
46	大成	大成沪深300A	被动指数型基金	38	30	49.550
46	大成	大成货币B	货币市场型基金	60	27	69.895
46	大成	大成货币A	货币市场型基金	60	52	12.741
47	天弘	天弘周期策略	偏股混合型基金	253	65	4.204
47	天弘	天弘永定成长	偏股混合型基金	253	67	5.286
47	天弘	天弘永利债券B	混合债券型二级基金	52	21	0.679
47	天弘	天弘永利债券A	混合债券型二级基金	52	27	0.730
47	天弘	天弘精选	灵活配置型基金	53	45	24.632
48	信达澳银	信达澳银中小盘	偏股混合型基金	253	114	9.822
48	信达澳银	信达澳银领先增长	偏股混合型基金	253	187	45.130
48	信达澳银	信达澳银稳定A	混合债券型一级基金	60	32	3.849

续表 4-2

整体投资回报能力排名	基金公司（简称）	基金名称	投资类型（二级分类）	样本基金数量	同类基金中排名	期间内规模（亿）
48	信达澳银	信达澳银稳定 B	混合债券型一级基金	60	43	0.816
48	信达澳银	信达澳银精华	灵活配置型基金	53	13	1.099
49	东方	东方策略成长	偏股混合型基金	253	68	2.322
49	东方	东方核心动力	偏股混合型基金	253	176	1.703
49	东方	东方精选	偏股混合型基金	253	197	51.438
49	东方	东方稳健回报	混合债券型一级基金	60	58	0.933
49	东方	东方龙	灵活配置型基金	53	23	6.482
49	东方	东方金账簿货币 A	货币市场型基金	60	23	2.119
50	诺安	诺安成长	偏股混合型基金	253	180	18.489
50	诺安	诺安先锋	偏股混合型基金	253	207	135.430
50	诺安	诺安平衡	偏股混合型基金	253	208	54.423
50	诺安	诺安价值增长	偏股混合型基金	253	213	61.764
50	诺安	诺安优化收益	混合债券型一级基金	60	5	4.199
50	诺安	诺安增利 A	混合债券型二级基金	52	31	1.328
50	诺安	诺安增利 B	混合债券型二级基金	52	41	0.260
50	诺安	诺安灵活配置	灵活配置型基金	53	19	11.741
50	诺安	诺安中证 100	被动指数型基金	38	2	11.890
50	诺安	诺安货币 A	货币市场型基金	60	49	15.761
51	天治	天治财富增长	偏债混合型基金	10	1	1.903
51	天治	天治核心成长	偏股混合型基金	253	222	20.362
51	天治	天治稳健双盈	混合债券型二级基金	52	10	4.319
51	天治	天治中国制造2025	灵活配置型基金	53	28	0.435
51	天治	天治趋势精选	灵活配置型基金	53	50	1.974
51	天治	天治低碳经济	灵活配置型基金	53	53	1.393
51	天治	天治天得利货币	货币市场型基金	60	39	6.827
52	融通	融通行业景气	偏股混合型基金	253	125	36.707

续表4-2

整体投资回报能力排名	基金公司（简称）	基金名称	投资类型（二级分类）	样本基金数量	同类基金中排名	期间内规模（亿）
52	融通	融通动力先锋	偏股混合型基金	253	184	23.826
52	融通	融通领先成长	偏股混合型基金	253	214	43.296
52	融通	融通内需驱动	偏股混合型基金	253	215	6.121
52	融通	融通新蓝筹	偏股混合型基金	253	230	94.628
52	融通	融通巨潮100AB	增强指数型基金	10	9	25.411
52	融通	融通蓝筹成长	平衡混合型基金	21	12	19.031
52	融通	融通深证100AB	被动指数型基金	38	32	114.897
52	融通	融通易支付货币A	货币市场型基金	60	43	142.077
53	申万菱信	申万菱信消费增长	偏股混合型基金	253	93	7.380
53	申万菱信	申万菱信盛利精选	偏股混合型基金	253	97	12.913
53	申万菱信	申万菱信竞争优势	偏股混合型基金	253	152	1.010
53	申万菱信	申万菱信新动力	偏股混合型基金	253	183	25.850
53	申万菱信	申万菱信新经济	偏股混合型基金	253	198	31.082
53	申万菱信	申万菱信沪深300指数增强A	增强指数型基金	10	1	3.039
53	申万菱信	申万菱信货币A	货币市场型基金	60	56	52.679
54	中海	中海优质成长	偏股混合型基金	253	134	35.869
54	中海	中海量化策略	偏股混合型基金	253	139	9.015
54	中海	中海分红增利	偏股混合型基金	253	212	20.643
54	中海	中海能源策略	偏股混合型基金	253	251	48.643
54	中海	中海稳健收益	混合债券型一级基金	60	37	6.949
54	中海	中海蓝筹配置	灵活配置型基金	53	31	2.189
55	金元顺安	金元顺安宝石动力	偏股混合型基金	253	219	13.272
55	金元顺安	金元顺安价值增长	偏股混合型基金	253	252	1.863
55	金元顺安	金元顺安丰利	混合债券型二级基金	52	45	15.966
55	金元顺安	金元顺安成长动力	灵活配置型基金	53	49	0.773

续表 4-2

整体投资回报能力排名	基金公司（简称）	基金名称	投资类型（二级分类）	样本基金数量	同类基金中排名	期间内规模（亿）
56	东吴	东吴新经济	偏股混合型基金	253	206	4.136
56	东吴	东吴嘉禾优势	偏股混合型基金	253	228	16.711
56	东吴	东吴价值成长	偏股混合型基金	253	235	10.628
56	东吴	东吴行业轮动	偏股混合型基金	253	250	7.078
56	东吴	东吴优信稳健 A	混合债券型二级基金	52	51	0.645
56	东吴	东吴优信稳健 C	混合债券型二级基金	52	52	0.662
56	东吴	东吴进取策略	灵活配置型基金	53	34	2.888
57	泰信	泰信蓝筹精选	偏股混合型基金	253	218	2.567
57	泰信	泰信先行策略	偏股混合型基金	253	243	38.935
57	泰信	泰信优质生活	偏股混合型基金	253	246	13.674
57	泰信	泰信增强收益 A	混合债券型一级基金	60	54	2.175
57	泰信	泰信增强收益 C	混合债券型一级基金	60	57	1.397
57	泰信	泰信双息双利	混合债券型二级基金	52	47	2.945
57	泰信	泰信优势增长	灵活配置型基金	53	39	0.998
57	泰信	泰信天天收益 A	货币市场型基金	60	51	13.638
58	上投摩根	上投摩根双核平衡	偏股混合型基金	253	29	6.732
58	上投摩根	上投摩根中小盘	偏股混合型基金	253	138	10.251
58	上投摩根	上投摩根内需动力	偏股混合型基金	253	203	74.535
58	上投摩根	上投摩根中国优势	偏股混合型基金	253	229	38.934
58	上投摩根	上投摩根成长先锋	偏股混合型基金	253	233	40.137
58	上投摩根	上投摩根阿尔法	偏股混合型基金	253	236	37.581
58	上投摩根	上投摩根双息平衡 A	平衡混合型基金	21	16	28.601
58	上投摩根	上投摩根货币 B	货币市场型基金	60	57	414.414
58	上投摩根	上投摩根货币 A	货币市场型基金	60	59	1.699
59	中邮	中邮核心优选	偏股混合型基金	253	245	94.577
59	中邮	中邮核心成长	偏股混合型基金	253	247	165.524

续表 4-2

整体投资回报能力排名	基金公司（简称）	基金名称	投资类型（二级分类）	样本基金数量	同类基金中排名	期间内规模（亿）
59	中邮	中邮核心优势	灵活配置型基金	53	42	22.389
60	益民	益民创新优势	偏股混合型基金	253	240	31.607
60	益民	益民红利成长	偏股混合型基金	253	253	11.328
60	益民	益民货币	货币市场型基金	60	60	0.946

5 2019年度中国公募基金管理公司整体投资能力评价总结

整体投资回报能力评价总结我们提出的中国公募基金管理公司整体投资回报能力评价（TIP Rating）综合考虑一家基金公司的投资能力。通过这一评价体系，投资者可以了解一家基金公司每一只样本基金产品的收益在同期同类基金产品的相对位置，在看到基金公司旗下所有样本基金在同类基金中的收益排名后，我们基本就可以清楚某一基金公司的综合投资管理能力。如果某一家基金公司下大部分样本基金均在同类基金中收益排名靠前，那么我们可以说它的整体投研实力是比较好的。如果某一家基金公司大部分样本基金在同类基金中排名靠后，或仅少数基金排名较前，则我们一般可以认为这家基金的整体投研实力不强，或由于投研实力的欠缺只能在某些基金产品上取得较好的相对业绩。

本书运用截至2019年底国内所有公募基金的净值数据，根据我们设计的基金公司整体投资回报排名的算法，分别计算得出三年期、五年期与十年期不同时间跨度上国内所有基金公司 TIP Rating 的排名情况。在通过对短期、中期、长期的排名结果观察后，我们可以看到有些基金公司的整体投研能力比较稳定，在短、中、长期的排名上变化波动较小。但有些基金公司的整体投研水平则随时间出现较大波动，表现在短、中、长期的排名变化较大。如果对典型基金公司进行案例分析，我们也许可以看出在投资管理行业经营的成败之处。

在后继年度的基金公司整体投资回报评价研究中，我们将在对不同投资类型的基金产品进行更加细致分类的基础上进行业绩分析，这将有助于基金投资者或管理者更加清晰地了解国内公募基金的投资能力与行业概况。